Macrizi's
Geschichte der Copten.

Aus den Handschriften zu Gotha und Wien mit Übersetzung und Anmerkungen.

Von

Ferd. Wüstenfeld.

Aus dem dritten Bande der Abhandlungen der Königlichen Gesellschaft der Wissenschaften zu Göttingen.

Göttingen,
in der Dieterichschen Buchhandlung.
1845.

Vorwort.

Dass die Geschichte der Coptischen Christen aus Macrizi von **Wetzer** nicht vollständig herausgegeben sei [1], war mir aus der von **Möller** mitgetheilten Inhaltangabe des Macrizischen Werkes [2] bekannt, indem darin noch zwei Capitel über die Klöster und Kirchen der Christen angeführt waren, aus denen **Wetzer** nur einen Abschnitt über die Zerstörung der christlichen Kirchen durch die Muhammedaner ausgewählt hatte, welcher grossen Theils auch schon von **Quatremère** [3] übersetzt war. Ich unterwarf also während meines Aufenthaltes in Gotha im verflossenen Herbst jene beiden Capitel in der dortigen Handschrift einer genaueren Durchsicht und fand bald, dass sie mindestens eben so sehr eine Beachtung und Bekanntmachung verdienten, als die durch **Wetzer** bekannt gewordenen Stücke, und vielleicht noch mehr, da uns nirgends so vollständige Nachrichten über die Kirchen und Klöster der Copten erhalten sind. Ich nahm daher eine Abschrift davon und verglich

---

1) **Taki-eddini Makrizii** histor. Coptorum Christian. in Aegypto, ed. H. J. **Wetzer.** Solisbaci 1828.

2) Catalog. libr. qui in Biblioth. Gothana asservantur, auct. J. H. **Moellero.** Nr. 253. Der Codex enthält leider nur den dritten Theil, in welchem die Geschichte der Copten den Schluss des ganzen Werkes macht.

3) Mémoires géograph. et histor. sur l'Egypte, par Et. **Quatremère.** Paris 1811. Tome II. p. 225 fgg.

1 *

diese bald darauf zu Wien mit dem auf der kaiserlichen Hofbibliothek befindlichen Codex [1]).   Durch die Güte des Herrn Archivrath Dr. Möller war
es mir gestattet, die Gothaer Handschrift des Macrizi mit hierher zu nehmen,
und ich sah hier nun, dass auch die beiden ersten Capitel der Geschichte
der Copten von Wetzer unbeachtet gelassen waren, und eine von mir ge-
nommene Copie derselben hatte Herr Krafft, Scriptor an der k. k. Hofbibliothek zu Wien, mit dem Wiener Codex für mich zu vergleichen die Gefällig-
keit.   Ich hatte nun einen unedirten Anfang und Schluss und war mittlerweile
zur näheren Prüfung der Wetzer'schen Ausgabe gekommen, welche den mittleren Theil dazu enthielt.   Es zeigte sich hier bald, dass, während die beiden
Deutschen Recensenten [2]) seine Arbeit sehr gelobt, de Sacy [3]) dieselbe noch
sehr schonend getadelt hatte, indem aus einem fehlerhaften Texte eine noch
weit fehlerhaftere Übersetzung geflossen war, und ich fasste daher den Ent-
schluss, nun das Ganze im Zusammenhange zu bearbeiten.   Ich will nicht
läugnen, dass der von Wetzer edirte Text mir wesentlich genützt hat, da
er sechs Codices zu Paris verglichen und manche gute Lesart ausgewählt
hat [4]), so dass ich ihm öfter gefolgt bin, wo die Gothaer Handschrift abwich,
dagegen habe ich aus dieser eine sehr bedeutende Anzahl von Stellen ver-
bessert, auch mehrere nicht unwichtige Auslassungen ergänzt und danach von
diesen Capiteln eine neue Übersetzung gemacht.

In den Anmerkungen habe ich auf dasjenige besonders Rücksicht genommen, was den Nicht-Orientalisten ferner liegen möchte, wiewohl auch
die Orientalisten finden werden, dass manches neue aus Handschriften beige-
bracht ist; indess wollte ich mich hierin nicht zu weit ausdehnen, um die
Arbeit nicht zu umfangreich werden zu lassen, und ein näheres Eingehen auf
die historischen Angaben, namentlich eine Vergleichung mit anderen Schriftstellern, lag ausser meinem Plane; diese wird jetzt nach Renaudot's [5]) Vor-

---

1) Codices arab. pers. turc. Bibliothecae Caesareo-regiae Vindobon. recens. Jos. de
   Hammer. Cod. 97.
2) Leipziger Lit. Zeit. 1829. Nr. 285. — Allg. Lit. Zeit. 1830. Ergänzungsbl. Nr. 100.
3) Journal des Savans. 1831. Aout. p. 499.
4) wiewohl er nur an 13 Stellen eine Variante angemerkt hat.
5) Historia Patriarcharum Alexandr. Jacobit. Parisiis 1713.

gange, welcher Macrizi's Werk schon fleissig benutzt hat, der Kirchenhisto-
riker hauptsächlich mit el-Makin [1]) und Eutychius [2]), selbst vornehmen können. — Im 7. Capitel kam vorzüglich die geographische Lage der Klöster
und die Richtigkeit der Orts-Namen in Betracht und ich habe dazu ausser den
Verzeichnissen der Ägyptischen Orts-Namen in der Description de l'Egypte [3])
und bei de Sacy [4]) ein ähnliches alphabetisches Verzeichniss nach den Provinzen Ägyptens aus einem Gothaer Manuscripte [5]) benutzen können, von
dem ich mir eine Abschrift genommen hatte.

Die Namen der Patriarchen und griechischen Kaiser habe ich so beibehalten, wie sie sich in den Handschriften fanden und bin in der Aussprache
der ersteren meistens Renaudot gefolgt. Wie alle arabische Schriftsteller, so
ist auch Macrizi in der Umschreibung der griechischen, römischen und coptischen Namen nicht consequent und manches mag noch durch die Schuld der
Abschreiber entstellt sein; die Europäer haben es in Beziehung auf orientalische
Namen um nichts besser gemacht und fangen eben erst an, einige Sorgfalt
darauf zu verwenden; schreiben doch selbst einige Orientalisten noch fortwährend Muselmänner statt Moslimen. Macrizi behielt die Schreibart bei,
die er in seinen verschiedenen Quellen verschieden fand und daraus erklärt
sich, wie derselbe Name auf mehrfache Weise geschrieben ist; zwei Beispiele
der Art mögen hier angeführt werden. Der Name Johannes ist im Arabischen يحيى Jahja; genau nach der lateinischen Form schreibt man يحنس
Johannes und بو يحنس Bu Johannes; dann يوحنا Juhanna, مرحنا Mar
Hanna, nach dem Syrischen, und بو حنا Bu Hanna, wenn dieses nicht
aus يوحنا Juhanna verschrieben ist. Sanutius findet sich genau nach
dieser Aussprache سانوتيوس geschrieben, dann aber mit der auch sonst häufigen
Weglassung des s am Ende سانوتيو Sanutiu (bei el-Makin auch سانيتيو
Sanitiu), dies verschrieben in سانوتير Sanutir und noch mehr entstellt
ساتير Satir; eine mehr arabisch klingende Form dieses ursprünglich coptischen

---

1) Historia Saracenica, ed. Th. Erpenius. Lugd. Bat. 1625.
2) Annales, interpr. Ed. Pocockie. Oxoniae 1658.
3) Descript. de l'Egypte. Etat moderne. Tome II. Part. 2. Index géographique.
4) Relation de l'Egypte par Abdallatif, pag. 597.
5) Cod. 258. Cap. 3. de provinciis et tractibus Aegypti.

Namens ist سنوطه Sanuta oder häufiger شنوده Schanuda und بو شنوده Bu Schanuda. Dies vorgesetzte بو Bu, aus ابو Abu, Vater abgekürzt, wird in Verbindung mit den Namen der Apostel und Kirchenväter als Ehrentitel gebraucht in dem Sinne wie Pater oder Sanctus, also Bu Schanuda bedeutet der ehrwürdige, der heilige Schanuda, Bu Johannes so viel als St. Johannes. Dies ist auch auf Ortsnamen übergegangen, deren es in Ägypten eine grosse Menge gibt, die mit Bu zusammengesetzt sind, was sich vielleicht mit St. Petersburg, St. Gallen vergleichen liesse. In diesem Falle wird der Name als ein Compositum angesehen und بو oder ابو nicht flectirt und man sagt z. B. دير بو شنوده das Kloster des Bu Schanuda, d. i. des heil. Schanuda. In noch kürzerer Schreibart ist endlich dem Namen ein blosses *b* vorgesetzt, und so glaube ich, dass بشاى, welches de Sacy [1]) durch بيشاى Bîschâi erklärt, بيشاى Bubischâi anstatt بو بشاى Bu Bischâi gelesen werden muss, denn auf dieselbe Weise wird z. B. der Ortsname بقرقس unten Cap. 8 Nr. 44 gewöhnlich بو قرقس geschrieben. — Ebenso verhält es sich mit انبا Anba oder Amba, welches in demselben Sinne wie Bu, Abu gebraucht wird. Herr Prof. Fleischer schrieb mir als Antwort auf eine Anfrage über die Erklärung dieses Wortes: "Über das انبا vor coptischen Heiligennamen kann ich Ihnen aus meinen eigenen Pariser Abschriften arabisch-coptischer Glossarien die sichere Auskunft geben, dass أنبّا nichts als eine, wie أنبضا aus انبضا, aus أبّ entstandene voller tönende Form von Αββα oder Αββας ist. Das Wort wird in meinen Abschriften immer mit ABBA erklärt." el-Makin gibt fast allen Patriarchen diese ehrende Bezeichnung, der Herausgeber Erpenius hat indess ابنا Abna drucken lassen und eben so Selden [2]), welcher z. B. (festum) patris nostri Mosis übersetzt, also an eine Contraction aus ابونا oder ابينا gedacht hat, die nicht möglich ist; daher kann auch ابونا in el-Makin, histor. Saracen. p. 279 wohl nicht die Lesart einer Handschrift sein. — Eine gleiche Bewandtniss hat es endlich mit dem aus dem Syrischen entlehnten مار und مر Mar, im Feminin مرت und مارت Marat, zuweilen mit dem Namen zusammengeschrieben مرتمريم in gleicher Bedeutung mit السيدة مريم Domina

---

1) Relat. de l'Egypte p. 699.
2) Jo. Selden, de Synedriis veterum Ebraeorum, lib. III.

Maria; in der Übersetzung habe ich dafür immer "Jungfrau Maria" gesetzt, weil "Herrin Maria" bei uns kein gebräuchlicher Ausdruck ist.

Bei einer Vergleichung mit anderen Schriftstellern kommt noch besonders die Zeitrechnung in Betracht. Macrizi gibt seine Data nach der coptischen, diocletianischen und muhammèdanischen Ära, je nachdem er die eine oder die andere in seinen verschiedenen Quellen fand, man muss also auf den Unterschied der coptischen Sonnenjahre und der muhammedanischen Mondjahre achten, wodurch manche auf den ersten Anblick als unrichtig erscheinende Angabe bei genauerer Berechnung sich doch als richtig erweisen wird. Die beste Anleitung dazu gibt Ideler's Handbuch der Chronologie und die coptischen Festtage finden sich nach dem coptischen Calender aus arabischen Schriftstellern in Selden's angeführtem Werke, welcher freilich viele Namen falsch, manche gar nicht verstanden hat, so dass er den des Arabischen unkundigen irre führt, oder ganz im Stiche lässt; einige Male habe ich darauf verwiesen und das Richtige angegeben.

Was sich über Macrizi's Leben und Schriften sagen lässt, ist von de Sacy [1]), Hamaker [2]) und Quatremère [3]) so vollständig gesammelt, dass ich darüber nichts hinzuzusetzen habe. Über seine Unpartheilichkeit gibt der vorliegende Abschnitt aus seinem Werke den besten Beweis, indem er mit derselben Rücksichtslosigkeit die grausamen Verfolgungen der Muhammedaner gegen die Christen oft missbilligend und bemitleidend erzählt, als er den Christen ihre Widerspenstigkeit und ihren Hochmuth vorwirft, wodurch sie sich das über sie kommende Unheil meistens selbst zugezogen haben; und wie er dem Grundsatze der Bekehrung durch Feuer und Schwerdt entgegen ist, lässt er am Schlusse des vierten Capitels deutlich merken, wo er als Menschenkenner die Beobachtung gemacht zu haben sagt, dass die durch den Drang der Umstände zur Annahme des Islam gezwungenen Christen selbst nach der Vermischung mit Moslimen durch mehrere Generationen noch keine gute Muhammedaner geworden seien, sondern den Erbhass ihrer Väter gegen die wahren Moslimen, die doch nun ihre Glaubensgenossen wären, bewahrt hätten.

---

1) Chrestomathie arabe. 2. Edit. Tome I. p. 112.
2) Specimen Catalogi Codd. Mss. orient. Lugd. Bat. pag. 207.
3) Histoire des Sultans Mamlouks, par Makrizi. Tome I. Preface.

Geschichte der Copten in Ägypten und ihrer alten Religionen, und wie sie zum Christenthume übertraten, dann Schutzgenossen der Moslimen wurden, und welche Ereignisse und Vorfälle sich dabei zutrugen; historische Nachrichten über ihre Kirchen und Klöster, und wie sie anfingen und welchen Fortgang sie hatten.

1. Cap. Ursprung der Copten.

Alle, die sich zu einer der durch die Propheten geoffenbarten Religionen bekennen, Moslimen, Juden und Christen, stimmen darin überein, dass Nuh (Noah) der zweite Vater des Menschengeschlechtes sei, dass die Nachkommenschaft von Adam in ihm sich concentrire, und Gott aus ihm alle Adamskinder habe hervorgehen lassen, dass es also keine Söhne Adams gäbe, ausser den von den Kindern Noah's entsprossenen. Die Nabatäer und Magier und die Bewohner von Indien und Sina widersprechen dem und läugnen die Sündfluth; einige von ihnen behaupten, die Sündfluth habe nur in dem Landstriche von Babel und den jenseits desselben gelegenen westlichen Ländern und weiter hin stattgefunden, und die Nachkommen des Kajumert [1]), welchen sie für den ersten Menschen halten, hätten in den Ländern östlich von Babel gewohnt, und weder bis zu ihnen, noch bis nach Indien und Sina habe die Sündfluth gereicht. Die richtige Meinung ist aber die der Bekenner der geoffenbarten Religionen, dass Noah, als Gott ihn und seine Gefährten durch die Arche rettete, mit ihnen sich niederliess, und ihrer waren achtzig Männer ausser seinen Kindern; jene starben dann nachher ohne Nachkommen zu hinterlassen, und die Nachkommenschaft kam von Noah durch seine drei Söhne.

---

1) Die verschiedenen Angaben der Arabischen und Persischen Schriftsteller über Kajumert hat Herbelot in der orient. Bibl. zusammen gestellt; über die verschiedene Schreibart und Aussprache des Namens vergl. Fleischers Anmerk. zu Abulfed. hist. anteislam. pag. 250.

Dies bestätigt das Wort Gottes über Noah: "Und sein Geschlecht haben wir zu den überlebenden gemacht" [1]).

Zu dem weiteren Verlauf der Geschichte gehört [2]), dass die drei Kinder Noah's, nämlich Sem, Ham und Japhet, die Erde unter sich theilten; da erhielten die Söhne Sem's, des Sohnes Noah's, das Land Irac und Persien bis nach Indien, dann bis Hadhramaut, Omân, el-Bahrein, 'Alidsch [3]), Jabrîn [4]), Webâr [5]),

---

1) Coran, Sura 37 Vers 75.

2) Die durch die Arabische Sage erweiterte biblische Erzählung 1 B. Mos. Cap. 10.

3) 'Alidsch ist nach Zamachschari, geograph. Lexicon اسمـر رملة Name einer Steppe; nach dem Camus ع به رمل ein Ort, wo Sand ist.

4) Jabrîn oder ابرين, welches im Camus im Anfange mit Fatha Abrîn, bei Zamachschari mit Kesre Ibrîn vocalisirt ist, ist der Name einer Sandfläche im südlichen Arabien. Vergl. Abulfed. Géogr. pag. 84. ed. Paris.

5) Webâr. Zamachschari geogr. Lex. موضع غلب عليه لِجن ein Ort, welchen die Dschinnen (Dämonen) in Besitz genommen haben. — Camus: Webâr ist ein Land zwischen el-Jemen und der Steppe Jabrin, nach Webâr Ben Iram (Aram) benannt; als Gott die Bewohner desselben, die 'Aditen, vertilgt hatte, liess er ihre Wohnplätze von den Dschinnen in Besitz nehmen, und keiner von uns hat sie betreten; es ist das im Coran bezeichnete Land, wo es heisst: Er hat euch beschenkt mit Vieh und Kindern, Gärten und Quellen. Sure 26 V. 133. — el-Cazwini sagt in seinem Werke عجايب البلدان die Wunder der Länder: وبار ارض بين اليمن وجبال يبرين من محال عاد فلمـا هلكوا ورث الله ارضهم لِجن فلا يقربهـا احد من الناس قل اهل السير هى مسماة بوبار بن ارم بن سام بن نوح عم وهى ما بين الشجر الى صنعاء ثلاثمايـة فرسخ فى مثلها قبيل كانت وبار اكثر اهل الارض خيرا واكثرها شجرا وماء فبطر اهلها واشروا ولم يعرفوا حق نعمر الله تعالى عليهم فبدل الله خلقتهم وصيرهم نسناسـا فخرجوا كما ترى البهايمر فيصيدهم اهل تلك البلاد بالكلاب الخ Webâr ist ein Land zwischen el-Jemen und den Bergen von Jabrîn, der Wohnsitz der 'Aditen; als sie vertilgt wurden, liess Gott ihr Land von den Dschinnen in Besitz nehmen und kein Mensch hat sich ihm genähert. Die Geschichtschreiber sagen, es habe seinen Namen von Webâr Ben Aram Ben Sem Ben Nuh und es liegt zwischen (dem Küstenstrich) el-Schihr und San'a 300 Parasangen lang und eben so breit. Man sagt, Webâr war das glücklichste Volk der Erde und hatte die meisten Bäume und Quellen; aber es wurde übermüthig und immer schlechter und erkannte die göttliche Gnade nicht an. Da verwandelte Gott ihre Gestalt und

el - Dauw [1]), el - Dehnâ [2]), das ganze Land von el - Jemen und das Land el - Hidschâz; die Söhne Ham's, des Sohnes Noah's, erhielten den Süden der Erde, von da, wo im Westen das Land anfängt, bis zu den Ländern el - Magrib el - acsa [3]); und die Söhne Japhet's, des Sohnes Noah's, erhielten das Caspische Meer östlich bis nach Sina. Zu den Nachkommen des Sem Ben Nuh gehören nun die Codba'iten [4]), Perser, Syrer, Hebräer, Araber Mosta'raber, Nabatäer, 'Ad, Themud [5]), Emoriter, Amalekiter, die Völker von Hind, die Bewohner von Sind, und viele Völker, die untergegangen sind; die Nachkommen des Ham stammen von seinen vier Söhnen ab, nämlich: Kusch, Misrâim, Futh und Kan'ân. Von Kusch kommen die Habessinier und el-Zindsch (Äthiopier), von Misrâim die Copten Ägyptens und die Nubier, von Futh die Afarica's, Bewohner von Africa und weiter hin bis el-Magrib el-acsa, und von Kan'an die Völker in Syrien, welche Musa (Moses) Ben Imrân mit seinem Volke, den Söhnen Israël's, bekriegte; zu ihnen gehören auch viele Geschlechter der Berbern [6]), welche untergegangen sind. Die Wohnsitze der Hamiten

---

machte sie zu einbeinigen Geschöpfen; sie gingen nun wie die Thiere auf die Weide und die Bewohner jener Gegenden jagten sie mit Hunden u. s. w. Vergl. Abulfed. histor. anteislam. ed. Fleischer. pag. 178.

1) el-Dauw wird nur im Camus als eine Stadt angeführt, aber auch hier ohne Angabe ihrer Lage.

2) Über el-Dehna sagt Jacut im Moschtarik: 1) ein weiter Landstrich in Nedschd im Gebiete der Beni Temim, nämlich sieben Sandberge; nach anderen in der Ebene von Basra im Gebiete der Beni Asad, Thäler und Niederlassungen, die an verschiedenen Stellen des grossen Lexicons angemerkt sind. 2) el-Dehna ein Dorf, ein Mil von Jembo', es gehört jetzt einem Zweige der Beni el-Hasan mit Namen Beni Ibrahim, dort ist eine fliessende Quelle und Palmen.

3) D. i. das äusserste Westland, worunter die Araber das mittlere Africa verstanden.

4) Die Codhâ'iten werden zu den Nachkommen der Himjariten gerechnet. Abulfed. a. a. O. pag. 182.

5) Über die untergegangenen Arabischen Stämme 'Ad und Themud vergl. ausser S. 9 Note 5 noch Pocock zu Abul-Farag. Spec. hist. Arab. pag. 35. — Herbelot unter den beiden Namen.

6) Berbern. Jacut im Moschtarik: البربر امة كبيرة وقبايل كثيرة فى بلاد الغرب يقال لبلادهم بلاد البربر قيل انهم قوم جالوت وكان مسكنهم بالاردن من الشام هربوا بعد ما قتل

waren von Seïda (Sidon) bis nach Ägyptenland, dann bis zur äussersten Gränze von Africa nach dem Weltmeere hin, sie breiteten sich in den dazwischen

طالوت ملكهم واصلهم العمالىق فاقاموا هناك وهى بلاد واسعة تكون مسيرة طولها من برقة الى
اقصى السوس الاقصى على سواحل البحر وللجبال نحو سنة شهور طولا فى عرض ما شاء الله وهم
بيض وسود Die Berbern sind ein grosses Volk von vielen Stämmen in den westlichen Gegenden, ihr Land heisst das Berberland; man sagt, es sei das Volk des
Dschalut (Goliat), dessen Wohnsitze am Jordan in Syrien waren, sie flohen,
nachdem Talut (Saul) ihren König getödtet hatte; sie stammten von den Amalekiten
ab und liessen sich hier nieder. Es ist ein weites Land, welches sich in der Länge
von Berca bis zum äussersten el-Sus el-acsa am Meeresufer und über die Gebirge
hin erstreckt gegen sechs Monate lang in unbekannter Breite; sie sind weiss und
schwarz. — Über die Abstammung der Berbern sagt el-Macrizi in der kleinen
Abhandlung über die in Ägypten eingewanderten Arabischen Stämme, wovon
eine Handschrift in der kaiserlichen Hofbibliothek zu Wien sich befindet, folgendes:

Berber soll der Sohn des Keïs 'Ailân oder des Ma'add Ben 'Adnân gewesen sein.
Es wird behauptet, Ma'ad Ben 'Adnân habe eine Israelitin geheirathet und diese
ihm den Berber Ben Ma'add geboren, Ma'add kehrte dann nach el-Hidschâz
zurück und liess den Berber bei seiner Mutter. Als er herangewachsen war,
ging er zu seinem Vater Ma'add, und lernte das Arabische in el-Hidschâz, da
er vorher das Hebräische kannte, und als sein Vater Ma'add Ben 'Adnân starb,
verliess Berber seine Brüder Nizâr Ben Ma'add und die übrigen, und zog gen
Magrib, verheirathete sich hier und hinterliess Nachkommen. Diese Angabe ist
nichtig und es behaupten andere, Berber sei ein Sohn des Keidâr Ben Ismâ'il
gewesen; wegen eines Vergehens, welches er sich hatte zu Schulden kommen
lassen, vertrieb ihn sein Vater Keidâr, indem er zu ihm sagte: el-Berr, geh!
o Berr! du bist nicht berr (fromm). Er kam nun nach Palästina, und heirathete eine Frau von den Amalekitern, die gebar ihm Lewâta, Mezâna, Zenâra,
Hewâra, Zewîla, Mugila, Lemta, Ketâma, 'Amâra und Nefusa. Als nun Dschalut durch die Hand des Propheten Gottes David getödtet wurde, gingen sie nach
el-Magrib. Auch diese Angabe ist nicht richtig und man sagt vielmehr, el-Ber-
ber sei einer von den Söhnen des Kipt Ben Coft Ben Piser Ben Ham, und Afri-
cus Ben Keïs Ben Seïf Ben Zor'a d. i. Himjar der jüngere, Sohn Seba's des
jüngeren, habe Africa erobert, welches nach ihm benannt sei; der König hiess
Dschirdschîr, und damals hätten die Berbern diesen Namen erhalten, weil er zu
ihm gesagt habe: wie viel ist doch euer berberet Murren. Am wahrscheinlich-

liegenden Ländern bis zum Süden aus und bestanden aus dreissig Geschlechtern. Zu den Nachkommen des Japhet, des Sohnes Noah's, gehören die Slaven, Franken, Galicier [1]), welche ein Stamm der Römer sind, el-Futh [2]), die Bewohner von Sina, ein Volk, welches Meder genannt wird, die Ionier, Römer, Griechen, die Stämme der Türken, Jàdschudsch und Màdschudsch und die Bewohner von Cyprus und Rhodus. Die Zahl der Japhetiten beträgt funfzehn Geschlechter, welche den nördlichen Theil der Erde bis zum Weltmeere bewohnten; dann wurde ihnen ihr Land zu enge und konnte sie wegen ihrer Menge nicht mehr fassen, da verliessen sie es und bemächtigten sich eines grossen Theiles der Länder der Söhne Ham's, des Sohnes Noah's.

P. 3.   Der Lehrer und Secretär Ibrahim Ben Wesîf Schah [3]) berichtet, dass die Copten von Coptîm Ben Misrâim Ben Misr Ben Ham Ben Nuh ihre Abstammung herleiteten und Coptîm der erste gewesen sei, welcher die wunder-

---

sten ist, dass sie zu den Nachkommen des Kan'ân Ben Ham Ben Nuh gehören, dann zu den Nachkommen des Berr oder des Berr Ben Badiân Ben Kan'ân u. s. w. S. den arab. Text im Anhange. — Die bei Macrîzi nun folgenden genealogischen Register weichen von den von Tornberg zusammengestellten Stammtafeln der Berbern ziemlich ab; wir werden bei einer anderen Gelegenheit darauf zurückkommen. Vergl. Primordia dominationis Murabitorum e libro Kartâs ed. C. J. Tornberg, in den Nova Acta reg. societ. scient. Upsal. Vol. XI. Edrisi Géogr. trad. par Jaubert. T. I. p. 203.

1) Die Handschriften haben الغاٰلّيون, welches an Gallier denken liesse; es sind aber unzweifelhaft die Galicier gemeint und الغاٰلّيون eine andere Schreibart für die sonst vorkommenden, nämlich für das Land جليقية und غليسبنة bei Abulfed. Géogr. pag. 185, letzteres jedoch zum Unterschiede für Gallizien bei Edrisi Géogr. T. II. p. 226. 390; und für die Bewohner الجلسيون bei Eutychius, Annal. ed. Pocock. Tom. I. p. 54 und الجلالقة bei Abulfeda, hist. anteislam. pag. 170.

2) el-Futh ist vielleicht der Name eines Ortes in Sind, woher die Fowethkleider ihren Namen haben; قوطﺐ Cuth (mit Hinzufügung eines Punktes) wird im Camus als ein Ort bei Balch erwähnt.

3) Ibrahim Ben Wesîf Schâh ist der Verfasser eines grösseren und eines kleineren Geschichtswerkes über Ägypten; er scheint ums Jahr 700 der Hidschra gelebt zu haben. Vergl. Haji Khalfa, lexicon bibliogr. ed. Flügel. Tom. II. pag. 150 und 641.

baren Bauten in Ägypten unternommen, die Bergwerke daselbst angelegt und
den Lauf der Flüsse geregelt habe, als er nach seinem Vater Misrâim über
Ägyptenland herrschte, dass er zur Zeit der Sprachenverwirrung gelebt und
sich von ihr getrennt habe, der Coptischen Sprache kundig; er regierte achtzig
Jahre, bis er starb, da trauerten seine Söhne und sein Volk über seinen Tod
und begruben ihn an der Ostseite des Nils, in einer Grotte unter dem grossen
Berge. In der Regierung Ägyptens folgte nach ihm sein Sohn Caftorîm Ben
Coptîm. Einige Genealogen behaupten, Misr sei der Sohn des Ham Ben Nuh
gewesen und habe auch Misrâim geheissen; andere dagegen sagen, Misrâim Ben
Hermes Ben Herdûs (Herodes) sei der Grossvater des Alexander gewesen, noch
andere sagen, Futh Ben Ham Ben Nuh habe die Bocht, Tochter des Betavil
Ben Tiras Ben Japhet Ben Nuh, geheirathet, welche ihm den Bûkîr und
Copt, den Stammvater der Copten, nämlich der Copten Ägyptens, gebar. Ibn
Ishac [1]) sagt: und daher sagt man, Misr sei der Sohn des Noah, er ist aber
Misr Ben Hermes Ben Herodes Ben Rumi Ben Leiti Ben Jûnân, und nach
ihm wurde Misr benannt, und dies ist Macedonien [2]); andere sagen, die
Copten seien Nachkommen des Copt Ben Misr Ben Futh Ben Ham Ben Nuh,
und nach diesem Misr sei das Land Misr benannt. Gott weiss es am besten.

2. Cap. Von der Religion der Copten vor ihrer Bekehrung
zum Christenthume.

Die Copten waren in früheren Zeiten Götzendiener, sie verehrten die Sterne,
brachten ihnen Opfer dar, und richteten unter ihrem Namen Bilder auf, wie
es die Sabäer thun. Ibn Wesîf Schah berichtet, dass der Götzendienst zuerst

---

1) Muhammed Ibn Ishâc el-Coreischí el-Mottalebí, ein berühmter Traditions-
kenner, gest. im J. 150 d. H., ist Verfasser einer Lebensbeschreibung des Propheten mit besonderer Rücksicht auf seine Feldzüge. Vergl. Ibn Challikan,
vitae illustr. vir. Nr. 623. Fasc. VII. p. 7.

2) Diese sonderbare Verwirrung, die in der Sage von Alexander ihren Grund haben
mag, findet sich ebenso in Sojuti's Geschichte von Ägypten zu Anfange, wo er
einiges über die Geographie von Ägypten sagt: بـسـن مصريمر وقيل الى مصر وتسمى
مقدونية بلد مصر وتسمى اليونان بيصر بن حام Es hat seinen Namen von Misr oder
Misraim Ben Piser Ben Ham und die Griechen nennen das Land Ägypten Macedonien.

in Ägypten zur Zeit des Caftorîm Ben Coptîm Ben Misrâim Ben Pîser Ben
Ham Ben Nuh bekannt geworden sei. Nämlich Iblîs (Satan) brachte die Götzen-
bilder, welche die Sündfluth versenkt hatte, wieder ans Licht und wusste den
Copten ihre Verehrung annehmbar zu machen, el-Budeschîr Ben Caftorîm
war dann der erste, welcher wahrsagte und die Magie trieb, und Menausch
Ben Mencaus der erste unter den Bewohnern Ägyptens, welcher den Stier
verehrte. — el-Muwaffic Ahmed Ben Abul-Càsim Ben Chalîfa, bekannt unter
dem Namen Ibn Abu Oseibi'a [1]) erzählt: die Copten hatten eine bekannte
Lehre, wie die Sabäer, und Tempel unter dem Namen der Gestirne, zu denen
die Leute aus allen Gegenden des Landes wallfahrteten; die Weisen und Phi-
losophen anderer Nationen suchten sie zu widerlegen und besuchten sie nur
wegen der Kenntnisse, welche sie in der Magie, den Talismanen, der Geo-
metrie, Astronomie, Medicin, Arithmetik und Alchimie besassen, worüber es
viele Erzählungen von ihnen gibt. Sie hatten eine eigenthümliche Sprache
und drei verschiedene Arten Schrift, die Schrift des Volkes, die Schrift der
Vornehmen, welche auch besonders den Priestern eigen war, und die Schrift
der Könige.

Ibn Wesîf Schah sagt: die Priesterschaft Ägyptens war die mächtigste
und berühmteste durch die Wahrsagerkunst und die Griechischen Weisen
schildern sie als solche, geben ihnen dieses Zeugniss und berufen sich auf sie,
indem sie sagen: Die Weisen Ägyptens haben uns dies und das gelehrt. Sie
richteten sich beim Wahrsagen gegen die Sterne und behaupteten, dass sie
es wären, welche ihnen die Wissenschaften eröffneten und sie über die zu-
künftigen Dinge belehrten, und sie es wären, welche sie in den Geheimnissen
der Naturkräfte und der Bildung der Talismane unterrichteten und ihnen die
verborgenen Wissenschaften und die wichtigen Namen offenbarten. Sie machten dann die bekannten Talismane und berühmten Geheimmittel, brachten re-
dende Figuren hervor, malten bewegliche Bilder, führten hohe Bauwerke auf,
bildeten ihre Wissenschaften auf den Steinen ab und machten Talismane, welche
die Feinde von ihrem Lande abhielten; so waren also ihre Kenntnisse ausge-
zeichnet und ihre Wunder bekannt.

---

1) Der bekannte Arzt und Biograph, aus welchem meine Geschichte der arabischen
   Ärzte zum grossen Theile genommen ist.

Ägyptenland war in 85 Kreise getheilt, davon kamen auf das Unterland P. 4.
45 Kreise und auf el-Sa'id (Oberägypten) 40 Kreise; in jedem Kreise war
ein Oberpriester und dies waren die Wahrsager; wer von diesen die sieben
Planeten sieben Jahre verehrte, wurde Bâhir genannt, und wer sie 49 Jahre
verehrte, jeden Stern sieben Jahre, wurde Câtir genannt, diesem erwies der
König besondere Ehre, liess ihn an seiner Seite sitzen und that nichts ohne
seinen Rath. Die Priesterschaft mit den Künstlern trat ein und stellte sich
dem Câtir gegenüber auf, jeder Priester von ihnen hatte den besonderen Dienst
eines Gestirnes von den sieben Planeten, den er keinem andern überliess und
wurde der Diener dieses Gestirnes genannt; man sagte also Diener des Mon-
des, Diener des Mercur, Diener der Venus, Diener der Sonne, Diener des
Mars, Diener des Jupiter, Diener des Saturns. Wenn nun alle ihren Platz
eingenommen hatten, sprach der Câtir zu einem von ihnen, wo ist dein Herr?
dann antwortete er: in dem und dem Sternbilde, in dem Grade und der Mi-
nute; dann fragte er den zweiten ebenso, welcher ihm Antwort gab, bis er
zu Allen gekommen war und die Stellung der Gestirne in dem Kreise der
Himmelszeichen wusste. Hierauf sprach er zum Könige: du musst heute das
und das thun, das und das essen, zu der und der Zeit die ehelige Pflicht
üben, zu der und der Zeit ausreiten, bis ins kleinste, was er zu thun nöthig
hatte; ein Schreiber stand vor ihm und schrieb auf, was er sagte. Alsdann
wandte er sich zu den Künstlern, führte sie in das Kunsthaus und wies jedem
die Arbeiten an, welche an dem Tage am besten zu verrichten waren; hernach wurde das, was an diesem Tage vorfiel, auf ein Blatt aufgezeichnet,
welches in der Schatzkammer des Königs aufbewahrt wurde. Wenn der König
über etwas in Sorge war, befahl er den Priestern, sich vor der Stadt Menf
(Memphis) zu versammeln, und nachdem die Leute in der Hauptstrasse der
Stadt in Ordnung aufgestellt waren, hielten die Priester ihren Einzug zu Pferde
nach ihrem Range mit Pauken vorauf; es war keiner unter ihnen, der nicht
ein Wunder hätte sehen lassen, welches er gemacht hatte: der eine hatte auf
seinem Gesichte ein Licht gleich dem Lichte der Sonne, so dass ihn keiner
ansehen konnte, der andere hatte Edelsteine von verschiedenen Farben an sich,
welche in das Kleid eingewebt waren; dieser hatte sich mit grossen Schlan-
gen umwunden, jener hatte über sich einen Lichtbogen ausgespannt, und an-

dere wunderbare Arbeiten. So zogen sie vor den Pallast des Königs, welcher ihnen dann verkündete, was ihm widerfahren war; sie pflogen hierauf Rath, bis sie darüber eins waren, was sie ihm zu thun anempfehlen wollten.

Dieses ist, Gott stärke dich! ihre Geschichte, so lange sie selbst die Herrschaft hatten; als aber die Amalekiten die Regierung Ägyptens an sich rissen, und die Pharaonen es beherrschten, dann andere Geschlechter es abwechselnd im Besitz hatten, nahmen die Wissenschaften der Copten allmälig ab, bis sie zum Christenthum übertraten; da legten sie die Gebräuche der Götzendiener ab und folgten dem, was ihnen durch die christliche Religion geboten wurde, wie du, so Gott will, hiernach sehen wirst.

'. 5. 3. Cap. Geschichte des Übertritts der Copten Ägyptens zum Christenthume.

Die Christen sind Anhänger des Propheten Gottes 'Isa Ben Marjam (Jesus, Sohn der Maria); sie werden Nasâra genannt, weil sie sich nach Nâsaret benennen, einem Orte im Gebirge von Galiläa, welches auch das Gebirge von Kanaan heisst und zu unsrer Zeit zu dem Gesamtgebiete von Safed gehört. Der Ursprung jener Benennung Nasâra ist, dass, nachdem 'Isa Ben Marjam von seiner Mutter Marjam, der Tochter des 'Imrân, zu Bethlehem, vor der Stadt Jerusalem, geboren war, und sie dann mit ihm nach Ägyptenland gezogen und dort einige Zeit gewohnt hatte, hiernach aber in das Land der Söhne Israël's zu ihrer Familie zurückgekehrt war, sie sich in der Stadt Nâsaret niederliess; hier verlebte nun 'Isa seine Jugendzeit und erhielt den Namen Jesu el-Nâsiri. Nachdem ihn dann Gott als Gesandten zu den Söhnen Israël's geschickt und er die Schicksale erlebt hatte, die du nachher erfahren wirst, bis ihn Gott zu sich aufnahm, zerstreuten sich die Jünger, das sind die, die an ihn glaubten, in die Länder der Erde, um die Menschen zur Annahme seiner Religion aufzufordern, und wurden eben darnach wie ihr Prophet 'Isa Ben Marjam benannt und erhielten den Namen el-Nâsiria; die Araber haben dann die Aussprache dieses Worts geändert und sagen Nasâra.

Ibn Sida[1]) sagt: Nasra, Nâsara oder Nasûria ist ein Ort in Syrien,

---

1) Abul-Hasan Ali Ben Isma'il Ibn Sîda el-Andalusi el-Mursi, ein berühmter

nach welchem die Nasâra benannt sind; dies ist die Angabe der Philologen, die aber nicht haltbar ist, indess wäre sie nach einer seltenen Bildung dieser abgeleiteten Nomina doch zulässig. Sibaweih [1]) sagt darüber: was das Wort el-Nasâra betrifft, so ist el-Chalîl [2]) der Meinung, dass es der Plural von Nasra oder Nasrân sei, wie man von nadmân im Plural nadâma sagt, nur hat man eins der beiden Je, eben so wie in dem Worte كفثية, abgeworfen und an dessen Stelle ein Elif gesetzt; was wir nun hiergegen einzuwenden haben, ist, dass es auf Nasrân hinauskommt, weil er davon spricht; denn wenn du den Plural bildest und sagst Nasâra ist gebildet wie nadâma, so ist dies analoger, und das erste ist nach der Regel; es ist aber desshalb analoger, weil wir nicht gehört haben, dass Jemand Nasra sagt. — Die V. Form bedeutet zur christlichen Religion übertreten, und die II. Form, Jemanden zum Christen machen; ansar heisst unbeschnitten, und kommt daher, weil die Christen nicht beschnitten sind. In dem Commentare zum Evangelium [3]) heisst es, die Bedeutung des Ortes Nâsaret sei der neue, davon Nasrania (das Christenthum) die Erneuerung und Nasâra der Erneuerte; man sagt auch,

---

spanischer Philolog, starb zu Dania etwa 60 Jahre alt im J. 458 der Hidschra (1066 n. Chr.). Er ist Verfasser eines grossen arabischen Lexicons unter dem Titel الحكم el-Muhkem, welches el-Macrizi häufig citirt, von dem sich einzelne Theile handschriftlich zu Paris und Oxford befinden. Ausserdem wird von ihm ein Commentar zu der Hamâsa in sechs Bänden und zwei philologische Abhandlungen erwähnt. Vergl. Ibn Challikân, vit. Nr. 460. Catalog. Bibl. Bodl. Tom. II. pag. 180. not. Casiri, Bibl. Arab. Hisp. Tom. II. pag. 146.

1) Abu Bischr 'Amr Ben Othmân mit dem Beinamen Sibaweih, ist einer der berühmtesten Grammatiker der Araber, dessen Todesjahr zwischen 161 und 194 d. H. gesetzt wird. Ibn Challikân, vit. Nr. 516. Herbelot, orient. Bibliothek.

2) Abu Abd el-Rahman el-Chalil Ben Ahmed war der Lehrer des Sibaweih und Erfinder der arabischen Metrik; er lebte vom J. 100 bis 175 oder 190 d. H. Ibn Challikân, vit. Nr. 219. G. W. Freytag, Darstellung der arab. Verskunst. S. 18.

3) Es gibt mehrere Commentare zu den Evangelien von Christen, welche arabisch schrieben, aus denen bis jetzt noch nichts bekannt gemacht ist. Was Haji Khalfa, lex. bibl. Tom. I. p. 451 darüber sagt, ist sehr unbefriedigend, indem er nur einen Commentator nennt. Vergl. Catalog. Bibl. Lugd. pag. 408.

sie hätten ihren Namen von nasrân, dies sei eine von den Bildungen der Intensiva (sehr hülfreich) und bedeute, dass diese Religion unter Menschen Eingang gefunden habe, die nicht zu der Familie des Stifters gehörten, es sei also die Religion derjenigen seiner Anhänger, die ihm Hülfe leisteten [1]).

'Nachdem dieses festgestellt ist, so wisse, der Messias, der Geist Gottes und sein Wort, welches er auf Maria herabkommen liess [2]), ist 'Isa und die Grundform seines Namens im Hebräischen, welches die Sprache seiner Mutter und deren Eltern war, ist Jâschu', die Christen nennen ihn Jeschu' und Gott, welcher (im Coran) die richtigste Aussprache gibt, nennt ihn 'Isa. Die Bedeutung von Jeschu' in der Syrischen Sprache ist "der Erretter"; dies sagt der Verfasser des Commentars zum Evangelium und gibt ihm den Beinamen el-Mesîh, d. i. der gerechte; man sagt auch, er sei so genannt, weil er keinen mit einem Fehler behafteten mit der Hand masah bestrich, ohne dass er geheilt wäre; oder weil er die Köpfe der Waisen bestrich, oder weil er aus dem Leibe seiner Mutter mit Öl bestrichen hervorkam, oder weil Gabriel ihn bei seiner Geburt mit seinen Flügeln bestrich, um ihn gegen die Berührung des Satans zu schützen. Andere sagen, der Name Mesîh ist abgeleitet von el-mash, d. i. die Salbung, weil der heilige Geist bei dem Körper 'Isa's die Stelle des Öls vertrat, womit bei den Israeliten der König bestrichen wurde, auch die Priesterschaft wurde damit bestrichen; oder weil er auf der Brust bestrichen wurde, oder weil er ein amsah plattfuss war, indem der mittlere Theil seiner Fusssohlen nicht hohl gebogen war; oder weil er auf seinen Wanderungen das Land durchstrich, ohne einen festen Wohnsitz zu haben. Andere sagen, das Wort sei hebräisch und die Grundform mâschîh, welche dann von den Arabern in mesîh verändert wurde.

P. 6.   Zur Geschichte des Messias gehört folgendes: Während Maria, die Tochter des 'Imrân [3]), in ihrem Gemache war, gab ihr Gott die Verheissung

---

1) Die letzte Erklärung ist unstreitig daher gekommen, dass auch Muhammed's erste Anhänger in Medina den Namen الأنصار el-Ansâr, d. i. die Helfer erhielten, wie schon de Sacy in der Recension zu dieser Stelle bemerkt.

2) Worte des Corans, Sure 4. V. 169.

3) Es ist wohl nicht zweifelhaft, dass Muhammed die Maria (arabisch Marjam), die Mutter Jesu, mit Mirjam, der Schwester des Moses und Aron, Tochter des

des 'Isa; sie verliess dann Jerusalem, nachdem sie sich von der Menstruation
gereinigt hatte. Da erschien ihr der Engel als Mensch in Gestalt des Joseph
Ben Jacob, des Zimmermannes, eines Arbeiters aus Jerusalem, und blies in
ihren Busen und der Hauch glitt in ihren Schooss hinab; da ward sie mit
'Isa schwanger, wie die Frauen schwanger werden, nur nicht von einem
Manne, sondern der Hauch des Engels verursachte die Befruchtung. Nach
neun Monaten, oder nach anderen Angaben an demselben Tage, da sie
empfangen hatte, kam sie nieder in der Stadt Betlehem, zum Gebiete von
Jerusalem gehörig, am Mittwoch den 25. Kanun I., oder am 29. Kihak 319
nach der Alexandrinischen Ära. Da kamen Gesandte des Königs von Persien
um ihn aufzusuchen und brachten für ihn Geschenke, darunter Gold, Myrrhen
und Weihrauch. Aber Herodes, König der Juden zu Jerusalem, liess ihn
suchen um ihn zu tödten, denn er war vor ihm gewarnt; da machte sich
Maria mit ihm auf, als er zwei Jahr alt war, auf einem Esel und Joseph
der Zimmermann begleitete sie, bis sie nach Ägyptenland kamen, und wohnten
daselbst vier Jahre. Dann kehrten sie, als 'Isa sechs Jahre alt war, zurück
und Maria liess sich mit ihm in der Stadt Nasaret, zum Gebirge Galiläa's
gehörig, nieder und wohnte dort und 'Isa verlebte hier seine Jugend bis er
das dreissigste Jahr erreicht hatte. Da ging er mit dem Sohne seiner Muhme,
Jahja Ben Zakerija, an den Fluss Jordan, 'Isa badete sich darin und die
Prophetenkraft kam über ihn, er ging in die Wüste und blieb darin vierzig
Tage ohne Speise und Trank zu sich zu nehmen. Nun offenbarte ihm Gott,
dass er die Söhne Israels zur Verehrung Gottes auffordern sollte; er durchzog
desshalb die Städte und forderte die Menschen zur Verehrung Gottes auf,
heilte die Blinden und Aussätzigen, weckte durch Gottes Gnade die Todten
auf, tadelte die Juden und befahl ihnen, von der Welt abzulassen und ihren
mehrfachen Ungehorsam zu bereuen. Da glaubten an ihn die Jünger, dies

---

Amram (arabisch 'Imrân) verwechselt habe, vergl. Coran, Sura 19. V. 54, und
um diesen Fehler wieder gut zu machen, von den Commentatoren des Corans
eine Genealogie der Jungfrau Maria erfunden wurde, worin ihr Vater 'Imrân
genannt wird, so dass sie nun zwei verschiedene Personen dieses Namens an-
führen, zwischen denen sie einen Zeitraum von 1800 Jahren annehmen. Vergl.
Beidhawil Comment. in Coranum ed. Fleischer, pag. 152 zu Sure 3; V. 30.

waren Fischerleute oder Walker und ihre Zahl zwölf, und hielten das Evangelium, welches Gott ihm geoffenbart hatte, für wahr. Aber das Volk der Juden hielt ihn für einen Lügner, beschuldigte ihn des Irrthums und machte ihn dessen verdächtig, woran er unschuldig war. Es entstanden daher zwischen ihnen viele Streitigkeiten, in denen er sie überführte, bis ihre Gelehrten überein kamen, ihn zu tödten, und sie überfielen ihn Freitag Nachts, da soll er in dem Augenblicke gen Himmel genommen sein. Nach anderen Nachrichten aber ergriffen sie ihn, brachten ihn zu Pontius Pilatus, dem Statthalter von Jerusalem von Seiten des Kaisers Tiberius, und verlangten seinen Tod; dieser suchte sie davon abzubringen, bis sie ihn von ihrer Ansicht überzeugten, dass ihre Religion seinen Tod fordere. Da gab er ihn in ihre Gewalt und während sie ihn an das Holz führten, um ihn zu kreuzigen, erbob ihn Gott zu sich; dies geschah in der sechsten Stunde des Freitags am 15. des Monats Nisan, oder am 29. Bermehât, oder am 15. Adar, oder am 17. Dul-Cada, und er war in dem Alter von drei und dreissig Jahren und drei Monaten. Sie kreuzigten nun einen, den sie für ihn hielten, und kreuzigten mit ihm zwei Räuber und befestigten sie mit eisernen Nägeln, und die Soldaten theilten unter sich die Kleider des Gekreuzigten. Da ward die Erde mit einer Finsterniss bedeckt, welche drei Stunden währte, so dass der Tag der Nacht glich und die Sterne erschienen; dabei war ein Krachen und Erdbeben. Am Morgen des Sonnabend wurde dann der Gekreuzigte von dem Holze abgenommen und unter einen grossen Stein in einem neuen Grabe beigesetzt; am Grabe wurden Wächter aufgestellt, damit die Anhänger des Begrabenen ihn nicht wegholten. Die Christen behaupten nun, dass der Begrabene in der Nacht auf den Sonntag früh Morgens aus seinem Grabe erstanden und am Abend desselben Tages unter die Jünger getreten sei und mit ihnen geredet und sie mit seinem letzten Willen bekannt gemacht habe. Vierzig Tage nach seiner Auferstehung stieg er dann gen Himmel in Gegenwart seiner Jünger, und als diese zehn Tage nach seiner Erhebung in einem Speisezimmer des Sion, welcher heut zu Tage Sahjûn heisst, ausserhalb Jerusalem versammelt waren, erschienen ihnen Flammen, worauf sie in allen Zungen redeten; da glaubten damals an sie, wie erzählt wird, über drei Tausend Menschen. Die Juden aber ergriffen sie und warfen sie ins Gefängniss, doch zeigte sich ihre Herrlichkeit, denn Gott öffnete ihnen bei Nacht die Thür des Kerkers und sie gingen in den Tempel und fingen an, den Leuten zu predigen. Da sannen die Juden auf ihren Tod, und schon glaubten an sie gegen fünf Tausend Seelen, also vermochten sie nicht, sie zu tödten. Die Jünger zerstreuten sich nun in die Länder der Erde um zu der Religion des Messias aufzufordern: so zog Petrus, das Haupt der Jünger, und mit ihm Simon Kephas [1]), nach Antiochien und Rom und viel Volks folgte seiner Aufforderung; er wurde am 5. Abib, dem Feste von el-Casria [2]), getödtet. Sein Bruder Andreas reiste nach Nicäa und der Umgegend, und viele glaubten an ihn; er starb zu Byzanz am 4. Kihak. Jacobus, der Sohn des Zebedäus und Bruder des Evangelisten Johannes, ging nach Abdîna und es folgten ihm viele; er wurde am 17. Bermuda getödtet. Johannes der Evangelist besuchte die Städte Asiens und Ephesus; er schrieb sein Evangelium griechisch, nachdem Matthäus, Marcus und Lucas ihre Evangelien geschrieben hatten; da er fand, dass sie manches zu kurz erzählt hatten, so redete er umständlicher darüber. Diess geschah dreissig Jahre nach der Himmelfahrt des Messias; auch schrieb er drei Briefe und starb, nachdem er über hundert Jahre alt war. Philippus reiste nach Cäsarea und der Umgegend, und wurde dort am 8. Hatur getödtet, nachdem er sehr viele Anhänger gewonnen hatte. Bartholomäus reiste nach Armenien, den Städten der Berbern und den Oasen Ägyptens, und viele glaubten an ihn; er wurde getödtet. Thomas reiste nach Indien und wurde dort getödtet. Matthäus der Steuereinnehmer bereiste Palästina, Tyrus, Sidon und die Stadt Bosra und schrieb sein Evangelium hebräisch neun Jahre nach der Himmelfahrt des Messias, und Johannes übersetzte es in die griechische Sprache. Matthäus wurde am 18. Babe zu Carthago ermordet, nachdem viele Menschen seiner Aufforderung gefolgt waren.

---

1) Es liegt sehr nahe, mit Wetzer das ڪوكب in كوكب zu verändern, so dass es richtig hiesse: Petrus, dessen Name Simon Kephas ist; allein theils wird diese Correctur durch keine einzige Handschrift unterstützt, theils scheint Macrizi auch auf der folgenden Seite wirklich unter Petrus und Simon Kephas zwei verschiedene Personen gedacht zu haben.

2) Vergl. unten Cap. 7 Nr. 5; daher nicht Caesarea wie bei Selden, de synedr. lib. III. p. 372.

Jacobus, der Sohn des Cleophas, zog in die Städte Indiens, kehrte nach Jerusalem zurück und wurde am 10. Amschir getödtet. Judas, der Sohn des Jacobus, reiste von Antiochien nach Mesopotamien, da glaubten an ihn viele Menschen und er starb am 2. Abîb. Simon begab sich nach Someisat, Haleb, Menbidsch und Byzanz und wurde am 9. Abîb getödtet. Matthias bereiste die Städte von el-Scherât [1]) und wurde am 18. Bermehât getödtet. Paulus von Tarsus reiste nach Damascus, den Städten Griechenlands und Rom und wurde am 5. Abîb getödtet. — Auch zerstreuten sich siebzig andere Apostel in verschiedene Länder und es glaubten an sie viele; zu diesen siebzig gehört Marcus der Evangelist, welcher zuerst Johannes hiess; er verstand drei Sprachen, die fränkische (lateinische), hebräische und griechische und ging zu Petrus nach Rom, blieb bei ihm und schrieb bei ihm das Evangelium in lateinischer Sprache zwölf Jahre nach der Himmelfahrt des Messias und predigte den Leuten zu Rom, in Ägypten, Habessinien und Nubien und setzte den Hananias zum Bischofe von Alexandrien ein und ging nach Berca; zu seiner Zeit mehrten sich die Christen und er wurde am zweiten Tage des Osterfestes zu Alexandrien getödtet. Zu den siebzig gehört auch Lucas der Evangelist und Arzt, Schüler des Paulus; er schrieb das Evangelium in griechischer Sprache, wie er es von Paulus gehört, zu Alexandrien zwanzig Jahre nach der Himmelfahrt Christi und starb zwei und zwanzig Jahre nach derselben.

Als Petrus, das Haupt der Jünger, aus dem Gefängnisse zu Rom floh und sich zu Antiochien niederliess, setzte er dort den Darius zum Patriarchen ein. Antiochien ist einer der vier Patriarchensitze, welche die Christen haben, nämlich Rom, Alexandrien, Jerusalem und Antiochien. Darius blieb 27 Jahre Patriarch von Antiochien und war der erste Patriarch daselbst und die dortigen Patriarchen erbten das Patriarchat nach ihm einer von dem anderen. — Simon Kephas predigte zu Rom 25 Jahre und es glaubte an ihn Patricia [2]);

---

1) el-Scherât ist die Gebirgsgegend zwischen Damascus und Medina, der südliche Theil des Gebirges Seïr, mit den Städten el-Homeima, el-Schaubek, جربا Dscharba und اذرح Adroh.

2) Wetzer übersetzt: Simon Petrus viginti quinque annos Romae evangelium praedicavit, *eique patriarchatus est concreditus. Hierosolymam rediit* u. s. w.

sie reiste nach Jerusalem, entdeckte die Hölzer des Kreuzes und übergab sie dem Bischofe Jacob Ben Joseph; sie baute hier eine Kirche und kehrte nach Rom zurück; sie war dem Christenthume sehr zugethan und mit ihr wurden viele von ihrer Familie gläubig. — Die Apostel versammelten sich in der P. 8. Stadt Rom, setzten die Canones fest und sandten sie umher durch Clemens, den Schüler des Petrus; sie bestimmten darin die Anzahl der Bücher, deren Annahme nöthig sei, sowohl von den alten, als von den neuen. Die alten waren: der Pentateuch, das Buch Josua's des Sohnes Nun, das Buch der Richter, das Buch Ruth, das Buch Judith, das Leben der Könige, die Schrift Benjamin's, die Bücher der Maccabäer, das Buch Esra, das Buch Esther, die Geschichte Haman's, das Buch Hiob, das Buch der Psalme David's, die Bücher Salomo's des Sohnes David's, die Bücher der Propheten, deren sechzehn sind, und das Buch Jesus Sirach. Die neuen Bücher waren: die vier Evangelien, das Buch der catholischen Briefe, das Buch Paulus, das Buch πραξεις, d. i. die Geschichte der Jünger, und das Buch Clemens, worin das, was die Jünger geboten und verboten haben, enthalten ist.

Als der Kaiser Nero den Petrus, das Haupt der Jünger, zu Rom getödtet hatte, wurde nach ihm Arius zum Patriarchen von Rom eingesetzt; er war der erste Patriarch zu Rom und blieb zwölf Jahre im Patriarchat, und nach ihm folgten die Patriarchen daselbst einer nach dem anderen bis auf den heutigen Tag. — Und als Jacob, der Bischof von Jerusalem, durch die Juden getödtet war, zerstörten sie auch die Kirche und nahmen das Holz des Kreuzes und die beiden anderen Hölzer zusammen und vergruben sie und warfen viel Erde auf die Stelle, so dass es ein grosser Haufen wurde, bis Helena, die Mutter Constantin's, sie wieder heraus brachte, wie du, so Gott will, bald sehen wirst. Nach der Ermordung des Jacob wurde Simon,

---

indem er alles folgende auf Petrus bezieht. Der Recensent in der Leipziger Lit. Zeit. 1829. Nr. 285. S. 2275 hat gegen diese Übersetzung nichts einzuwenden, findet indess die Verba, welche hier alle im femin. stehen, anstössig und will sie in das mascul. verändern. Der Text ist aber vollkommen richtig und alles auf eine Patricia zu beziehen; entweder als Eigenname, oder für irgend eine vornehme Römerin.

der Sohn seines Oheims, zum Bischof von Jerusalem eingesetzt und blieb 42 Jahre Bischof, bis er starb; nach ihm erhielten die Bischöfe das Episcopat von Jerusalem einer nach dem anderen.

Als Marcus den Hananias oder Ananias zum Patriarchen von Alexandrien eingesetzt hatte, ernannte er mit ihm zwölf Bischöfe und befahl ihnen, wenn der Patriarch stürbe, an seine Stelle einen aus ihrer Mitte zu setzen und für diesen Bischof einen aus den Christen zu wählen, so dass es immer zwölf Bischöfe wären; so wurden die Patriarchen fortwährend aus den Bischöfen ernannt, bis die 318 sich versammelten, wie du, so Gott will, nachher sehen wirst. — Der Patriarch von Alexandrien wurde seit der Zeit dieses Hananias, des ersten Patriarchen von Alexandrien, bis zur Einsetzung des Demetrius, des elften Patriarchen von Alexandrien, el-Baba genannt; es gab nämlich im Lande Ägypten keine Bischöfe, dann aber wurden daselbst die Bischöfe eingesetzt und unter dem Patriarchate des Heracles gab es deren in den Städten schon eine grosse Zahl; die Bischöfe pflegten den Patriarchen *Ab* Vater zu nennen, so wie die Presbytere und übrigen Christen wieder den Bischof *Ab* Vater nannten; sie bildeten also das Wort el-Baba (Papa) als besondere Bezeichnung für den Patriarchen von Alexandrien, dessen Bedeutung Vater der Väter ist. Hierauf wurde dieser Name von dem Stuhle zu Alexandrien auf den Stuhl zu Rom übertragen, weil dies der Stuhl des Petrus, des Hauptes der Jünger, ist, und der Patriarch von Rom wurde Papa genannt, was bis auf den heutigen Tag so geblieben ist.

Ananias oder Hananias blieb in dem Patriarchate von Alexandrien 22 Jahre und starb am 20. Hatur des Jahres 87 nach dem Erscheinen des Messias; nach ihm wurde Minius eingesetzt und blieb zwölf Jahre und neun Monate bis er starb. Während dem erhoben sich die Juden gegen die Christen und vertrieben sie aus Jerusalem, diese gingen über den Jordan und bewohnten jene Gegenden; kurz darauf erfolgte die Zerstörung Jerusalems und die Vertreibung und Ermordung der Juden durch Titus, etwa 44 Jahre nach der Himmelfahrt des Messias. Die Christen mehrten sich nun während des Patriarchates des Minius und viele kehrten nach Jerusalem zurück, nachdem Titus die Stadt zerstört hatte, bauten dort eine Kirche und setzten den Simon zum Bischof an derselben ein.

Nach Minius wurde zu Alexandrien Cerdianus [1]) in das Patriarchat
eingesetzt. In den Tagen des Kaisers Hadrianus widerfuhr den Christen von P. 9.
ihm viel Ungemach; er tödtete von ihnen eine grosse Zahl und führte die
übrigen in die Sklaverei, wo ein unbeschreibliches Elend über sie kam, bis
die römischen Feldherren und Grossen sich ihrer erbarmten und Fürsprache
für sie einlegten; da ward der Kaiser ihnen gnädig und liess sie frei. Cerdianus, der Patriarch von Alexandrien, starb am 11. Bermude, nachdem er
elf Jahre sein Amt verwaltet und einen ausgezeichneten Lebenswandel geführt
hatte. — Nach ihm wurde Primus erwählt, welcher zwölf Jahre blieb und
am 3. Mesri starb. Die Christen kamen in den Tagen des Kaisers Hadrian
in eine sehr bedrängte Lage, er tödtete eine unzählige Menge derselben und
kam nach Ägypten, wo er sämtliche Christen umbringen liess; auch zerstörte
er die in Jerusalem erbauten Kirchen der Christen und verbot ihnen, diese
Stadt zu besuchen, statt ihrer liess er die Griechen in Jerusalem sich nieder-
lassen und nannte Jerusalem Aelia; desshalb wagte kein Christ sich Jerusalem zu nähern.

Nach dem Tode des Primus, des Patriarchen von Alexandrien, wurde
Justus eingesetzt, welcher elf Jahre blieb und am 12. Buna starb; ihm folgte
Eumenius, welcher zehn Jahre und vier Monate blieb und am 10. Babe
starb, worauf Marcianus zum Patriarchen von Alexandrien eingesetzt wurde,
welcher neun Jahre und sechs Monate blieb und am 6. Tuba starb. Auf ihn
folgte zu Alexandrien Claudianus, welcher vierzehn Jahre blieb und am
9. Abib starb; zu seiner Zeit drückte der Kaiser Aurelianus die Christen und
tödtete von ihnen eine grosse Menge. Nach Claudianus kam Agrippinus als
Patriarch auf den Stuhl von Alexandrien; er blieb zwölf Jahre und starb am
5. Amschir. Unter seinem Patriarchate kamen die Patriarchen in allen Städten
über die Rechnung des Osterfestes der Christen und die Zeit ihres Fastens
überein und bestimmten, wie gerechnet werden sollte; sie legten die Rechnung der Copten zum Grunde und leiteten daraus die Kunde ihrer Fastenzeit
und ihres Passa's ab, und ihre Anordnung haben sie in der Folge beibe-

---

1) Wie der Name im Arabischen geschrieben ist, würde die Aussprache Gratianus
    weit näher liegen, indess heisst er sonst Cerdo. Vergl. Renaudot, hist.
    Patriarch. Alexandr. p. 14.

halten. Vorher fasteten sie nach dem Feste der Taufe vierzig Tage, wie der Messias gefastet hatte, und hörten dann auf zu fasten, das Osterfest dagegen feierten sie mit den Juden zugleich; diese Patriarchen aber verlegten das Fasten und liessen es bis zum Osterfeste reichen, weil nach ihrer Behauptung an dem Osterfeste die Auferstehung des Messias von den Todten erfolgt war und die Jünger befohlen hatten, dass dieses nicht verändert, sondern jedes Jahr zu dieser Zeit begangen werden sollte.

Nach Agrippinus kam im Patriarchat Julianus auf den Stuhl von Alexandrien, blieb zehn Jahre und starb am 8. Bermehàt; ihm folgte Demetrius, welcher nach ihm 33 Jahre im Patriarchate blieb, bis er starb. Er war ein Landmann ohne wissenschaftliche Bildung und soll, nach seiner Aussage, niemals mit seiner Frau Umgang gehabt haben. Zu seiner Zeit brachte der Kaiser Severianus viel Ungemach über die Christen in seinem ganzen Reiche, er tödtete eine grosse Anzahl derselben und kam nach Ägypten, wo er sämmtliche Christen umbringen liess, zerstörte ihre Kirchen und erbaute zu Alexandrien seinen Götzen einen Tempel. — Ihm folgte im Patriarchate von Alexandrien Theoclas, welcher sechzehn Jahre blieb und am 8. Kihak starb. Da traf die Christen von Seiten des Kaisers Maximus grosse Bedrängniss und er tödtete von ihnen eine grosse Anzahl; als aber der Kaiser Philippus zur Regierung kam, ehrte er die Christen. — Im Patriarchate von Alexandrien folgte Dionysius, welcher neunzehn Jahre blieb und am 3. Tot starb. Zu seiner Zeit lebte der Mönch Antonius in Ägypten, welcher zuerst wollene Kleider anlegte und zuerst in unbewohnten Gegenden Klöster erbaute, in denen er die Mönche wohnen liess. Die Christen traf von Seiten des Kaisers Decius Bedrängniss, denn er befahl ihnen, dass sie seine Götzen anbeten sollten, und als sie sich nicht vor ihnen beugen wollten, liess er sie auf eine grausame Weise umbringen. Vor ihm flohen die jungen Männer, die Herren der Grotte (die Siebenschläfer) aus der Stadt Ephesus, versteckten sich in einer Höhle in einem östlich von der Stadt gelegenen Berge und schliefen ein; P. 10. da traf Gott ihre Ohren und sie schliefen fortwährend 300 Jahre, was (nach Muhammedanischer Rechnung) neun Jahre mehr ausmacht [1]).

---

1) Die Sage von den sieben Schläfern, welche auch im Coran Sura 18 einen Platz

Nach ihm kam in Alexandrien Maximus, welcher zwölf Jahre Patriarch
blieb und am 14. Bermude starb; dann folgte ihm Theonas als Patriarch

---

gefunden hat, ist aus occidentalischen Schriftstellern bekannt. Vergl. Acta
Sanctor. Julii Tom. VI. p. 375. — De septem dormientibus, germanice Sieben
Schläfern, praes. Chr. Reineccio, auct. Joach. Chr. Benicke. Lipsiae 1702.
Neuer Abdruck ib. 1715. — Sanctorum septem dormientium historia ex ectypis
Musei Victorii expressa. Romae 1741. —, Die arabischen Schriftsteller stimmen
im Allgemeinen damit überein, wie Edrisi, Géographie trad. par Jaubert.
Tome II. p. 299. Cazwini im zweiten Theile seiner Cosmographie "die Wunder der Länder," siehe unten in dem Anhange zu dem arabischen Texte. Indess
hat Cazwini im ersten Theile "die Wunder der Schöpfung" noch eine ganz
andere Erzählung, aber auch in Beziehung auf die Coranstelle; sie ist in dem
Abschnitte über die Berge folgende:
Der Berg el-Raqîm wird im Coran (Sure 18 V. 8) erwähnt: "Oder hast du
wohl bedacht, dass die Herren der Grotte und el-Raqîm eins unsrer merkwür-
digsten Zeichen gewesen sind?" Man sagt, el-Raqîm sei der Name des Berges,
in welchem die Grotte war, oder der Name des Ortes, aus welchem die Herren
der Grotte stammten; der Berg liegt in el-Rum (klein Asien) zwischen 'Ammuria
und Nicäa. Von 'Obâda Ben el-Sâmit wird folgendes überliefert: Abu Bekr
el-Siddîc schickte mich als Gesandten an den griechischen Kaiser, damit ich
ihn zur Annahme des Islam auffordern sollte. Ich reiste nun, bis ich in die
griechischen Länder kam, da bemerkten wir einen rothen Berg, von dem man
uns sagte, dass es der Berg der Herren der Grotte sei. Wir kamen dann zu
einem Kloster, welches darin ist, und fragten die Bewohner über sie, worauf
sie uns zu einer Höhle in dem Berge führten. Wir sagten ihnen, dass wir sie
zu sehen wünschten, und gaben ihnen etwas, da gingen sie und wir mit ihnen
in diese Höhle. Es war aber ein eisernes Thor davor, welches sie öffneten,
dann kamen wir in ein grosses in den Berg gegrabenes Haus, in welchem dreizehn Männer auf dem Rücken ausgestreckt lagen, als wenn sie schliefen, jeder
von ihnen war mit einem bestaubten Kleide und einem bestaubten Mantel zuge-
deckt, wodurch sie vom Kopf bis zu den Füssen verhüllt waren, und wir wussten nicht, woraus ihre Kleider bestanden, ob aus Wolle, oder aus weichem
Haar, nur waren sie härter als Seide und rauschten wegen der Dicke. Die
meisten von ihnen hatten Stiefel an, welche bis Mitten an die Schienbeine reichten, mit untergenähten Sohlen; die Sohlen und die Stiefel waren so vortrefflich
genäht und das Leder so weich, wie man nichts ähnliches sieht. Wir deckten

4 *

auf sieben Jahr und neun Monate, bis er starb. Vor seiner Zeit verbargen sich die Christen zu Alexandrien vor den Griechen um zu beten, aus Furcht, getödtet zu werden, Theonas aber suchte die Griechen geneigt zu machen und brachte ihnen kostbare Geschenke, so dass er die Kirche der Maria zu Alexandrien erbaute, wo dann die Christen öffentlich beteten. Jedoch zur Zeit des Kaisers Tiberius kamen die Christen wieder in eine bedrängte Lage und er tödtete von ihnen eine grosse Anzahl. Als dann der Kaiser Diocletianus zur Regierung kam, lehnten sich die Bewohner von Ägypten und Alexandrien gegen ihn auf, doch tödtete er von ihnen eine grosse Zahl und verordnete, dass die Kirchen der Christen geschlossen werden sollten, und befahl, die Götzen anzubeten, und wer sich dessen weigerte, wurde umgebracht; da starb eine sehr grosse Anzahl den Märtyrertod.

Auf Theonas folgte im Patriarchate **Petrus**, welcher elf Jahre blieb und zu Alexandrien mit dem Schwerdte hingerichtet wurde samt seiner Mutter und seinen beiden Töchtern, weil sie sich weigerten, die Götzen anzubeten; nach ihm kam sein Schüler **Archelaus**, welcher sechs Monate blieb, bis er

---

nun ihre Gesichter eins nach dem andern auf, und siehe, der Glanz der Gesichter und die Klarheit der Farben war wie bei Lebenden, einige hatten schon greises Haar, andere waren Jünglinge, einige hatten reichliches Haar, bei anderen war es nur spärlich; sie hatten die Tracht der Moslimen. Als wir an den letzten kamen, fanden wir, dass er einen Säbelhieb durchs Gesicht hatte, als wenn er erst an dem Tage getroffen wäre. Wir fragten sie nun nach ihrem Verhältnisse, da erzählten sie, dass sie jedes Jahr einen Tag, an dem sich die Leute jener Gegenden bei dem Thore dieser Höhle versammelten, zu ihnen hineingingen; dann wird einer eingelassen, welcher ihnen den Staub von den Gesichtern, Stirnen und Mänteln abschüttelt, die Nägel schneidet und den Schnurrbart stutzt, dann verlässt er sie in dem Zustande, wie ihr seht. Wir fragten sie dann, ob sie nicht wüssten, wer sie wären und wie lange sie sich schon dort befänden, worauf sie erwiederten, sie hätten in ihren Büchern gefunden, dass sie Propheten seien, die zu einer Zeit wären gesandt worden und 400 Jahre vor dem Messias gelebt hätten. Von Ibn Abbás ist überliefert, dass der Herren der Grotte sieben waren, nämlich: Maximilianus, Jamblichus, Martinus, Baninunus, Serapion, Dionysius, Kahschitotiunus [Exacustadianus] und der Name ihres Hundes ist Qitmîr.

starb. Von jenem Diocletianus und seiner Ermordung der Christen Ägyptens rechnen die Copten Ägyptens bis auf den heutigen Tag, wie bereits in der Zeitrechnung der Copten bei der Erklärung der Zeitrechnungen in diesem Buche erwähnt ist, wo es nachgesehen werden kann. Auf ihn folgte der Kaiser Maximianus, welcher die Christen sehr bedrängte und von ihnen eine grosse Anzahl tödtete, so dass die Ermordeten in Eile fortgeschafft und ins Meer geworfen wurden.

Nach Archelaus folgte im Patriarchate von Alexandrien Alexander, ein Schüler des Märtyrers Petrus, und blieb 23 Jahre, bis er am 22. Bermude starb; unter seinem Patriarchat war die Versammlung der Christen zu Nicäa. Zu seiner Zeit schrieben die Christen und andere Römer an Constantinus, welcher über Byzanz herrschte, um ihn zu bewegen, dass er sie von der Tyrannei des Maximianus befreie, und beklagten sich über seinen Hochmuth; jener willigte ein, desshalb einen Zug zu unternehmen. Seine Mutter Helena war aus einem zu der Stadt Edessa gehörigen Orte und hatte in die Hand des Bischofs von Edessa das Bekenntniss des Christenthums abgelegt und die Schriften gelernt; als nun Constans, der Anführer der Leibwache des Diocletianus, bei ihrem Orte vorüberkam, sah er sie, und sie gefiel ihm so, dass er sie heirathete und mit sich nach seinem Wohnorte Byzanz nahm; sie gebar ihm den Constantinus, welcher schön war. Dem Diocletianus hatten seine Sterndeuter angezeigt, dass dieser Knabe einst über die Griechen herrschen und ihre Religion verändern werde, und er trachtete ihm desshalb nach dem Leben. Da floh er vor ihm nach Edessa und lernte dort griechische Weisheit, bis Diocletianus gestorben war, worauf er nach Byzanz zurückkehrte, welches ihm sein Vater übergab, nach dessen Tode er die Regierung übernahm, bis die Römer seine Unterstützung ansprachen. Während er mit der Rüstung zu einem Zuge beschäftigt war, sah er im Traume Sterne am Himmel in Gestalt eines Kreuzes, und eine Stimme vom Himmel sprach zu ihm: trage dieses Zeichen, so wirst du über deine Feinde siegen. Er erzählte diesen Traum seinen Soldaten und machte die Figur des Kreuzes auf seine Feldzeichen und Fahnen und zog aus zum Kriege gegen Maximianus in Rom; als er auf ihn stiess, kam es zum Treffen, Constantinus besiegte ihn und nahm Rom ein, wandte sich dann von da weg und machte Constantinopel zu seiner Residenz. Dies war der Anfang der Erhebung des Kreuzes und seines Erscheinens unter den Menschen; von jener Zeit an nahmen es die Christen und verehrten es, so dass sie es anbeteten. Constantinus achtete die Christen und trat in der Stadt Nicomedia im zwölften Jahre seiner Regierung über Griechenland zu ihrer Religion über, befahl in seinem ganzen Reiche Kirchen zu bauen, zerbrach die Götzen und zerstörte ihre Häuser, und hielt eine Versammlung in der Stadt Nicäa.

Die Veranlassung dazu war, dass Alexander, Patriarch von Alexandrien, dem Arius den Eintritt in die Kirche verboten und ihn wegen seiner Lehre excommunicirt hatte, indem er das Urtheil des Märtyrers Petrus, des Patriarchen von Alexandrien, anführte, welcher gesagt haben sollte, dass der Glaube des P. 11. Arius verdorben sei, und dies zugleich allen Patriarchen schriftlich mittheilte. Arius wandte sich nun mit zwei Bischöfen an den Kaiser Constantinus, indem sie seinen Beistand ansprachen und sich über Alexander beschwerten. Er liess ihn nun mit dem Arius aus Alexandrien holen und versammelte die angesehensten Christen, um mit ihm zu disputiren. Arius behauptete: der Vater war, als der Sohn noch nicht war; dann brachte er den Sohn hervor, welcher nun sein Wort wurde; dieser ist also hervorgebracht, erschaffen. Der Vater übergab ihm alle Dinge, da schuf der Sohn, welcher das Wort genannt wird, alle Dinge des Himmels und der Erde und was darin ist, und er war der Schöpfer durch die ihm vom Vater verliehene Kraft. Dieses Wort verkörperte sich dann durch Maria und den heiligen Geist und dies wurde der Messias. Also besteht der Messias aus zwei Wesen, Wort und Körper, und beide sind erschaffen. — Alexander entgegnete: Ist denn nun die Verehrung dessen nöthiger, der uns erschaffen hat, oder dessen, der uns nicht erschaffen hat? — Arius antwortete: Nein! die Verehrung dessen, der uns erschaffen hat, ist nöthiger. — Nun sprach Alexander: Wenn also der Sohn uns erschaffen hat, wie du behauptest, der doch selbst erschaffen ist, so wäre seine Verehrung nöthiger, als die des Vaters, welcher nicht erschaffen ist; ja es wäre die Verehrung des Schöpfers Ketzerei, und die Verehrung des Erschaffenen der wahre Glaube, was doch das allerschändlichste wäre. — Dem Kaiser Constantinus gefiel die Rede des Alexander und er befahl, den Arius zu excommuniciren, was dann geschah. Alexander bat hierauf den

Kaiser, die Bischöfe zu versammeln, und auf seinen Befehl kamen sie zu ihm aus seinem ganzen Reiche und versammelten sich sechs Monate nachher in der Stadt Nicäa, und ihre Anzahl war 2340, die über den Messias verschiedene Ansichten hatten. Die Einen meinten, der Sohn sei vom Vater in dem Grade verschieden, wie eine Feuerflamme von einer anderen ausgehe, ohne dass die erste durch die Trennung der zweiten von ihr vermindert wird; dies war die Lehre des Sabellius aus Oberägypten und seiner Anhänger. — Andere behaupteten, dass Maria mit dem Messias nicht neun Monate schwanger gewesen, sondern dass er durch ihr Innerstes hindurch gegangen sei, wie das Wasser durch einen Canal; dies war die Ansicht des Älianus und seiner Anhänger. — Andere sagten, der Messias sei ein erschaffner Mensch und der Sohn habe aus Maria seinen Anfang; dann sei er auserwählt und die göttliche Gnade habe ihn mit der Liebe und dem freien Willen vereinigt und desshalb sei er Sohn Gottes genannt, ohne es wirklich zu sein; daher sei Gott einer, ewig einer. Diese erkannten also das Wort und den Geist nicht an und glaubten nicht daran, und dies war die Ansicht des Paulus von Someisat, Bischofs von Antiochien, und seiner Anhänger. — Andere sagten, die Gottheit sei dreifach, gut, böse und das Mittel zwischen beiden; dies war die Ansicht des Marcion und derer, die ihm folgten. — Andere sagten, der Messias und seine Mutter seien zwei Götter ausser Gott, und dies war die Lehre der Marianer, einer christlichen Secte. — Andere sagten: Nein! Gott schuf den Sohn, d. i. das Wort, von Ewigkeit, wie er die Engel schuf, als reinen, heiligen, einfachen Geist, frei von Materie; dann schuf er in der Endlichkeit den Messias aus dem Innern der reinen Jungfrau Maria; dann verband sich der Sohn, das von Ewigkeit erschaffene Wort, mit dem Messias Menschen, da wurden sie Eins. — Andere sagten, der Sohn sei erzeugt vom Vater vor aller Zeit, nicht erschaffen, und sei von seiner Substanz und Licht von seinem Lichte, und der Sohn habe sich mit dem aus Maria genommenen Menschen vereinigt, beide seien Eins geworden und dies sei der Messias; dies war die Ansicht der **318**.

Constantin erstaunte über ihre verschiedenen Meinungen und wunderte sich sehr darüber; auf seinen Befehl mussten sie sich an mehreren Orten versammeln, wo ihnen das zu ihrem Unterhalte erforderliche gereicht wurde,

und sie sollten hier disputiren, bis ihm die Wahrheit ihrer Meinung einleuchte. Die **318** blieben fest bei ihrer oben bemerkten Ansicht, während die übrigen von ihnen abwichen; da neigte sich Constantin zu der Meinung der Mehrzahl und wandte sich von dem ab, was dieser entgegen war, und trat den **318** bei; er liess ihnen Stühle bringen, worauf sie sich setzen mussten, übergab ihnen sein Schwerdt und sein Siegel, und dehnte ihre Macht über sein ganzes Reich aus. Sie dagegen segneten ihn und verfassten für ihn das Buch der königlichen und kirchlichen Gesetze, worin alles, was sich auf Verwaltungs- und Ehesachen bezog, enthalten war, und theilten eine
P. 12. Abschrift davon den übrigen Reichen mit. Die Häupter dieser Versammlung waren Alexander, Patriarch von Alexandrien, Eustathius, Patriarch von Antiochien, und Macarius, Bischof von Jerusalem. Sylvester, Patriarch von Rom, hatte zwei Presbytere geschickt, welche mit ihnen übereinstimmten, dass Arius excommunicirt werden müsse; also excommunicirten und vertrieben sie ihn. Die **318** verfassten auch das bei ihnen bekannte Glaubensbekenntniss und setzten es durch, dass das Fasten mit dem Osterfeste in Verbindung gebracht wurde, wie es die Patriarchen zur Zeit des Kaisers Aurelianus festgesetzt hatten, wie oben erwähnt ist; auch verboten sie dem Bischofe eine Frau zu haben. Vor dem, wenn einer von ihnen eine Frau hatte, war er nicht gezwungen, sich von ihr zu enthalten, sobald er zum Bischofe erwählt wurde, wogegen der Patriarch niemals eine Frau hatte. — Sie wurden aus der Versammlung des Constantinus mit grosser Ehre entlassen.

Dieser Alexander war es, der das eherne Götzenbild zerbrach, welches in dem Tempel des Saturns zu Alexandrien war, und welches sie verehrt und dem sie am 18. Hatur ein Fest gefeiert und viele Opfer geschlachtet hatten. Als nun Alexander dieses Götzenbild zerstören wollte, hinderten ihn die Einwohner von Alexandrien daran; er ersann also eine List und that, als wolle er ihren Wünschen entsprechen, bis das Fest nahe war. Da versammelte er das Volk und hielt eine Predigt, worin er ihnen das Schändliche des Götzendienstes vorhielt und sie aufforderte, ihm zu entsagen und dieses Fest zu Ehren des Erzengels Michael zu feiern, welcher für sie bei Gott Fürbitte einlege, denn das sei besser, als zu Ehren des Götzen das Fest zu feiern. Er wollte also weder die Feier des Festes, welches die Bewohner der Stadt

zu begehen gewohnt waren, ändern, noch die an demselben von ihnen ge-
brachten Opfer abschaffen; nun war das Volk damit zufrieden und stimmte
ihm bei, das Götzenbild zu zerstören. Da zerstörte und verbrannte er es und
machte aus dem Tempel desselben eine Kirche mit dem Namen des Michael
und diese Kirche stand zu Alexandrien, bis sie die Truppen des Imâm el-Mo'izz
lidinillah Abu Temîm Ma'add [1]) verbrannten, als sie im J. 358 heranrückten;
das Fest des Michael ist aber bei den Christen in Ägyptenland beibehalten
und wird noch jährlich gefeiert.

Im 22. Jahre der Regierung Constantius reiste seine Mutter Helena nach
Jerusalem und baute dort den Christen Kirchen; da machte sie der Bischof
Macarius auf das Kreuz aufmerksam und machte sie mit dem bekannt, was
die Juden gethan hatten; sie setzte nun den Jüdischen Priestern so lange zu,
bis sie ihr den Ort zeigten, dann liess sie graben und fand ein Grab und
drei Hölzer. Es wird behauptet, dass sie unter den drei Hölzern das ge-
suchte Kreuz nur dadurch erkannt hätten, dass sie jedes einzeln auf einen
Todten legten, der schon untersucht war; da sei er lebendig aufgestanden,
als eins der Hölzer auf ihn gelegt wurde. Sie stellten desshalb ein dreitägiges
Fest an, welches bei ihnen als das Fest des Kreuzes bekannt ist, und seit
jener Zeit verehren die Christen das Kreuz. Helena liess dann einen goldenen
Kasten machen und baute die Kirche der Auferstehung (el-qijâmet), welche
jetzt die Kirche des Unraths (el-qomâmet) genannt wird [2]); dem Bischof
Macarius übertrug sie die Aufsicht über den Bau der übrigen Kirchen und
kehrte in ihre Stadt zurück. Zwischen der Geburt des Messias und dem
Wiederauffinden des Kreuzes waren 328 Jahre verflossen.

Auf Alexander folgte im Patriarchate von Alexandrien sein Schüler Athanasius Apostolicus, welcher 46 Jahre blieb und starb, nachdem er
harte Schicksale erduldet und dreimal von seinem Stuhle entfernt war. Zu
seiner Zeit gab es viele Streitigkeiten mit dem Bischof Eusebius, welche damit

---

1) Dies ist der vierte Herrscher aus der Dynastie der Fatimiden in Africa und der
erste von ihnen, welcher in Ägypten herrschte, nachdem sein Feldherr Dschauher
in dem genannten Jahre das Land erobert hatte. Vergl. Ibn Challikan, vit.
Nr. 743 und 144.

2) Über diese Verdrehung des Namens vergl. Golius ad Alfragan. p. 138.

endigten, dass er gegeisselt wurde und die Flucht ergriff. Er begünstigte nämlich den Arius und sagte, dieser habe nicht behauptet, dass der Messias die Dinge erschaffen habe, sondern nur, dass durch ihn alle Dinge erschaffen seien, weil er das Wort Gottes sei, durch welches der Himmel und die Erde erschaffen wurden, denn Gott habe alle Dinge durch sein Wort erschaffen; also seien die Dinge durch ihn hervorgebracht, nicht dass er sie hervorgebracht habe; die **318** hätten ihm Unrecht gethan.

Zu seiner Zeit traten viele Juden zum Christenthume über; einige von ihnen schmähten auf den Pentateuch, der in den Händen der Juden war, P. 13. indem sie behaupteten, dass sie ihn verstümmelt hätten und dass der wahre der sei, welchen die Siebenzig übersetzt hätten. Da befahl Constantin, ihn herbeizuschaffen, und setzte ihnen so lange zu, bis sie einen Ort in Ägypten bezeichneten, wo er sich befinde; nun schrieb er wegen dessen Herbeischaffung und er wurde zu ihm gebracht, da fand sich zwischen diesem und dem in den Händen der Juden befindlichen ein Unterschied von 1369 Jahren [1]. Es wird behauptet, dass sie ihn wegen der Geburtszeit des darin verheissenen Messias verstümmelt hätten.

Zu seiner Zeit sandte Helena eine grosse Summe Geldes nach der Stadt Edessa, wofür die dortigen grossen Kirchen gebaut wurden. Constantin befahl, die Juden aus Jerusalem zu vertreiben und zur Annahme des Christenthums zu zwingen; wer von ihnen sich weigerte, sollte umgebracht werden; da traten viele von ihnen zum Christenthume über, die meisten aber weigerten sich und wurden getödtet. Dann stellte er diejenigen von ihnen, welche das Christenthum angenommen hatten, auf die Probe, indem er sie am Ostertage in der Kirche versammelte und ihnen befahl, Schweinefleisch zu essen; die meisten weigerten sich, davon zu essen, und es wurde an diesem Tage eine sehr grosse Anzahl von ihnen umgebracht.

---

1) Man könnte dies so verstehen, dass jener alte Codex vor 1369 Jahren, also etwa ums J. 1040 vor Christus geschrieben sei, oder dass in der neuen Recension Zahlen verändert seien, wonach der Messias erst 1369 Jahre später erwartet werden könnte. Ich vermuthe indess, dass anstatt سنة Jahr, بيت Vers zu lesen ist, und die Juden 1369 Verse ausgemerzt hatten. توراة Pentateuch bezeichnet hier nämlich das ganze alte Testament.

Als Constantius, des Constantinus Sohn, nach seinem Vater zur Regierung kam, war die Lehre des Arius in Constantinopel, Antiochien und Alexandrien die überwiegende, und der grösste Theil der Einwohner von Alexandrien und Ägyptenland bestand aus Arianern und Manichäern, welche im Besitz der dortigen Klöster waren; auch der Kaiser neigte sich zu ihrer Ansicht hin und veranlasste die Leute, sie anzunehmen, nachher aber wandte er sich wieder von ihr ab.

Cyrillus, Bischof von Jerusalem, behauptet, dass über dem Grabe, welches in der Auferstehungs-Kirche ist, am Pfingstfeste den 10. Ajjàr in der dritten Stunde des Tages am Himmel die Gestalt eines strahlenden Kreuzes erschienen sei, so dass sein Licht das Licht der Sonne übertroffen habe, sämmtliche Einwohner von Jerusalem hätten es mit eigenen Augen gesehen und es habe mehrere Stunden über dem Grabe gestanden, wo es von den Leuten betrachtet sei; da wurden an jenem Tage viele Tausende von Juden und anderen gläubig.

Als dann Julianus, der Sohn des Oheims des Constantius, zur Regierung kam, widerfuhren den Christen von ihm harte Bedrängnisse und er liess eine grosse Anzahl derselben umbringen; er verbot ihnen, in irgend ein Buch zu sehen, nahm die Geräthe der Kirchen und Klöster weg, liess einen grossen Tisch aufstellen mit Speisen von dem, was er seinen Götzen geopfert hätte, und ausrufen, wer Geld haben wolle, solle Rauchwerk ins Feuer werfen, von den Opfern der Ungläubigen essen und dann so viel Geld nehmen, als er nur wolle; viele der Griechen weigerten sich, indem sie sagten: wir sind Christen; da tödtete er von ihnen viele. Auch vertilgte er das Kreuz von seinen Feldzeichen und Fahnen. — Zu seiner Zeit bewohnte der heilige Anarion die Wüste des Jordan und baute daselbst Klöster, und er ist der erste unter den Christen, welcher die Wüste des Jordan bewohnte.

Als nun Jovianus, welcher sich zum Christenthume bekannte, die Regierung über Griechenland antrat, liess er alle Bischöfe, welche geflohen waren, auf ihren Stuhl zurückkehren und schrieb an Athanasius, den Patriarchen von Alexandrien, dass er ihm eine Erläuterung des richtigen Glaubensbekenntnisses geben solle. Dieser versammelte nun die Bischöfe und schrieb ihm wieder, dass er fest an dem Bekenntnisse der **318** hänge. Da erhob sich das Volk von Alexandrien gegen Athanasius, um ihn zu tödten, er flüchtete indess, und sie setzten den Lucius, welcher Arianer war, an seine Stelle. Aber die Bischöfe versammelten sich fünf Monate darauf, excommunicirten und vertrieben ihn, und liessen den Athanasius auf seinen Stuhl zurückkehren, welcher dann Patriarch blieb, bis er starb, und ihm Petrus folgte. Gegen diesen standen die Arianer nach zwei Jahren auf, er floh vor ihnen und sie führten den Lucius wieder ein, welcher drei Jahre blieb; dann erhoben sich seine Feinde gegen ihn, er musste flüchten, und sie setzten am 20. Amschir den Petrus wieder ein, welcher dann ein Jahr blieb. — Unter der Regierung des Valens, Kaisers von Griechenland, zog Arius, Bischof von Antiochien, mit Genehmigung des Kaisers nach Alexandrien, vertrieb eine Menge Griechen daraus, warf den dortigen Patriarchen Petrus ins Gefängniss und setzte den Arius von Someisat an seine Stelle; Petrus floh aus dem Gefängnisse nach Rom und suchte Hülfe bei dem dortigen Patriarchen. Valens war Arianer; er unternahm eine Reise, um die Kirche des P. 14. heiligen Thomas in der Stadt Edessa zu besuchen, verbannte den dortigen Bischof und mit ihm mehrere nach der Insel Rhodus, und vertrieb die übrigen Bischöfe, weil sie seiner Ansicht entgegen waren, mit Ausnahme von zweien.

Im Patriarchate von Alexandrien folgte Timotheus, welcher sieben Jahre blieb, bis er starb. Zu seiner Zeit war die zweite Versammlung der Christen zu Constantinopel im J. 112 der Diocletianischen Zeitrechnung. Es versammelten sich 150 Bischöfe, welche den Macedonius, einen Gegner des heil. Geistes, und alle, welche sich zu seiner Lehre bekannten, excommunicirten. Die Veranlassung dazu war, dass er behauptete, der heil. Geist sei erschaffen; und sie excommunicirten mit ihm manche andere wegen anstössiger Meinungen, welche sie über den Messias vorbrachten, und diese Bischöfe machten zu dem Glaubensbekenntnisse, welches die **318** aufgestellt hatten, den Zusatz: "und wir glauben an den heil. Geist, den Herrn, der lebendig macht, der ausgegangen ist vom Vater." Ich sage: hochgelobt sei Gott wegen dieser ihrer Meinung. Sie verboten zugleich, in Zukunft weder etwas hinzu, noch davon zu thun, und diese Versammlung war 58 Jahre nach der von Nicäa. — Zu seiner Zeit wurden viele Kirchen zu Alexandrien erbaut und eine grosse Anzahl fiel von der Lehre des Arius ab; zu seiner Zeit gestatteten

auch die Bischöfe und Mönche allgemein den Genuss des Fleisches am Ostertage, um der Secte der Manichäer entgegen zu treten, welche den Genuss
des Fleisches allgemein verbot. Der Kaiser Gratianus rief alle Bischöfe,
welche Valens vertrieben hatte, zurück, und liess einen jeden seinem Glauben
anhängen, mit Ausnahme der Manichäer.

Hierauf wurde Theophilus auf den Stuhl von Alexandrien gesetzt,
welcher 27 Jahre blieb, bis er am 28. Bâbe starb. Zu seiner Zeit kamen
die jungen Männer, die Herren der Höhle wieder ans Licht; damals war
Theodosius Kaiser von Griechenland, er baute über ihnen eine Kirche und
stiftete ihnen zu Ehren ein jährliches Fest [1]). Der Kaiser Theodosius brachte
die Arianer in grosse Bedrängniss und Noth und auf seinen Befehl wurden
ihnen die Kirchen der Christen genommen, nachdem sie dieselben etwa vierzig
Jahre besessen hatten; auch stiess er aus seinem Heere alle, welche Arianer
waren, und entfernte alle, die von ihnen in seinem Rathe und Dienste waren;
von den Heiden liess er viele umbringen und zerstörte die Tempel der Götzen
an allen Orten. Zu seiner Zeit wurde die Kirche der Maria zu Jerusalem
erbaut, und unter der Regierung des Kaisers Arcadius wurde das Kloster
el-Oseïr [2]) erbaut, welches jetzt das Kloster des Maulthiers genannt wird,
am Berge Mocattem östlich von Tora vor der Stadt Fostât Ägyptens.

Dann folgte im Patriarchate von Alexandrien Cyrillus, welcher 32
Jahre blieb und am 3. Abîb starb; er war der erste, welcher in den Kirchen
von Alexandrien und Ägyptenland Figuren aufstellte. Zu seiner Zeit war die
dritte Versammlung der Christen auf Veranlassung des Nestorius, Patriarchen
von Constantinopel; er läugnete nämlich, dass Maria die Mutter Jesu sei, und
behauptete, Maria habe nur einen Menschen geboren, welcher sich mit dem
göttlichen Willen, worunter er Jesus verstand, vereinigte; diese Vereinigung
mit dem Willen habe dann zwar eigentlich, aber nicht wesentlich, stattgefunden und die Herablassung Gottes auf Jesus sei nicht wirklich gewesen,

---

1) Es ist in dem Coptischen Calender auf den 29. Bermudt und 20. Meeri angemerkt. Selden a. a. O. S. 369 u. 374 hat den Ausdruck "Herren der Höhle"
nicht verstanden.

2) Vergl. unten Cap. 7. Nr. 9.

sondern durch das Geschenk und die Gnade erfolgt. Er sagte ferner: Der Sohn von Ewigkeit liess sich auf den Messias herab und ihn bete ich an, weil sich Gott auf ihn herabliess; er besteht aus zwei Naturen, zwei Personen und einem Willen. In seiner Predigt am Feste der Geburt Christi sagte er: Maria hat einen Menschen geboren und ich glaube nicht an einen Sohn von zwei Monaten und drei Götter, auch verehre ich ihn nicht, wie ich Gott verehre. Dies war auch das Bekenntniss der beiden Bischöfe Theodorus und Diodorus, welche zugleich behaupteten, dass der von Maria geborene der Sohn von Ewigkeit sei, welcher sich zu dem Messias herabgelassen habe und dann der Sohn Gottes durch das Geschenk und die Gnade genannt sei und dass die Vereinigung durch den Willen und das Wollen stattgefunden habe, und sie gaben Gott, nach ihrer Ansicht, zwei Söhne, einen nach dem Wesen und den anderen nach der Gnade. — Als nun Cyrillus, Patriarch von Alexandrien, die Lehre des Nestorius erfuhr, schrieb er an ihn, um ihn wieder davon abzubringen, aber er liess sich nicht abbringen; da schrieb er P. 15. an Clemens, Patriarchen von Rom, Johannes, Patriarchen von Antiochien, und Juvenalis, Bischof von Jerusalem, um sie davon in Kenntniss zu setzen, und sie schrieben nun sämmtlich an Nestorius, dass er von seiner Lehre ablassen solle; aber er liess nicht ab und nun verabredeten die Patriarchen eine Versammlung in der Stadt Ephesus, wo zweihundert Bischöfe zusammen kamen; jedoch Johannes, Patriarch von Antiochien, erschien nicht. Nestorius weigerte sich zu ihnen zu kommen, obgleich sie mehrmals zu ihm schickten, um ihn zu holen; sie erwogen nun seine Lehre und excommunicirten ihn und setzten ihn ab. Als dieses geschehen war, traf Johannes ein und wurde erzürnt, dass die Sache vor seiner Ankunft entschieden sei; er vertheidigte den Nestorius und behauptete, dass sie ihn mit Unrecht excommunicirt hätten, und sie trennten sich von Ephesus im Bösen. Darauf söhnten sie sich wieder aus und die Orientalen verfassten eine Schrift über ihr Glaubensbekenntniss und die Excommunication des Nestorius, welche sie dem Cyrillus zuschickten; dieser nahm sie an und schrieb ihnen wieder, dass sein Bekenntniss mit dem von ihnen aufgesetzten übereinstimme. Zwischen der zweiten Versammlung und der jetzigen waren 50 oder 55 Jahre verflossen. — Nestorius wurde nach Ägypten verwiesen und liess sich in der Stadt Ichmîm nieder, wo er noch sieben Jahre lebte und nach seinem Tode begraben wurde. Seine Lehre aber breitete sich aus und wurde von Bersumas, Bischof von Nisibis, angenommen, und es bekannten sich dazu die Christen vom Perserland, Irac, Mosul und Mesopotamien bis an den Euphrat und werden bis auf den heutigen Tag Nestorianer genannt.

Hierauf setzte Theodosius, Kaiser von Griechenland, im zweiten Jahre seiner Regierung den Dioscurus zum Patriarchen von Alexandrien ein. Zu seiner Zeit trat Eutyches, einer der Presbytere zu Constantinopel, mit seiner Lehre hervor und behauptete, dass der Körper des Messias fein und unsern Körpern nicht gleich gewesen sei, und dass der Sohn von Maria nichts angenommen habe; da versammelten sich gegen ihn 130 Bischöfe und excommunicirten ihn. — Zu Alexandrien rotteten sich am Ostertage eine Menge Juden zusammen und kreuzigten ein Bild in Gestalt des Messias und spotteten über ihn, worüber zwischen ihnen und den Christen Händel entstanden, in denen von beiden Seiten viele Leute getödtet wurden; da schickte der griechische Kaiser Truppen zu ihnen, welche den grössten Theil der Juden von Alexandrien niedermachten.

Die vierte Versammlung der Christen war in der Stadt Chalcedon und die Veranlassung dazu war, dass Dioscurus, Patriarch von Alexandrien, behauptete, der Messias sei eine Substanz aus zweien, eine Person aus zweien, eine Natur aus zweien und ein Wille aus zweien, und die Ansicht des Marcianus, des damaligen Kaisers von Griechenland, und seiner Unterthanen war, dass er aus zwei Substanzen, zwei Naturen, zwei Willen und einer Person bestehe. Als die Bischöfe sahen, dass dies die Ansicht des Kaisers sei, fürchteten sie ihn und erklärten sich für übereinstimmend mit seiner Meinung, ausser Dioscurus und sechs Bischöfe, welche mit dem Kaiser nicht übereinstimmten. Diejenigen Bischöfe, welche ihnen entgegen waren, setzten eine Schrift auf, worin sie ihre Übereinstimmung mit dem Kaiser erklärten; da sandte Dioscurus hin und liess sich von ihnen die Schrift ausbitten, um sie zu unterschreiben, und als sie zu ihm gebracht wurde, schrieb er sein eigenes Glaubensbekenntniss darauf und excommunicirte jene und alle, welche davon abwichen. Darüber erzürnte der Kaiser und wollte ihn tödten lassen, es wurde ihm indess gerathen, ihn zu einer Disputation citiren zu lassen, und

auf seinen Befehl erschien er und zugleich 634 Bischöfe. Die Bischöfe und
Patriarchen riethen dem Dioscurus, die Ansicht des Kaisers anzunehmen, so
würde er seinen hohen Posten behalten; da erwiederte er ihnen, nachdem
er ein Gebet für den Kaiser gesprochen hatte: Der Kaiser hat nicht nöthig,
über spitzfindige Dinge zu disputiren, er muss sich vielmehr mit den Angelegenheiten seines Reiches und dessen Regierung beschäftigen, und überlässt
es den Priestern, über den wahren Glauben zu disputiren, denn sie kennen
die Schrift, und er hat keine Vorliebe für irgend einen, sondern folgt dem
Rechte. — Da sprach Pulcheria, die Gemahlin des Kaisers, welche ihm
gegenüber sass: o Dioscurus! zur Zeit meiner Mutter lebte ein Mensch, starr-
köpfig wie du, den excommunicirten und vertrieben sie von seinem Stuhle,
(nämlich Johannes Chrysostomus, Patriarch von Constantinopel). Er erwiederte ihr: ich weiss wohl, was deiner Mutter widerfuhr, wie sie von einer
Krankheit befallen wurde, worin sie aussätzig ward, bis sie zu den Gebeinen
des Johannes Chrysostomus ging und ihn um Verzeihung bat, worauf sie
wieder gesund wurde. — Da entbrannte sie vor Zorn über seine Rede und
gab ihm einen Faustschlag, dass ihm zwei Backenzähne ausfielen, zugleich
ergriffen ihn ein Paar Männer und rissen ihm den grössten Theil seines
Bartes aus. Der Kaiser befahl, ihn zu excommuniciren und von seinem Sitze
zu entfernen; sie kamen also seinetwegen zusammen, excommunicirten ihn
und setzten ihn ab, und an seine Stelle wurde Proterius ernannt. Seit
dieser Versammlung haben sich die Christen getrennt und sind Melikiten geworden nach der Lehre des Kaisers (Melik) Marcianus, und Jacobiten, welche
der Ansicht des Dioscurus folgen, und dies geschah im J. 193 der Diocletianischen Zeitrechnung. Marcianus erliess durch sein ganzes Reich den Befehl, dass alle, welche nicht seiner Meinung wären, getödtet werden sollten.
Zwischen dieser und der dritten Versammlung waren 21 Jahre verflossen.
Dioscurus nahm seine beiden Zähne und das Barthaar und schickte es nach
Alexandrien mit den Worten: "dies ist die Frucht" nämlich des Glaubens;
da wurden die Einwohner von Alexandrien und Ägypten seine Anhänger.
Er aber wandte sich nach seiner Absetzung nach Jerusalem und durchzog
Palästina und machte die Leute mit seiner Ansicht bekannt; sie folgten ihm
und bekannten sich zu seiner Lehre, und die Mehrzahl der Bischöfe wurde

Jacobiten; er starb in der Verbannung am 4. Tot und die Zeit seines Patriarchates war vierzehn Jahre. Der Stuhl von Alexandrien blieb während der Regierung des Marcianus ohne Patriarchen, wiewohl andere sagen, dass Proterius eingesetzt sei.

Man ist verschiedener Meinung, woher die Jacobiten diesen Namen bekommen hätten; einige sagen, dass Dioscurus vor seinem Patriarchate Jacob geheissen und nach seiner Verbannung an seine Anhänger geschrieben habe, sie sollten an dem Glauben des armen, verbannten Jacob festhalten; andere sagen, er habe einen Schüler Namens Jacob gehabt, den er in seiner Verbannung an seine Anhänger sandte, welche nun nach diesem benannt seien; andere sagen, Jacob sei ein Schüler des Severus, Patriarchen von Antiochien, welcher der Ansicht des Dioscurus war, gewesen, und Severus habe den Jacob an die Christen gesandt und sie im Glauben des Dioscurus befestigt, worauf sie nach ihm benannt wurden; noch andere sagen, Jacob war ein sehr frommer, enthaltsamer Mann, welcher sich in zerrissene Satteldecken kleidete und davon Jacob el-Berâdi'i d. i. der Deckenträger genannt wurde, dieser durchzog die Länder und gewann die Leute für die Lehre des Dioscurus, worauf diejenigen, welche seiner Ansicht folgten, nach ihm benannt wurden und Jacobiten hiessen; dieser Jacob hat auch den Beinamen el-Sorudschi, d. i. Deckenträger. — Zur Zeit des Marcianus lebte auch Simon der Einsiedler und Stylit; er war der erste Mönch, welcher in einer Einsiedelei lebte und sein Aufenthalt war in einer Höhle am Berge von Antiochien.

Nach dem Tode des Marcianus erhoben sich die Einwohner von Alexandrien gegen den Patriarchen Proterius, tödteten ihn in der Kirche und trugen seinen Leichnam nach dem von Ptolemäus erbauten Gymnasium, wo sie ihn mit Feuer verbrannten, weil er seines Glaubens ein Melikit war; er hatte sechs Jahre regiert. An seine Stelle setzten sie den Timotheus, einen Jacobiten, welcher drei Jahre blieb; es kam aber ein Statthalter aus Constantinopel, welcher ihn absetzte und an seine Stelle den Severus, einen Melikiten, einsetzte, welcher 22 Jahre blieb und am 7. Mesri starb.

Als Zeno, der Sohn des Leo, in Griechenland zur Regierung kam, begünstigte er die Jacobiten und vergrösserte ihre Macht, weil er selbst Jacobit war; er liess jedes Jahr in das Kloster des Bu Macâr [1]) das bringen, was die Bewohner an Getraide und Öl nöthig hatten. Severus flüchtete von dem Stuhle von Alexandrien nach Wâdi Habîb und Timotheus kehrte aus seiner Verbannung zurück und wurde zum Patriarchen eingesetzt, bis er nach zwei Jahren starb. Ihm folgte Petrus, welcher acht Jahre, sieben Monate und sechs Tage blieb und am 4. Hatur starb; nach ihm wurde Athanasius ernannt, welcher sieben Jahre blieb und am 20. Tot starb. Zu seiner Zeit brannte das Gymnasium ab, welches Ptolemäus erbaut hatte. — Es folgte Johannes im Patriarchate von Alexandrien, welcher Jacobit war und neun Jahre blieb, bis er am 4. Baschnas starb, dann war nach seinem Tode der P. 17. Stuhl ein Jahr lang unbesetzt. — Hierauf wurde Johannes der Einsiedler eingesetzt, welcher 21 Jahre blieb, bis er am 24. Baschnas starb. — Nach ihm folgte Dioscurus der Jüngere, welcher zwei Jahre und fünf Monate blieb und am 17. Babeh starb.

Elias, Patriarch von Jerusalem, schrieb an den griechischen Kaiser Anastasius, dass er sich von der Lehre der Jacobiten zu der der Melikiten wenden möchte, und sandte mehrere Mönche mit kostbaren Geschenken zu ihm. Er nahm die Geschenke an, entliess die Mönche mit herrlichen Gegengeschenken und sandte ihm eine bedeutende Summe zur Wiederherstellung der Kirchen und Klöster und zu Almosen. Nun wandte sich Severus an Anastasius und belehrte ihn, dass der Glaube der Jacobiten der wahre sei; da erliess er durch sein ganzes Reich den Befehl, die Lehre des Dioscurus anzunehmen und die der Versammlung von Chalcedon zu verlassen. Als hierauf der Patriarch von Antiochien zu ihm schickte und sagen liess: "das, was du gethan hast, war unnöthig und die Versammlung von Chalcedon hat doch Recht," so erzürnte der Kaiser, setzte ihn ab und ernannte einen anderen an seine Stelle. Elias aber, der Patriarch von Jerusalem, schrieb eine Versammlung der Mönche und Obersten der Klöster aus, und es kamen deren. zehn Tausend zusammen, die excommunicirten den Kaiser Anastasius und die seiner Lehre folgten. Da wurde auf Befehl des Anastasius Elias nach der Stadt Eila [2]) verbannt; aber die Patriarchen und Bischöfe der Melikiten

---

1) Vergl. unten Cap. 7. Nr. 67.
2) Die bekannte Stadt am rothen Meere.

versammelten sich und excommunicirten den Kaiser Anastasius und die seiner Lehre folgten.

Zur Zeit des Kaisers Justinus wurden die heidnischen Bewohner von Harrân, das sind die Sabier, zum Christenthume gezwungen; viele von ihnen traten über, aber die meisten wurden getödtet, weil sie sich weigerten, die christliche Religion anzunehmen. Alle Melikiten, welche Anastasius abgesetzt hatte, setzte er wieder ein, weil er selbst Melikit war. In das Patriarchat von Alexandrien wurde Timotheus eingesetzt, welcher Jacobit war; jedoch nach drei Jahren wurde er abgesetzt, und Apollinarius, ein Melikit, kam an seine Stelle. Dieser bemühte sich, sämmtliche Christen zu der Meinung der Melikiten zurückzubringen, und betrieb die Sache mit grossem Eifer; er zwang die ägyptischen Christen, den neuen Glauben anzunehmen, und die Mönche der Klöster des Bu Macâr in Wâdi Habîb gaben ihm dazu ihre Einwilligung; Jacob el-Berâdi'i dagegen durchzog alle Örter, und befestigte seine Anhänger in dem Glauben, von dem er behauptete, dass er der wahre sei. — Der Kaiser befahl allen Bischöfen, das Geburtsfest am 25. des ersten Kanun und das Tauffest am 6. des zweiten Kanun zu feiern; viele von ihnen hatten das Geburts- und das Tauffest an einem Tage gefeiert, nämlich am 6. des zweiten Kanun, und dies ist bei den Armeniern bis auf unsere Zeit Gebrauch geblieben.

Um diese Zeit trat Johannes der Grammatiker [1]) in Alexandrien auf und behauptete, dass der Vater, der Sohn und der heil. Geist drei Gottheiten, drei Naturen und eine Substanz seien. Auch Julianus erschien und behauptete, dass der Körper des Messias vom Himmel und fein und geistig gewesen sei, der keine Schmerzen gefühlt habe, ausser wenn er sich zur Sünde geneigt hätte, der Messias habe sich aber nicht zur Sünde geneigt und sei daher nicht wirklich gekreuzigt, habe nicht gelitten und sei nicht gestorben, sondern das alles sei Schein gewesen. — Der Kaiser befahl dem Patriarchen Timotheus, zur Lehre der Melikiten zurückzukehren, und als er es nicht that, wollte er ihn tödten lassen, jedoch auf Verwendung wurde er nur abgesetzt und Paulus, ein Melikit, kam an seine Stelle und blieb zwei Jahre. Die

---

1) Vergl. m. Geschichte der arab. Ärzte. Nr. 10.

Jacobiten waren mit ihm nicht zufrieden und man sagt, dass sie ihn umgebracht hätten; sie machten an seine Stelle den Dilus, welcher auch Melikit war, zum Patriarchen; dieser blieb fünf Jahre unter lästigen Beschwerden, so dass sie ihn tödten wollten, da floh er und blieb fünf Jahre auf der Flucht, bis er starb. Nun wurde der griechische Kaiser Justinianus benachrichtigt, dass die Jacobiten in Alexandrien und Ägypten die Oberhand hätten und ihre Patriarchen nicht annehmen wollten; er schickte desshalb den Apollinarius, einen seiner Statthalter, an der Spitze eines grossen Heeres nach Alexandrien. Als er ankam und in die Kirche trat, zog er seine Kriegerkleidung aus und die Kleidung der Patriarchen an und hielt Gottesdienst; da wollte das Volk ihn steinigen, er aber zog sich zurück, versammelte seine Truppen und liess bekannt machen, dass er eben einen Brief des Kaisers bekommen habe, welchen er den Leuten vorlesen solle; er liess zu Alexandrien am Sonntag läuten und die Menschen versammelten sich in der Kirche, so dass keiner zurückblieb, dann bestieg er die Kanzel und sprach: o Einwohner von Alexandrien! verlasset die Lehre der Jacobiten, wo nicht, so fürchte ich, dass der Kaiser schickt und euch umbringen lässt und eure Habe und eure Frauen preis gibt. Jetzt wollten sie ihn steinigen, da gab er den Soldaten einen Wink, diese hauten unter sie ein und es wurde eine unzählige Menschenmenge getödtet, so dass die Soldaten im Blute wadeten, und es sollen an jenem Tage 200,000 Menschen den Tod gefunden haben, und viele von ihnen flohen in die Klöster von Wâdi Habîb. Die Melikiten nahmen die Kirchen der Jacobiten in Besitz und von jenem Tage an war der Sitz des Patriarchen der Jacobiten in dem Kloster des Bu Macâr in Wâdi Habîb.

Zu seiner Zeit standen die Samaritaner gegen Palästina auf, zerstörten die Kirchen der Christen, verbrannten, was darin war, und tödteten eine Menge Christen; da sandte der Kaiser Truppen hin, welche eine grosse Anzahl der Samaritaner umbrachten; er erliess einen Theil der Steuern Palästina's, baute die Kirchen neu auf, stiftete ein Krankenhaus zu Jerusalem für die Kranken, schenkte eine bedeutende Summe zum Bau einer Kirche zu Betlehem und baute ein Kloster auf dem Berge Sinai, in welchem er eine Burg anlegte, von einer Menge Zellen umgeben, und legte eine Besatzung hinein zum Schutze der Mönche.

Zu seiner Zeit war die fünfte Versammlung der Christen. Die Veranlassung war, dass Origenes, Bischof der Stadt Menbidsch, die Seelenwanderung lehrte, und der Bischof von Ancyra, der Bischof von el-Massisa und der Bischof von Edessa alle drei behaupteten, dass der Körper des Messias Schein und nicht wirklich gewesen sei; sie wurden nach Constantinopel gebracht, wo sie mit dem dortigen Patriarchen Eutychius eine Zusammenkunft hatten, welcher, nachdem er mit ihnen eine Disputation gehalten, die Excommunication über sie verhängte. Der Kaiser befahl, dass ihretwegen eine Versammlung gehalten werden solle, und schrieb eine Zusammenkunft der Patriarchen und Bischöfe aus; da versammelten sich 140 Bischöfe und excommunicirten jene und alle, die ihrer Lehre folgten. Zwischen der vierten Versammlung zu Chalcedon und der jetzigen waren 163 Jahre verflossen.

Als der Statthalter, welcher zum Patriarchen von Alexandrien gemacht war, nach 17 Jahren starb, folgte ihm Johannes, ein Manichäer, welcher drei Jahre blieb, bis er starb. Die Jacobiten erwählten einen Patriarchen mit Namen Theodosius, welcher 32 Jahre blieb, und die Melikiten ernannten einen Patriarchen Namens Decius. Der Kaiser schrieb an den Statthalter von Alexandrien, er solle dem Patriarchen der Jacobiten das Glaubensbekenntniss der Versammlung von Chalcedon vorlegen, und ihn, wenn er es nicht annehmen wollte, verjagen; er legte es ihm also vor, und als er es nicht annehmen wollte, vertrieb er ihn und setzte an seine Stelle den Paulus von Tinnis. Diesen wollten die Einwohner von Alexandrien nicht anerkennen, und als er starb, wurden die Kirchen der Jacobitischen Copten geschlossen, und es widerfuhren ihnen von den Melikiten viele Bedrängnisse. — Im J. 248 der Diocletianischen Zeitrechnung stellten die Jacobiten zwei Kirchen zu Alexandrien wieder her; Theodosius starb am 28. Buna, nachdem er 32 Jahre Patriarch gewesen war, von denen er vier Jahre in der Verbannung in Oberägypten zugebracht hatte. Ihm folgte Petrus, ein Jacobit, welchen drei Bischöfe in dem Kloster el-Zeddschädsch [1]) heimlich eingesetzt hatten; er blieb zwei Jahre und starb am 25. Buna.

Im J. 881 der Alexandrinischen Zeitrechnung wurde Damianus zum

---

1) Vergl. unten Cap. 7. Nr. 71.

46

Patriarchen von Alexandrien eingesetzt; er war Jacobit, blieb 36 Jahre und starb am 8. Buna; zu seiner Zeit wurden die Klöster zerstört. Die Melikiten setzten für sich zu Alexandrien einen Manichäischen Patriarchen ein, mit Namen Athanasius, welcher fünf Jahre blieb, bis er starb; ihm folgte Johannes, ein Manichäer mit dem Beinamen el-Câim bil-hacc, und als er nach fünf Monaten starb, folgte ihm Johannes el-Câim bil-amr; dieser war Melikit und blieb elf Jahre bis zu seinem Tode.

P. 19.   Zur Zeit des griechischen Kaisers Tiberius bauten die Christen zu el-Madâin, d. i. Madâin-Kesra (Ctesiphon) einen Tempel und einen anderen in der Stadt Wâsit. — Unter der Regierung des Kaisers Mauritius behauptete ein Mönch mit Namen Mâron, dass der Messias aus zwei Naturen, einem Willen und einer Person bestehe; es folgten ihm in seiner Ansicht die Einwohner von Hamât, Qinnesrîn und el-'Awâsim [1] und eine Anzahl Griechen, sie glaubten an seine Lehre und haben unter den Christen den Namen Maroniten erhalten; als Maron starb, bauten sie auf seinen Namen das Kloster des Maron zu Hamât.

Zur Zeit des griechischen Kaisers Phocas schickte der Perserkönig Kesra seine Truppen nach Syrien und Ägypten, welche die Kirchen von Jerusalem und Palästina und des ganzen Syrerlandes zerstörten und sämtliche Christen tödteten; sie kamen nach Ägypten, um sie zu verfolgen, ermordeten eine grosse Anzahl und machten eine unermessliche Menge zu Gefangenen. Die Juden halfen ihnen in der Bekriegung der Christen und Zerstörung ihrer Kirchen und stiessen zu den Persern von Tiberias, dem Gebirge Galiläas, dem Flecken Nazaret, der Stadt Tyrus und der Gegend von Jerusalem; sie behandelten die Christen ganz nach Belieben und fügten ihnen grossen Schaden zu, zerstörten ihnen zwei Kirchen zu Jerusalem, verbrannten ihre Wohnungen, nahmen ein Stück des Kreuzesholzes mit fort und führten den Patriarchen von Jerusalem und viele seiner Anhänger als Gefangene weg; dann kam Kesra in Person aus Irac, um Constantinopel, die Residenz des griechischen Kaisers zu erobern, und belagerte sie vierzehn Jahre.

---

1) el-'Awâsim bezeichnet den nördlichen District von Syrien, dessen Hauptstadt Antiochien ist. Abulfed. Géograph. pag. 233. 256. Ed. Paris. — Freytag, Selecta ex. histor. Halebi pag. 46.

Zur Zeit des Phocas wurde Johannes der barmherzige zum Patriarchen von Alexandrien für die Melikiten eingesetzt, welcher ganz Ägyptenland zehn Jahre regierte und auf Cyprus starb, wohin er vor den Persern geflohen war. Der Stuhl von Alexandrien blieb nun sieben Jahre ohne Patriarchen, weil Ägyptenland und Syrien von den Griechen verlassen waren und die darin zurückgebliebenen Christen sich vor den Persern fürchteten. — Die Jacobiten setzten den Anastasius zum Patriarchen ein, welcher zwölf Jahre blieb und am 22. Kihak der Diocletianischen Zeitrechnung starb; er forderte die Kirchen der Jacobiten, welche die Melikiten in Besitz genommen hatten, zurück, stellte darin wieder her, was die Perser zerstört hatten, und nahm seinen Sitz in der Stadt Alexandrien. Da sandte zu ihm Athanasius, Patriarch von Antiochien, Geschenke in Begleitung einer grossen Anzahl von Bischöfen, und kam dann selbst um ihn zu besuchen; jener ging ihm entgegen und freute sich über seine Ankunft. Zu seiner Zeit wurde ganz Ägyptenland jacobitisch, weil die Griechen es verlassen hatten. Während dem hatten die Juden in der Stadt Tyrus einen Aufstand erregt und ihre Auserwählten in ihrer Gegend ausgeschickt und sich zu einem Angriffe gegen die Christen und ihrer Ermordung verabredet; es kam zwischen ihnen zu Gefechten, in denen die Juden zu zwanzig Tausend sich versammelten und die Kirchen der Christen ausserhalb Tyrus zerstörten; die Christen gewannen aber über sie die Oberhand, da sie ihnen an Zahl überlegen waren, die Juden nahmen eine schimpfliche Flucht und es wurde eine grosse Anzahl von ihnen getödtet.

Heraclius hatte unterdess zu Constantinopel die Regierung über Griechenland angetreten und besiegte die Perser durch eine List, welche er gegen Kesra ausführte, so dass dieser von ihnen abzog; er brach dann von Constantinopel auf, um die Provinzen von Syrien und Ägypten wieder zu gewinnen, und stellte darin das wieder her, was die Perser zerstört hatten. Die Juden von Tiberias und anderen Städten kamen ihm entgegen, brachten ihm kostbare Geschenke und baten ihn, dass er ihnen Sicherheit gewähren und darüber eine eidliche Zusicherung geben sollte, worauf er ihnen Sicherheit zuschwor. Hierauf hielt er seinen Einzug in Jerusalem, wo ihm die Christen mit den Evangelien, Kreuzen, Rauchwerk und brennenden Lichtern entgegen kamen; er fand die Stadt, ihre Kirchen und die Comâma zerstört, was ihm grosse Betrübniss und Schmerz verursachte. Die Christen machten ihn nun genauer mit dem Aufstande der Juden in Verbindung mit den Persern bekannt, wie sie die Christen angegriffen und die Kirchen zerstört hätten und dass sie ihnen mehr Schaden zugefügt hätten, als die Perser, und mit mehr Beharrlichkeit als andere ihrer Ermordung nachgetrachtet hätten; sie suchten P. 20. ihn zu einem Angriffe gegen sie zu bewegen, indem sie ihm dies als ein gutes Werk vorstellten. Er aber wandte ihnen dagegen ein, dass er den Juden Sicherheit zugeschworen habe. Die Mönche, Patriarchen und Presbytere suchten ihn indess zu überzeugen, dass ihm ihre Ermordung nicht verboten sei, denn sie seien gegen ihn mit List verfahren, dass er ihnen Sicherheit versprochen habe, ohne zu wissen, was sie begangen hätten, und dass sie an seiner statt die Sühne für seinen Schwur übernehmen wollten dadurch, dass sie selbst und die Christen sich zu einem jährlichen Fasten von einer Woche für ewige Zeiten verbindlich machen wollten. Da gab er ihren Vorstellungen nach und machte auf die Juden einen schimpflichen Angriff, worin er sie alle vernichtete, so dass in den griechischen Provinzen von Ägypten und Syrien keiner von ihnen übrig blieb, ausser denen, die flüchteten und sich versteckten. Die Patriarchen und Bischöfe liessen nun an alle Städte schriftlich die Aufforderung ergehen, dass die Christen jährlich eine Woche fasten sollten; sie halten auch dieses Fasten bis auf den heutigen Tag und nennen es die Woche des Heraclius.

Zu seiner Zeit wurde Andronicus zum Patriarchen der Jacobiten zu Alexandrien ernannt und blieb sechs Jahre, bis er am 8. Tuba starb; unter seinem Patriarchate wurden die Klöster zerstört. Ihm folgte bei den Jacobiten Benjamin, welcher das Kloster des Abu Bischâi [1]) und das Kloster der Jungfrau des Abu Bischâi, beide im Wâdi Habîb, wieder herstellte; er blieb 39 Jahre, von denen die Perser zehn Jahre Ägypten beherrschten, dann kam Heraclius, schlug die Perser in Ägypten und setzte den Cyrus zum Patriarchen von Alexandrien ein, welcher Manichäer war. Dieser verfolgte den Benjamin, um ihn zu tödten, war es aber nicht im Stande, weil er geflohen

----

1) Vergl. unten Cap. 7. Nr. 70.

war. Heraclius war Maronit und als er den Minas, Bruder des Benjamin, traf, liess er ihn aus Hass gegen die Jacobiten verbrennen und kehrte nach Constantinopel zurück.

Zu seiner Zeit offenbarte Gott die Religion des Islam's und die Herrschaft über Ägypten und Syrien kam aus den Händen der Christen, welche Schutzgenossen der Moslimen wurden. Die Zeit der Christen währet von der Himmelfahrt des Messias, bis dass Ägypten erobert wurde und die Coptischen Christen Schutzgenossen der Moslimen wurden; dies zerfällt in die Zeit, wo sie unter den Händen der Griechen durch Kreuzigen, Verbrennen, Steinigen und Glieder-Abschneiden auf das grausamste umgebracht wurden, und die Zeit ihrer Selbstherrschaft durch den Übertritt der Kaiser zum Christenthume.

4. Cap. Geschichte der Coptischen Christen in Ägypten, wie sie unter die Botmässigkeit der Moslimen kamen, Tribut bezahlten und von ihnen als Schutzgenossen angenommen wurden, und welche Ereignisse und Schicksale sich dabei zutrugen.

Als die Moslimen nach Ägyptenland kamen, war es gänzlich mit Christen angefüllt, die sich in zwei nach Abkunft und Religionsglauben verschiedene Theile theilten: der eine, die regierenden, bestand aus lauter Griechen von den Soldaten des Beherrschers von Constantinopel, Kaisers von Griechenland, deren Ansicht und Glaube der der Melikiten war und deren Zahl sich auf mehr als 300,000 belief, der andere Theil, die ganze Masse des Volkes von Ägypten, Copten genannt, war ein vermischtes Geschlecht, so dass man nicht mehr unterscheiden konnte, ob jemand unter ihnen von Coptischer, Habessinischer, Nubischer oder Israelitischer Abkunft war, diese waren aber sämmtlich Jacobiten und von ihnen waren einige Regierungssecretäre, andere Kauf- und Handelsleute, andere Bischöfe und Presbytere und dergleichen, andere Landwirthe und Ackerleute, andere Bediente und Knechte. Zwischen diesen und den Melikiten, der Regierungsparthei, herrschte eine solche Feindschaft, dass dadurch Verheirathungen unter einander verhindert und selbst wechselseitige Ermordungen veranlasst wurden. Ihre Zahl belief sich auf mehrere Hundert Tausend, denn sie waren eigentlich die Bewohner von Ägyptenland im obern und untern Theile.

Als nun 'Amr Ben el-'Asi [1]) mit den Truppen der Moslimen nach Ägyp-

---

1) Abu Abdallah Amr Ben el-'Asi Ben Wâïl el-Sehmi, der Eroberer Ägyptens, stammte aus einer angesehenen Familie der Coreischiten zu Mekka. Was el-Sojuti aus seinem früheren Leben erzählt, ist in dem Anhange zum arabischen Texte enthalten; Folgendes ist davon ein Auszug: Amr hatte mit mehreren Coreischiten eine Handelsreise nach Jerusalem gemacht, und während er hier in den Bergen die Cameele weiden liess, traf er auf einen christlichen Mönch, welcher vor Durst fast verschmachtete; Amr gab ihm aus seinem Schlauche zu trinken und der Mönch schlief ein. An seiner Seite war eine Höhle, aus welcher eine grosse Schlange hervorkam, die Amr nicht sobald erblickte, als er einen Pfeil auf sie abschoss und sie erlegte. Als der Mönch erwachte und sah und erfuhr, was Amr gethan, suchte er ihn zu überreden, mit ihm in seine Heimath nach Alexandrien zu reisen, wo er ihm aus Dankbarkeit für die zweimalige Rettung das Doppelte von dem schenken wolle, was er durch diese Handelsreise zu verdienen hoffte, nämlich 2000 Dinare. Amr willigte ein und nachdem er seine Reisegefährten davon benachrichtigt und ihnen die Hälfte der Summe versprochen hatte, wenn sie bis zu seiner Rückkehr in Jerusalem verweilen wollten, machte er sich mit dem Mönche und einem seiner Begleiter auf den Weg. Als sie nach Alexandrien kamen, wurde hier gerade ein Fest gefeiert, an welchem die Könige und die Angesehensten mit einem goldenen Balle werfen, den sie mit ihren Ärmeln aufzufangen suchen, indem sie glauben, dass, wer den Ball mit dem Ärmel fange, nicht sterben würde, bevor er bei ihnen zur Regierung gelangt sei. Der Mönch erwies dem Amr grosse Ehre, zog ihm ein seidenes Kleid an und nahm ihn mit in die Versammlung, wo sie mit dem Balle warfen, und es traf sich, dass der Ball in Amr's Ärmel flog. Sie wunderten sich darüber und sagten: es ist doch das erste Mal, dass dieser Ball uns die Unwahrheit ansagt, denn dieser Araber wird niemals über uns herrschen. Der Mönch führte den Amr bei den Einwohnern von Alexandrien umher und erzählte ihnen, wie er ihm zweimal das Leben gerettet und dass er ihm dafür 2000 Dinare versprochen habe, und bat sie, diese Summe unter sich zu sammeln; dies thaten sie und gaben dem Amr das Geld, welcher dann mit seinem Begleiter, nachdem ihnen der Mönch einen sichern Boten mitgegeben hatte, zu seinen Reisegefährten zurückkehrte, denen er 1000 Dinare abgab; das andere Tausend, welches er für sich behielt, wurde sein Anlage-Capital.

ten kam, wurden sie von den Griechen angegriffen, welche ihre Besitzung vertheidigen und sie aus ihrem Lande vertreiben wollten; die Moslimen schlugen sich mit ihnen und besiegten sie bei der Burg, wie oben erzählt ist. P. 21. Da suchten die Copten unter der Bedingung, Tribut zu bezahlen, mit Amr Frieden zu schliessen und er gewährte dies, bestätigte sie in allem, was sie an Ländereien und dergleichen besassen, und sie leisteten den Moslimen Hülfe gegen die Griechen, bis Gott diese in die Flucht schlug und aus Ägyptenland hinaustrieb. Amr schrieb an Benjamin, den Patriarchen der Jacobiten, im J. 20 der Hidschra einen Sicherheitsbrief, worüber er sehr erfreut war; er kam zu Amr, und setzte sich auf den Patriarchenstuhl, nachdem er dreizehn Jahre davon entfernt gewesen war, von denen zehn Jahre in die Herrschaft der Perser über Ägypten fallen und die übrigen nach der Ankunft des Heraclius in Ägypten. Nun bemächtigten sich die Jacobiten aller Kirchen und Klöster in Ägypten und nahmen sie für sich allein mit Ausschluss der Melikiten.

Er hatte auf dieser Hin- und Herreise Ägypten als das vortrefflichste und reichste Land kennen gelernt. — Nicht sehr lange vor der Eroberung Mekka's nahm Amr erst den Islam an, während er sich in Habessinien aufhielt, und ging zu Muhammed über, welcher ihn indess gleich im folgenden Jahre an die Spitze von 300 Mann stellte, welche einen Zug nach Dât el-Salâsil machten, und als Amr um Verstärkung bat, schickte ihm Muhammed ein Corps der ältesten Theilnehmer an seiner Entweichung zur Hülfe, unter denen Abu Bekr und Omar, unter Anführung des Abu Obeida. Dann übertrug ihm der Prophet die Verwaltung der Provinz Omân, die er bis an dessen Tod behielt, worauf ihn Abu Bekr als Oberfeldherrn nach Syrien schickte, welches er eroberte. Unter Omar war er Statthalter von Palästina und im J. 18 d. H. als Omar nach el-Dschâbia bei Damascus ins Lager kam, bat ihn Amr heimlich, dass er ihm die Erlaubniss zu einem Zuge nach Ägypten geben möchte. — Die nun folgende Eroberung Ägyptens erzählt Sojuti etwas umständlicher als el-Makin, histor. Saracen. pag. 23 fg. — So lange Omar lebte, blieb Amr Statthalter von Unterägypten und auch in den vier ersten Jahren unter Othman; dann wurde er abgesetzt und zog sich im J. 27 nach Palästina zurück, kam aber zuweilen nach Medina. Im J. 38 ernannte ihn der Chalif Mo'âwia wieder zum Statthalter von Ägypten und er behielt diese Stelle, bis er im J. 43 etwa 90 Jahre alt starb. Vergl. el-Nawawi, biograph. Diction. p. 478.

7 *

Die christlichen Geschichtschreiber erzählen, dass der Emir der Gläubigen Omar Ben el-Chattâb, als er die Stadt Jerusalem eroberte, schriftlich den Christen Sicherheit für ihre Person, ihre Kinder, Frauen und Habe und alle ihre Kirchen versprochen habe, welche weder zerstört, noch zu Wohnungen benutzt werden sollten; er sass mitten im Hofe der Auferstehungs-Kirche und als die Zeit des Gebetes kam, ging er hinaus und betete vor der Kirche auf der Treppe, welche am Thore ist, für sich allein, dann setzte er sich wieder und sagte zu dem Patriarchen, wenn ich innerhalb der Kirche gebetet hätte, so würden die Moslimen nach mir sie in Anspruch genommen und gesagt haben: "hier hat Omar gebetet." Er schrieb einen Brief, welcher verordnete, dass die Moslimen nicht anders als einzeln auf die Treppe kommen, dass sie sich dort nicht zum Gebete versammeln und von da die Stunden des Gebetes nicht abrufen sollten. Ferner habe der Patriarch ihm den Rath gegeben, an der Stelle des Felsens, über welchem viel Schutt lag, eine Moschee zu erbauen; Omar nahm nun etwas von dem Schutt in sein Kleid, worauf die Moslimen sich beeilten, ihn aufzuräumen, bis nichts mehr davon übrig war und die entfernteste Moschee [1]) vor dem Felsen erbaut wurde. Als Abd el-Melik Ben Merwân zur Regierung gekommen war, zog er den Felsen in den heiligen Umkreis der Moschee und dies geschah im J. 65 der Hidschra. Omar begab sich alsdann nach Betlehem und betete in der Kirche bei dem Bogen, in welchem der Messias geboren wurde, und liess eine Verordnung in den Händen der Christen, wonach die Moslimen nicht anders als einer nach dem anderen an diesem Orte beten, sich nicht an demselben zum Gebete versammeln und von da die Stunden des Gebetes nicht abrufen sollten.

Als der Patriarch Benjamin im J. 39 der Hidschra zu Alexandrien während des zweiten Emirates des 'Amr gestorben war, setzten die Jacobiten den Agathon an seine Stelle, welcher siebzehn Jahre blieb und im J. 56 starb. Er baute die Kirche des Marcus zu Alexandrien, welche stehen blieb, bis sie während des Sultanates des Melik el-'Adil Abu Bekr Ben Ejjub [2]) zerstört

---

1) el-Mesdschid el-acsa, nämlich damals die weiteste Entfernung von Mekka, wo ein moslimischer Tempel stand; den Namen hat diese Moschee behalten.

2) Dies ist der Bruder des Salah ed-din (Saladin) und dessen dritter Nachfolger in Ägypten und Syrien. Er war im J. 540 zu Damascus geboren, bemächtigte

wurde. Zu seiner Zeit war eine Theurung drei Jahre lang und er nahm
sich der Armen an. Auf ihn folgte Isaac, welcher Jacobit war und zwei
Jahre und elf Monate blieb, bis er starb. Dann setzten die Jacobiten nach
ihm den Syrer Simon ein, welcher $7\frac{1}{2}$ Jahr blieb und starb. Zu seiner
Zeit kamen Gesandte des Indervolkes um zu bitten, dass er ihnen einen Bischof einsetzte; er lehnte dies aber ab, bis ihm der Sultan die Erlaubniss
gab, einen anderen einzusetzen. Nach seinem Tode war der Stuhl von Alexandrien drei Jahre ohne Patriarchen. Dann erwählten die Jacobiten im J. 81
den Alexander, welcher $24\frac{1}{2}$ oder 25 Jahre blieb und im J. 106 starb;
ihn trafen harte Schicksale, indem er zweimal gebrandschatzt und ihm dabei
6000 Dinare abgenommen wurden. Zu seiner Zeit befahl Abd el-'Aziz Ben
Merwân, Emir von Ägypten, die Mönche zu zählen, und als dies geschehen,
wurde von ihnen Tribut gefordert, von jedem Mönche ein Dinar; dies war
der erste Tribut, welcher von den Mönchen gefordert wurde. Als Abdallah
Ben Abd el-Melik Ben Merwân die Verwaltung Ägyptens erhielt, bedrängte
er die Christen sehr und Corra Ben Scherîk folgte seinem Beispiele, als er
die Verwaltung Ägyptens bekam, und brachte über die Christen Bedrängnisse, P. 22.
wie sie sie vordem nicht erfahren hatten [1]). Obeidallah Ben el-Hidschâb,

***

sich der Regierung im J. 596 und starb im J. 615. Ibn Challikan, vit.
Nr. 704.

1) In dem Capitel von den Moscheen handelt Macrizi bei der Geschichte der Moschee
des Amr Ben el-'Asi über die verschiedene Richtung der Kanzel in den Ägyptischen Moscheen und erklärt diese zum Theil daher, dass die Muhammedaner
die den Christen genommenen Kirchen an kleineren Orten gleich zu Moscheen
benutzten, indem sie die Kanzel an den Eingang stellten. Bei dieser Gelegenheit
erwähnt er mehrere Aufstände der Copten, welche indess mit ihrer völligen
Unterdrückung und der Wegnahme ihrer Kirchen endeten. Nachdem er nämlich die arabischen Stämme genannt, welche nach und nach aus Arabien nach
Ägypten hinüber gesiedelt wurden, spricht er zuletzt von den Qeisiten: Vor
Zeiten war kein Qeis in der östlichen Ebene, sondern erst Ibn el-Hidschâb
gründete dort eine Niederlassung derselben. Er war nämlich zu dem Chalifen
Hischâm Ben Abd el-Melik gekommen und dieser hatte ihm befohlen, 5000
Mann auszuheben; Ibn el-Hidschâb nahm nun diese Aushebung unter den Qeisiten
vor, kam mit ihnen an und liess sie in Ägypten in der östlichen Ebene ihren

Verwalter der Einkünfte, hatte schon den Copten für jeden Dinar ein Qirât

Wohnsitz nehmen. So sieh nun, Gott stärke dich! wie wenig Wohnplätze die
Gefährten des Propheten und ihre nächsten Nachfolger bei der Eroberung Ägyptens in den angebauten Gegenden hatten, und dabei waren alle Örter in sämmtlichen Provinzen, sowohl im obern, als im untern Theile, voll von Copten und
Griechen und der Islam konnte sich in den Ägyptischen Ortschaften erst nach
dem ersten Jahrhundert der Hidschra ausbreiten, als Obeidallah Ben el-Hidschâb,
ein Freigelassener des Selûl, den Qeisiten in der östlichen Ebene Wohnungen
anwies. Im zweiten Jahrhundert der Hidschra nahm dann die Ausbreitung der
Moslimen in den Ortschaften Ägyptens und auf dem Lande zu, aber erst nach
dem zweiten Jahrhundert hörten die Copten auf zu rebelliren und gegen die
Moslimen Krieg zu führen. Abu Omar Muhammed Ben Jusuf el-Kindi sagt in
dem Buche der Emire Ägyptens: Unter dem Emirat des Abhar Ben Jusuf, Emir's
von Ägypten, schrieb Obeidallah Ben el-Hidschâb, Verwalter der Einkünfte
Ägyptens, an Hischam Ben Abd el-Melik, dass Ägyptenland eine Vermehrung
der Steuern tragen könnte; er legte also für jeden Dinar ein Qirât mehr auf.
Da erhob sich der District von Taw, Nema, Ferbit und Terâbia und das Volk
der östlichen Ebene, doch Abhar schickte Regierungstruppen gegen sie, durch
welche sie geschlagen und eine grosse Menge von ihnen getödtet wurde. Dies
war der erste Aufstand der Copten in Ägypten und geschah im J. 107; Abhar
Ben Jusuf verweilte zu Dimjât (Damiette) drei Monate. Dann erhoben sich die
Bewohner von Oberägypten und die Copten widersetzten sich ihren Steuer-
Einnehmern im J. 121, aber Handhala Ben Safwân, Emir von Ägypten, schickte
Regierungstruppen gegen sie, welche von den Copten viele Leute tödteten und
sie unterwarfen. Johannes, ein Copte aus Semnud, zog aus; gegen ihn schickte
Abd el-Melik Ben Merwân Ben Musa Ben Nasr, Emir von Ägypten, da wurde
Johannes mit vielen seiner Anhänger getödtet und dies war im J. 132. Auch
zu Reschîd (Rosette) widersetzten sich die Copten, da schickte Merwân Ben
Muhammed el-Himâr, als er auf seiner Flucht vor den Abbasiden nach Ägypten
kam, gegen sie den No'mân Ben Nes'a, welcher sie in die Flucht trieb. Die
Copten zogen gegen Jezîd Ben Hâtim Ben Cabisa Ben el-Mohalleb Ben Abi
Sofra, den Emir von Ägypten, in der Gegend von Sechâ, lehnten sich gegen die
Verwalter auf, vertrieben sie im J. 150 und kamen bis Schobra Sembât, und
mit ihnen vereinigten sich die Einwohner von el-Baschrud, el-Asiat und el-
Nedschum; als Jezîd Ben Hâtim dies erfuhr, schickte er den Nasr Ben Habîb
el-Mohallebi an der Spitze von Regierungstruppen und angesehenen Einwohnern
von Misr gegen sie, die Copten aber überfielen sie bei Nacht und tödteten eine

mehr aufgelegt, dem widersetzte sich die Coptische Bevölkerung der östlichen
Ebene [1]), aber die Moslimen zogen gegen sie und tödteten eine bedeutende
Menge derselben im J. 107. Auch Osâma Ben Zeid el-Tanuchi, Verwalter
der Einkünfte, bedrängte und bedrückte die Christen, nahm ihnen ihre Habe
und brannte den Mönchen ein eisernes Zeichen auf die Hand, welches den
Namen des Mönches, den Namen seines Klosters und sein Alter angab, und
wer ohne dies Brandmal betroffen wurde, dem wurde die Hand abgehauen:
Er erliess eine Verordnung an die Provinzen, dass jeder Christ, welcher ohne
Legitimationsschein betroffen würde, in eine Strafe von zehn Dinare genommen werden solle. Nun umstellte er die Klöster und ergriff eine grosse
Anzahl von Mönchen ohne Brandmal, von denen einige geköpft, die übrigen
so lange gegeisselt wurden, bis sie unter den Streichen starben. Hierauf
wurden die Kirchen zerstört, die Kreuze zerbrochen, die Bilder vernichtet und

---

Menge Moslimen, diese warfen Feuer unter das Heer der Copten und nahmen
ihren Rückzug nach Misr. Als Musa Ben Ali Ben Rebâh die Verwaltung
Ägyptens erhielt, zogen die Copten von Telhîb aus im J. 156, da marschirte
ein Corps gegen sie und trieb sie in die Flucht. Hierauf empörten sich die
Copten im Dschomada I. 216 in Gemeinschaft mit den Arabern in Unterägypten,
vertrieben die Verwalter und kündigten den Gehorsam auf wegen des schlechten
Benehmens der Verwalter gegen sie; es wurde zwischen ihnen und den Truppen
ein Waffenstillstand geschlossen, bis der Chalif Abdallah am 10. Moharrem 217
nach Ägypten kam, dieser sandte eine Armee gegen sie nach Oberägypten, während er selbst sich nach Sechâ begab, und die Copten wurden bei el-Baschrud
durch el-Afschîn so in die Enge getrieben, dass sie sich der Gnade des Emir's
ergaben; er befahl indess die Männer zu tödten und die Weiber und Kinder zu
verkaufen; da wurden viele von ihnen verkauft und zu Gefangenen gemacht,
und die sich widersetzten, wurden verfolgt, und eine Menge Menschen getödtet.
Er kam dann im Safr wieder nach el-Fostât, begab sich hierauf nach Holwân,
und kehrte am 18. Safr (nach Bagdad) zurück, so dass sein Aufenthalt zu el-
Fostât, Sechâ und Holwân 49 Tage gewährt hatte. — Siehe den arabischen
Text im Anhange.

1) Ich habe die Schreibart الجوف el-Dschauf die Ebene, Niederung, für das rich-
tigere الحوف el-Hauf, beibehalten, wie sie sich in den Handschriften des
Macrizi gewöhnlich findet, worüber de Sacy zu Abd-allatif relat. de l'Egypte,
pag. 396 ausführlich handelt.

die Götzen, deren noch viele waren, sämmtlich zerbrochen, im J. 104 unter
dem Chalifen Jezîd Ben Abd el-Melik. Als nun Hîscham Ben Abd el-Melik
das Chalifat antrat, schrieb er nach Ägypten, dass die Christen nach ihren
Gewohnheiten und nach dem in ihren Händen befindlichen Bündnisse behan-
delt werden sollten; jedoch Handhala Ben Safwân [1]), welcher als Emir zum
zweiten Male die Verwaltung von Ägypten erhielt, bedrückte die Christen,
vermehrte die Abgaben, liess Menschen und Thiere zählen und drückte jedem
Christen als Brandmal das Bild eines Löwen auf und untersuchte sie dann,
und wer ohne Brandmal betroffen wurde, dem wurde die Hand abgehauen.

Nach dem Tode des Alexander setzten die Jacobiten einen Patriarchen
Namens Cosmas ein, welcher nach funfzehn Monaten starb, worauf sie im
J. 109 den Theodorus erwählten, welcher nach elf Jahren starb. Zu
seiner Zeit im J. 117 wurde die Kirche des Bu Mina auf der rothen Strasse
(el-Hamra) hinter der Stadt Misr errichtet, was die Veranlassung wurde,
dass ein Haufen Moslimen sich gegen el-Welîd Ben Rifâ'a [2]), den Emir von
Ägypten, erhob. — Im J. 120 wählten die Jacobiten den Michael zum
Patriarchen, welcher 23 Jahre blieb, bis er starb. Zu seiner Zeit lehnten
sich die Copten in Oberägypten auf und widersetzten sich den Verwaltern
im J. 21, sie wurden aber unterdrückt und viele von ihnen getödtet; dann
zog Johannes von Semnud aus und lieferte ein Treffen, worin er mit vielen
Copten getödtet wurde, im J. 32; hierauf empörten sich die Copten zu Reschîd
(Rosette), da schickte Merwân Ben Muhammed, als er nach Ägypten kam,
Truppen gegen sie und trieb sie in die Flucht. Abd el-Melik Ben Musa Ben
Nasîr, Emir von Ägypten, ergriff den Patriarchen Michael, warf ihn ins
Gefängniss und legte ihm ein Lösegeld auf; er durchzog nun mit seinen
Bischöfen die Provinzen Ägyptens, um von den Einwohnern Beiträge zu
fordern, fand sie aber in grosser Bedrängniss; nach el-Fostât zurückgekehrt,
übergab er dem Abd el-Melik was er erhalten hatte, und wurde in Freiheit

---

1) Er war zuerst vom J. 103 bis 105 Statthalter in Ägypten, und dann vom J. 120
bis 124.

2) Schon vom J. 96 bis 99 war er Statthalter und dann wieder vom J. 109 bis zu
seinem Tode im J. 119.

gesetzt. Eine drückende Noth kam dann über ihn durch Merwân, welcher
ihn und die Christen hart angriff, Misr und dessen Erndteertrag verbrannte
und eine Menge Klosterjungfrauen aus einem der Klöster gefangen nahm.
Eine von diesen wollte er verführen, sie wandte aber eine List gegen ihn an
und hielt ihn dadurch von sich ab, dass sie ihn nach einen Oele begierig
machte, welches sie hatte und wovon sie behauptete, dass, wer damit gesalbt
würde, unverwundbar sei; sie bestärkte ihn dadurch, dass sie ihm erlaubte,
an ihr selbst den Versuch zu machen; so gelang es ihr, ihn zu überlisten,
sie holte Oel, salbte sich damit und streckte dann ihren Hals her, da hieb
er mit seinem Schwerdte nach ihr und — ihr Kopf flog herunter. Nun erkannte er, dass sie den Tod der Entehrung vorgezogen habe. — Der Patriarch und die Christen blieben unter Merwân in Ketten, bis er zu Busîr
getödtet wurde, worauf sie ihre Freiheit erhielten.

Was die Melikiten betrifft, so hatte der griechische Kaiser Leo im J. 107
den Cosmas zum Patriarchen der Melikiten in Alexandrien ernannt; dieser
ging mit Geschenken zu Hischâm Ben Abd el-Melik, welcher dann für ihn
den Befehl erliess, dass die Kirchen der Melikiten ihnen wieder gegeben werden sollten, worauf er den Jacobiten die Kirche der Verkündigung
abnahm. Die Melikiten waren in Aegypten 77 Jahre ohne Patriarchen gewesen, von der Zeit des Omar Ben el-Chattâb bis zum Chalifat des Hischâm P. 23.
Ben Abd el-Melik, und die Jacobiten hatten während dieser Zeit alle Kirchen
Aegyptens im Besitz und setzten darin Bischöfe aus ihrer Parthei ein; und
als die Nubier zu ihnen schickten, um Bischöfe zu verlangen, schickten sie
ihnen Jacobitische Bischöfe, und auf diese Weise sind die Nubier seit dieser
Zeit Jacobiten geworden.

Als Michael starb, setzten die Jacobiten im J. 146 den Auba Mina
ein, welcher sieben Jahre blieb, bis er starb. Zu seiner Zeit zogen die Copten aus der Gegend von Sechâ aus, vertrieben die Verwalter im J. 150 und
rotteten sich zusammen; Jezîd Ben Hâtim Ben Cabisa sandte Truppen gegen
sie, die Copten überfielen diese bei Nacht, tödteten eine Menge der Moslimen
und trieben die übrigen in die Flucht. Nun kam wieder schweres Ungemach
über die Christen, sie waren genöthigt Leichen zu essen, die in Misr neu
errichteten Kirchen wurden zerstört, ebenso die Kirche der Maria in der

Nähe von Abu Schanuda in Misr, so wie auch die Kirchen der Constantins-Warte [1]); die Christen boten dem Soleimân Ben Ali [2]), Emir von Ägypten, für die Erhaltung derselben 50,000 Dinare, aber er wollte nicht. Als jedoch nach ihm Musa Ben Isa die Verwaltung bekam, gestattete er ihnen den Wiederaufbau und es wurden alle wieder aufgebaut auf den Rath von el-Leith Ben Sa'd [3]) und Abdallah Ben Lahî'a [4]), dem Cadhi von Ägypten, welche beide als Grund dafür angaben, dass der Wiederaufbau derselben zum Besten der Stadt sei und dass die Kirchen in Misr erst während des Islam's zur Zeit der Gefährten des Propheten und deren ersten Nachfolger erbaut seien.

Nach dem Tode des Anba Mina erwählten die Jacobiten den Johannes, welcher 23 Jahre blieb, bis er starb. Zu seiner Zeit zogen die Copten von Balhîb [5]) aus im J. 56; doch Musa Ben Ali zog ihnen entgegen und schlug sie in die Flucht. — Nach ihm ernannten die Jacobiten Marcus den jüngern, welcher 20 Jahre und 70 Tage blieb, bis er starb. Zu seiner Zeit war der Streit zwischen el-Amîn und el-Mâmûn, da wurden die Christen zu Alexandrien geplündert und ihnen viele Wohnungen verbrannt; auch die Klö-

---

1) Vergl. unten Cap. 8. Nr. 7. Die Constantins-Warte, eine Localität bei el-Cahira, erwähnt Macrizi z. B. auch in der Beschreibung der Moschee el-Fîla جامع الفيلة; diese lag auf einer Anhöhe, von welcher man rings umher eine herrliche Aussicht hatte, gegen Norden lag der Garten des Emir Temîm, die Brücke des Canals der Beni Wâïl, das Kloster el-Ma'dalin (der Magdalene?), 'Acaba Jahsob und die Constantins-Warte. وبكرى هذا الجبل بستان الامير تميم وقنطرة خليج بنى وايل ودير المعدلين وعقبة يحصب ومحرس قسطنطين

2) Es muss heissen Ali Ben Soleimân, welcher im J. 169 Statthalter war; Musa folgte ihm in demselben Jahre bis zum J. 172. Vergl. unten Cap. 8. Nr. 7.

3) Abul-Hârith el-Leith Ben Sa'd el-Fehmi geb. im J. 93 d. H. war einer der vorzüglichsten Gelehrten seiner Zeit in Ägypten und starb im J. 175. el-Nawawi, biogr. diction. p. 529.

4) Abu Abd el-Rahman Abdallah Ben Lahî'a Ben 'Ocba el-Hadhrami geb. im J. 97 d. H. war Cadhi von Misr und starb im J. 174. el-Nawawi biogr. dict. p. 364.

5) Ein Ort in der Provinz el-Boheira; die Schreibart ist schwankend, ausser تلهيب Telhîb (oben S. 55 Note Z. 3, arab. Text S. ٧٨ Z. 8) findet sich Belhît بلهيت محلة الكروم وفى تلهيبت und Tilhît تلهيبت وفى منية الزناطرة Cod. Goth. Nr. 258.

ster von Wâdi Habîb wurden verbrannt und geplündert, so dass darin nûr einige wenige Mönche zurückblieben. Zu seiner Zeit ging auch der Patriarch der Melikiten nach Bagdad und heilte eine der Concubinen des Chalifen, da er in der Medicin sehr erfahren war; als sie nun wieder hergestellt war, erliess der Chalif den Befehl, dass die Klöster der Melikiten, welche die Jacobiten in Ägypten in Besitz genommen hatten, zurückgegeben werden sollten; er forderte sie also von ihnen zurück und behielt das Patriarchat der Melikiten vierzig Jahre bis er starb.

Die Jacobiten erwählten nach Marcus den Jacob im J. 211, welcher zehn Jahre und acht Monate blieb, bis er starb. Zu seiner Zeit wurden die Klöster wieder aufgebaut und die Mönche kehrten in sie zurück; auch zu Jerusalem wurde eine Kirche errichtet für die dorthin kommenden Ägyptischen Christen. Zu ihm kam Dionysius, Patriarch von Antiochien, welchen er sehr ehrenvoll aufnahm, bis er zu seinem Sitze zurückkehrte. Zu seiner Zeit im J. 216 lehnten sich die Copten auf, doch el-Afschîn [1]) drängte sie zurück, bis sie sich der Entscheidung des Emirs der Gläubigen Abdallah el-Mâmûn unterwarfen. Dieser entschied über sie, dass die Männer getödtet und die Frauen und Kinder verkauft werden sollten; da wurden sie verkauft und grössten Theils gefangen weggeführt. Von jener Zeit an sind die Copten in ganz Ägyptenland unterworfen und es hat keiner von ihnen nach dem sich gegen den Sultan zu erheben vermocht; auch über die Bevölkerung auf dem Lande erhielten die Moslimen die Oberhand. Vom offenen Kriege nahmen sie jetzt zur Nachstellung ihre Zuflucht und suchten durch List und Trug den Moslimen zu schaden; sie wurden zu Steuersecretären gemacht und hatten mit den Moslimen viele Händel, wie, so Gott will, weiter wird erzählt werden.

Hierauf wählten die Jacobiten den Simon zum Patriarchen im J. 222, welcher nach einem Jahre starb; nach anderen blieb er nur sieben Monate und sechs Tage. Nach seinem Tode war der Stuhl der Patriarchen ein Jahr

---

1) el-Afschîn war Anführer der Truppen in Ägypten und Syrien unter den Chalifen el-Mâmûn und el-Mo'tasim; dieser liess ihn aus Argwohn im J. 226 aus dem Wege schaffen.

und 27 Tage unbesetzt, bis die Jacobiten im J. 227 den **Joseph** im Kloster
P. 24. des Bu Macâr in Wâdi Habîb erwählten, welcher 18 Jahre blieb, bis er
starb. Zu seiner Zeit kam Jacob, Metropolit der Habessinier, nach Ägypten,
welchen die Gemahlin ihres Königs abgesetzt hatte, indem sie an seine Stelle
einen Bischof setzte. Der König der Habessinier sandte ihm aber nach, um
seine Rückkehr vom Patriarchen zu verlangen, welcher ihn auch wieder zu
ihm schickte; auch nach Africa schickte er eine Menge Bischöfe. Zu seiner
Zeit starb der Patriarch von Antiochien, welcher nach Ägypten gekommen war,
im funfzehnten Jahre seines Patriarchates.

Zu seiner Zeit befahl el-Motewekkil allallahi im J. 235 den Schutzgenossen, honigfarbige Mäntel von Haaren anzuziehen, Gürtel umzubinden, auf
Sätteln mit hölzernen Steigbügeln zu reiten und hinten an den Sattel zwei
Kugeln zu machen; ferner sollten die Männer zwei Flicken auf ihre Kleider
setzen, die sowohl von der Farbe des Kleides, als auch unter sich verschieden wären, jeden vier Finger lang, und wenn ihre Frauen ausgingen, sollten
sie honigfarbige Schleier tragen, und er verbot ihnen, Gürtel anzulegen; er
befahl ihre neu erbauten Kirchen niederzureissen und von ihren Wohnungen
Steuer zu nehmen und über die Thüren ihrer Häuser Bilder des Teufels aus
Holz zu setzen. Er verbot, in Geschäften für den Sultan ihre Hülfe in Anspruch zu nehmen und kein Moslim sollte sie unterweisen; auch untersagte er
ihnen, bei ihren Ceremonien ein Kreuz sehen zu lassen und auf der Strasse
ein brennendes Licht zu tragen; dagegen befahl er, ihre Gräber der Erde
gleich zu machen; und diese Verordnungen erliess er in alle Provinzen. Im
J. 39 befahl er dann den Schutzgenossen, zwei honigfarbige Wollkleider über
die Arme und ein Unterkleid zu tragen, und beim Reiten sich auf den Gebrauch der Maulthiere und Esel zu beschränken mit Ausschluss der Pferde
und anderer Lastthiere.

Als Joseph im J. 242 starb, blieb der Stuhl dreissig Tage leer, dann
übertrugen die Jacobiten einem Presbyter des Kloster Johannes Namens Michael das Patriarchat, welcher ein Jahr und fünf Monate blieb, bis er starb
und im Kloster des Bu Macâr begraben wurde; er war der erste Patriarch,
welcher darin begraben wurde. — Nach ihm war der Stuhl 81 Tage unbesetzt, worauf die Jacobiten im J. 244 einen Diaconus aus dem Klöster des

Abu Macàr Namens Cosmas wählten, welcher sieben Jahre und fünf Monate im Patriarchate blieb, bis er starb, wonach der Stuhl 51 Tage vacant
war. Zu seiner Zeit befahl der griechische Kaiser Theophilus, Sohn des
Michael, die Bilder aus den Kirchen zu vertilgen und kein Bild in einer Kirche
zu lassen. Die Veranlassung dazu war, dass er erfahren hatte, dass ein Kir-
chenvorsteher an einem Marienbilde die Brust nachgebildet hatte, aus welcher
Milch kam, die an ihrem Festtage tropfte; er untersuchte dies und fand, dass
es künstlich gemacht war, um Geld dafür zu bekommen. Da liess er ihm
den Kopf abschlagen und die Bilder aus den Kirchen fortschaffen; Cosmas,
Patriarch der Jacobiten, schickte nun zu ihm und suchte ihm eine andere
Meinung beizubringen, bis er einwilligte, dass die Bilder in ihren vorigen
Stand wieder eingeführt werden sollten.

Hierauf setzten die Jacobiten den Sàtîr [1]) zum Patriarchen ein, welcher
19 Jahre blieb, bis er starb, dann folgte Bu Sanutius im Anfange des
Chalifates des Mo'tazz, und blieb elf Jahre, bis er starb. Unter seinem Patriarchate wurde zu Alexandrien die unterirdische Wasserleitung gemacht,
wodurch das Wasser aus dem Nil-Canal in die Häuser floss, und zu seiner
Zeit kam Ahmed Ben Tulun als Emir nach Ägypten. — Alsdann setzten die
Jacobiten den Michael ein, welcher 25 Jahre blieb, bis er starb, nachdem
Ahmed Ben Tulun ihm einen Tribut von 20,000 Dinaren auferlegt hatte, zu
deren Bezahlung er die den Kirchen vermachten Häuser und die Ländereien
von el-Habsch hinter Fostât-Misr veräusserte, die in der Nähe der Mo'allaca
in Casr el-Schem' liegende Kirche an die Juden verkaufte und einem jeden
Christen eine Steuer von einem Qiràt jährlich auflegte, wodurch er die Hälfte
des von ihm geforderten Tributes aufbrachte. Zu seiner Zeit wurde der Emir
Abul-Dscheisch Chomaraweih Ben Ahmed Ben Tulun [2]) getödtet. Als er

---

1) Bei Renaudot in der histor. patrum Alex. fehlt dieser Name ganz; bei el-
Makin, hist. Saracen. pag. 161 steht dafür اوسانيوس Osanius. Da die Jahres-
rechnung nur dann stimmt, wenn man die hier vorkommenden 19 Jahre aus-
lässt, so ist es nicht zweifelhaft, dass ساتير Satir und اوسانيوس Osanius aus
سانوتيوس Sanutius und ابو سانوتيبوس verschrieben und mit dem folgenden Bu
Sanutius einerlei ist.

2) Dies ist der zweite Herrscher aus der Dynastie der Tuluniden in Ägypten, wel-

starb, blieb der Stuhl von Alexandrien vierzehn Jahre ohne Patriarchen und
P. 25. Dienstags den 3. Schawwâl 300 verbrannte die grosse Kirche zu Alexandrien,
welche unter dem Namen el-Qiâmet bekannt war, dieselbe, welche ein Tempel des Saturns gewesen und zu den Bauwerken der Kleopatra gehört hatte.

Im J. 301 setzten die Jacobiten den **Gabriel** zum Patriarchen ein,
welcher elf Jahre blieb, bis er starb; zu seiner Zeit wurde die Steuer von
Männern und Frauen erhoben. — Nach ihm setzten die Jacobiten im J. 311
den **Cosmas** ein, welcher zwölf Jahre blieb, bis er starb. Am Sonnabend
in der Mitte des Redscheb 312 verbrannten die Moslimen die Kirche der
Maria zu Damascus und raubten alle Geräthe und Gefässe, die darin waren,
deren Werth sehr gross war; auch plünderten sie ein Frauenkloster in der
Nähe und vertrieben die Jacobiten und Nestorianer. Jm J. 313 kam der Wezir Ali Ben Isa Ben el-Dscherrâh nach Ägypten; er untersuchte das Land
und legte den Bischöfen, Mönchen und armen Christen einen Tribut auf; sie
bezahlten ihn zwar, aber einige von ihnen wandten sich nach Bagdad, um
el-Moctadir billahi um Abhülfe anzusprechen. Da schrieb dieser nach Ägypten, dass von den Bischöfen, Mönchen und Armen kein Tribut genommen
und mit ihnen nach dem in ihren Händen befindlichen Tractate verfahren
werden solle. — Im J. 323 setzten die Jacobiten einen Patriarchen Namens
Cosmas ein, welcher zwanzig Jahre blieb, bis er starb; zu seiner Zeit im
J. 325 erregten die Moslimen zu Jerusalem einen Aufstand, verbrannten die
Auferstehungs-Kirche, plünderten sie und zerstörten davon so viel sie nur
konnten.

Dienstag den letzten Redscheb 328 starb Sa'id Ben Batric, Patriarch
der Melikiten zu Alexandrien, nachdem er $7\frac{1}{2}$ Jahr unter beständigem Streite
mit seiner Parthei sein Amt bekleidet hatte. Der Emir Abu Bekr Muhammed Ben Togdsch el-Ichschîd [1]) sandte den Abul-Hosein, einen seiner Prä-

---

cher vom J. 270 bis 282 d. H. regierte. **Ibn Challikan**, vit. Nr. 220.
Abulfeda, Annal. T. II. pag. 261.

1) Er stammte aus einer Herrscherfamilie von Fergâna, war im J. 268 zu Bagdad
geboren und wurde im J. 321 Statthalter von Ägypten und Syrien, bis er im
J. 334 starb. **Ibn Challikan**, vit. Nr. 700.

fecte, mit einer Abtheilung Truppen nach der Stadt Tinnîs um die Kirchen
der Melikiten zu schliessen, und liess die Geräthe, deren sehr viele waren,
nach el-Fostât bringen; der Bischof löste sie für 5000 Dinare wieder ein,
indem sie mehrere Legate der Kirchen verkauften; dann stellte er den Frieden mit seiner Parthie wieder her. Er war ein vortrefflicher Mann und
ist Verfasser einer nützlichen Chronik. — Die Moslimen erregten auch in der
Stadt Ascalon einen Aufstand, zerstörten die grüne Kirche der Maria und
plünderten, was darin war; die Juden halfen ihnen, bis sie sie verbrannten,
da floh der Bischof von Ascalon nach el-Ramla und blieb hier, bis er starb.

Die Jacobiten setzten im J. 345 den **Theophanius** zum Bischof ein,
welcher vier Jahre und sechs Monate blieb; auf ihn folgte **Mina**, welcher
elf Jahre blieb, bis er starb; nach ihm war der Stuhl ein Jahr leer. Dann
setzten die Jacobiten den **Ephraim Ben Zor'a** ein im J. 366, welcher
drei Jahre und sechs Monate blieb und von einem der christlichen Secretäre
vergiftet wurde, wovon der Grund der war, dass er ihm verboten hatte, heimlich eine Concubine zu haben. — Nachdem der Stuhl sechs Monate leer gewesen war, wurde im J. 69 **Philotheus** darauf gesetzt, welcher 24 Jahre
blieb, bis er starb; er war ein Schwelger. Zu seiner Zeit nahmen die Melikiten die Kirche der Jungfrau, jetzt die Kirche des Patriarchen genannt; Arsenius, Patriarch der Melikiten, erhielt sie von ihnen zur Zeit des Azîz billahi
Nizâr Ben el-Mo'izz.

Im J. 393 setzten die Jacobiten den **Zacharias** zum Patriarchen ein,
welcher 28 Jahre blieb, darunter neun Jahre in der Bedrückung unter el-
Hâkim Abu Ali Mansur Ben el-'Azîz billahi [1]), welcher ihn drei Monate gefangen hielt und ihn mit dem Nubier Susana den Löwen vorwerfen liess, die
ihm jedoch, nach der Behauptung der Christen, nichts thaten; nach seinem
Tode blieb der Stuhl 74 Tage leer. Während seines Patriarchates kamen P. 26.
über die Christen Bedrängnisse, wie sie sie vorher nicht zu erdulden gehabt
hatten. Viele von ihnen hatten nämlich in der Staatsverwaltung Stellen be-

---

1) Das Leben dieses Tyrannen ist herausgegeben aus **Ibn Challik. vit.** Nr. 752
von **Adler** im Repertor. für bibl. und morgenl. Lit. Th. 15, und aus **Macrizi**
von de **Sacy**, Chrestom. arabe. Ed. 2. Tome I. pag. 93 und dann ausführlich
beschrieben von **Silv. de Sacy**, exposé de la relig. des Druzes. Tome I.

kommen, so dass sie sogar Wezire geworden waren und wegen ihres ausgedehnten Wirkungskreises und bedeutenden Vermögens in hohem Ansehn standen. Nun stieg ihr Hochmuth, und es mehrte sich ihr verderblicher Einfluss und ihr Bestreben, den Moslimen zu schaden. Da wurde el-Hâkim biamrillahi darüber aufgebracht, und im Zorn konnte er sich selbst nicht beherrschen, ergriff den Christen Isa Ben Nestoris, welcher damals einen Rang, den der Wezire ähnlich, einnahm, und liess ihm den Kopf abschlagen; dann ergriff er den Christen Fehd Ben Ibrahim, Secretär des Lehrers Berdschewân [1], und liess ihm den Kopf abschlagen. Er bedrückte die Christen und zwang sie, Kleider mit gelben Streifen zu tragen und mitten um den Leib einen Gürtel zu binden; er verbot ihnen, das Fest des Paschas und der Kreuzigung zu feiern und die gewöhnlichen Versammlungen und Lustbarkeiten an ihren Festen öffentlich anzustellen; alles, was den Kirchen und Klöstern vermacht war, nahm er und brachte es in den öffentlichen Schatz, und schrieb an alle Provinzen ein gleiches zu thun. Er verbrannte viele Kreuze und verbot den Christen, Sclaven und Sclavinnen zu kaufen, zerstörte die Kirchen, welche an der Strasse Râschida [2] hinter der Stadt Misr lagen, verwüstete die Kirchen

---

1) Abul-Fotuh Berdschewân wurde im J. 388 Reichsverweser, aber im J. 390 auf el-Hakim's Befehl ermordet. Ibn Challik. vit. Nr. 111. de Sacy, Chrest. ar. Tome I. pag. 131.

2) Macrizi, in dem Capitel über die Moscheen, sagt: Die Moschee Râschida. Diese Moschee hat den Namen Moschee Râschida, weil sie in der Strasse Râschida liegt. el-Codhâ'i sagt: die Strasse Râschida (von dem arabischen Stamme) Ben Aub Ben Dschezîla Ben Lachm stösst an die vorhergehende bis zu dem Kloster des Abu Talmûs, welches dann zerstört wurde; es ist die grosse Moschee, welche auf der Râschida liegt. Diese Strasse ist vergessen, dort war der Begräbnissplatz des Stammes Râschida und der unter dem Namen des Lahmes Ben Ma'mer bekannte Hatem, welcher dann den Namen des Mâredâni bekam und jetzt den des Emir Temîm führt. el-Musabbihi sagt unter den Ereignissen des Jahres 393: Am 17. Rebi' II. fing der Bau der Moschee Râschida an; an dem Platze war eine Kirche, um welche die Gräber der Juden und Christen waren; sie wurde von Backsteinen erbaut, dann wieder abgerissen, erweitert und von Steinen aufgeführt und in derselben der Freitags-Gottesdienst gehalten; u.s.w. S. den arabischen Text im Anhange.

von el-Macs vor Cahira, und gab, was darin war, den Leuten preis, die nun davon so viel plünderten, als sich nicht beschreiben lässt. Er zerstörte auch das Kloster el-Coseir und überliess was darin war dem Volke zur Plünderung, verbot den Christen, an den Ufern des Nil in Ägypten die Taufe vorzunehmen und schaffte die Versammlungen ab, welche sie dort zur Erholung zu veranstalten pflegten. Dagegen zwang er die christlichen Männer, hölzerne Kreuze, deren jedes fünf Rotl wog, um den Hals zu hängen, untersagte ihnen auf Pferden zu reiten und gestattete nur den Gebrauch der Maulthiere und Esel mit Sätteln und Zügeln ohne Gold- und Silber-Verzierungen, sondern nur von schwarzem Leder, und liess in Cahira und Misr durch Klingeln bekannt machen, dass kein Vermiether einem Schutzgenossen ein Reitthier geben und kein Moslimischer Schiffer irgend einen Schutzgenossen fahren solle, dass die Kleider der Christen und ihre Mützen ganz schwarz und die Steigbügel an ihren Sätteln von Sycomoren Holz sein sollten und dass die Juden am Halse ein rundes Holz von fünf Rotl Schwere hängen haben sollten, welches über den Kleidern sichtbar wäre. Dann fing er an, alle Kirchen zu zerstören, und alles, was darin war und was ihnen vermacht war, gab er preis und zu Lehn; nun wurden sie sämmtlich zerstört, alle ihre Geräthe geplündert, die Legate als Lehn vergeben und an ihrer Stelle Moscheen erbaut. Er liess zum Gebet in die Kirche des Schanuda in Misr ausrufen und um die Kirche el-Mo'allaca auf der Casr el-Schem' eine Mauer ziehen. Viele Leute reichten Schriften ein, um die Kirchen und Klöster in den Provinzen Ägyptens heimzusuchen, und sie waren nicht so bald übergeben, als auch schon eine Antwort erfolgte, worin dem Bittsteller sein Gesuch gewährt wurde; nun nahmen sie die Geräthe der Kirchen und Klöster und verkauften auf den Märkten von Misr, was sie an goldenen und silbernen Gefässen und dergleichen darin fanden, und verfuhren mit den Legaten nach Willkür. In der Kirche des Schanuda wurden bedeutende Schätze gefunden und in der Mo'allaca eine überaus grosse Menge von goldenen Fabricaten und seidenen Kleidern. Er schrieb an die Statthalter in den Provinzen, den Moslimen die Zerstörung der Kirchen und Klöster zu gestatten; also war die Zerstörung derselben vom J. 403 allgemein, so dass ein in dieser Hinsicht glaubwürdiger Berichterstatter angibt, dass bis zum Ende des Jahres 405 in Ägypten und

Syrien und den dazu gehörigen Provinzen an grossen Gebäuden, welche die Griechen errichtet hatten, tausend und einige dreissig Kirchen zerstört sein; die goldenen und silbernen Geräthe, welche darin waren, wurden geraubt und die Legate eingezogen, und es waren kostbare Legate für wundervolle Gebäude. Er zwang die Christen die Kreuze am Halse zu tragen, wenn sie ins Bad gingen, und zwang die Juden, Schellen am Halse zu tragen, wenn sie ins Bad gingen. Hierauf befahl er den Juden und Christen sämmtlich aus Ägypten in die griechischen Städte auszuwandern; da kamen sie alle unter dem Schlosse von Cahira zusammen, baten um Schutz und beriefen sich P. 27. auf das Versprechen des Emir's der Gläubigen, bis sie von der Auswanderung befreit wurden. Bei diesen Ereignissen traten viele der Christen zum Islam über.

Im J. 407 lehnte sich einer der angesehenen Bulgaren gegen ihren König Camtures [1] auf, tödtete ihn und bemächtigte sich an seiner statt der Regierung, er zeigte dem Basilius, Kaiser von Constantinopel, schriftlich seine Unterwürfigkeit an, welcher ihn dann bestätigte. Nach einem Jahre wurde er indess getödtet und der Kaiser Basilius marschirte nun im J. 408 gegen sie, und unterwarf sich das Reich der Bulgaren, legte eine Menge Griechen als Besatzung in ihre festen Plätze und kehrte nach Constantinopel zurück. Die Griechen vermischten sich dann mit den Bulgaren, verheiratheten sich mit Frauen von ihnen und wurden nach bitterer Feindschaft ein Volk.

Die Jacobiten erwählten für sich den Sanutius zum Patriarchen von Alexandrien im J. 421 Sonntags den 23. Bermehât; er blieb $15\frac{1}{2}$ Jahr und starb im Monat Tuba; er war geitzig und führte die Simonie ein. Nach ihm war der Stuhl ein Jahr und fünf Monate unbesetzt, dann wählten die Jacobiten den Christodulos zum Patriarchen im J. 439, welcher dreissig Jahre blieb und in der Mo'allaca zu Misr starb. Er ist es, welcher die Kirche des Bu Mercura zu Misr und die Kirche der Jungfrau auf der Griechenstrasse zu Cahira zu Patriarchen-Kirchen machte. Nach ihm war 72 Tage kein Patriarch, dann wählten die Jacobiten den Cyrillus, welcher 14 Jahre und $3\frac{1}{4}$ Monat blieb und in der Kirche el-Muchtâr auf der Insel

---

1) Im Gothaer Codex قطلورس Camtarus; bei el-Makin, histor. Saracen. p. 264 القطلومرس el-Catumerus.

von Misr, welche unter dem Namen el-Raudha bekannt ist, am Ende des II. Rebi' 485 starb. Er bestimmte, dass die gewöhnliche Kleidung der Patriarchen aus blauer Seide und das Stadtkleid aus rother Seide mit goldener Stickerei bestehen solle; die Simonie schaffte er wieder ab. Nach ihm war 124 Tage kein Patriarch ernannt, dann wurde im J. 482 Michael der Einsiedler aus Sindschâr eingesetzt, welcher neun Jahre und acht Monate blieb und in der Mo'allaca zu Misr starb. el-Mostansir billahi hatte ihn, als der Nil in Ägypten kein Wasser gab, mit kostbaren Geschenken nach Habessinien geschickt; hier kam ihm der König entgegen und fragte ihn nach der Ursache seiner Herkunft, und nachdem er ihn in Kenntniss gesetzt, dass das Wasser des Nil ausgeblieben sei und die Bewohner Ägyptens dadurch grossen Schaden erlitten, befahl er, ein Thal zu öffnen, aus welchem das Wasser nach Ägyptenland floss, und als dies geschehen, wuchs der Nil in einer Nacht drei Ellen und fuhr fort zu wachsen, bis die Felder genug bewässert waren und bestellt wurden. Dann kehrte der Patriarch zurück und el-Mostansir schenkte ihm ein Ehrenkleid und erzeigte ihm Wohlthaten.

Im J. 492 setzten die Jacobiten den Macarius zum Patriarchen ein in dem Kloster des Bu Macâr und nachdem er zu Alexandrien bestätigt war, kehrte er nach Misr zurück; hierauf ging er in das Kloster des Bu Macâr, wo er die heiligen Amtshandlungen verrichtete, und kam dann nach Misr und hielt in der Mo'allaca Gottesdienst. Er blieb 26 Jahre und 41 Tage und nach seinem Tode blieb Ägypten zwei Jahre und zwei Monate ohne Jacobitischen Patriarchen. Zu seiner Zeit ereignete sich ein grosses Erdbeben in Ägypten, in welchem die Kirche el-Muchtâr auf el-Raudha zerstört wurde; es fällt aber auf el-Afdhal, den Sohn des Oberfeldherrn [1]), der Verdacht, sie zerstört zu haben, weil sie in seinem Garten lag. Auch wurden zu seiner Zeit viele Gewohnheiten der Christen abgeschafft, die dann nach ihm ganz aufhörten.

Hierauf wählten die Jacobiten den Gabriel mit dem Vornamen Abul-'Ala Sàid Ben Tarik, einen Diaconus aus der Kirche des Mercurius im J. 525 in

---

3) Abul-Câsim Schâhinschâh el Melik el-Afdhal Ben Bedr el-Dschemâli folgte seinem Vater im J. 488 als Statthalter von Ägypten und wurde im J. 515 ermordet. Ibn Challik. vit. Nr. 285.

der Mo'allaca zum Patriarchen; er wurde zu Alexandrien bestätigt, verrichtete
in den Klöstern von Wâdi Habîb die Amtshandlungen und blieb vierzehn
Jahre; nach seinem Tode war der Stuhl der Jacobiten drei Monate unbesetzt. —
Dann wählten die Jacobiten den **Michael Ben el-Facdusi**, einen Mönch
aus der Celle von Demschiri zum Patriarchen in der Kirche el-Mo'allaca zu
Misr; er wurde zu Alexandrien bestätigt, blieb neun Monate und starb Freitags den 4. Schawwâl 541, worauf ein Jahr und siebzig Tage lang kein Patriarch ernannt war.

P. 28.   Alsdann wurde **Jonas Abul-Fotuh**[1]) zum Patriarchen in der Mo'allaca
erwählt und in Alexandrien bestätigt; er blieb 19 Jahre und starb am 27.
Dschomada II. 551, worauf der Stuhl 43 Tage unbesetzt war, bis **Marcus
Ben Zor'a** mit dem Vornamen Abul-Faradsch zum Patriarchen der Jacobiten
in Misr erwählt und zu Alexandrien bestätigt wurde; er blieb 22 Jahre 6 Monate und 25 Tage, bis er starb. Zu seiner Zeit trat Marcus Ben Canbar und
viele der Canbariten zur Ansicht der Melikiten über, hierauf kehrte er zu den
Jacobiten wieder zurück und wurde wieder aufgenommen; dann ging er wieder zu den Melikiten, kehrte wieder um. wurde aber nicht wieder aufgenommen. Dieser Patriarch besass festen Willen und Entschlossenheit; zu seiner
Zeit war die Brandlegung des Wezir Schâwer[2]) in Misr am 18. Hatur, wobei die Kirche des Bu Mercura verbrannte, und nach ihm war der Patriarchenstuhl 27 Tage unbesetzt.

Dann wählten die Jacobiten den Jonas Ben Abu Gâlib zum Patriarchen
am Sonntage den 10. Dul-Hiddsche 584; er wurde zu Alexandrien bestätigt,
blieb 26 Jahre 11 Monate und 13 Tage und starb Donnerstags den 14. Ramadhân 612 in der Mo'allaca zu Misr und wurde in el-Habsch begraben.
In früherer Zeit war er Kaufmann gewesen, hatte Handelsreisen nach Jemen
gemacht und ein grosses Vermögen erworben. Er hatte Geld bei sich, welches den Kindern des Habbâb gehörte, und es ereignete sich, dass er zur See
Schiffbruch litt und sein Vermögen verlor, er selbst rettete sich und kam

---

1) **Renaudot** a. a. O. S. 517 nennt ihn Joannes; nach dem Arabischen heisst er
   aber Jonas, und ebenso nachher sein zweiter Nachfolger.
2) **Abu Schodschâ' Schâwer Ben Modschîr** war Wezir des letzten Fatimiden el-'Adhid
   in Ägypten und wurde im J. 564 getödtet. **Ibn Challik.** vit. Nr. 284.

nach Cahira; die Kinder des Habbâb waren wegen ihres Geldes schon in Verzweiflung, doch als er sie traf, zeigte er ihnen an, dass ihr Geld geborgen sei, indem er es in hölzerne Mulden gethan und diese an das Schiff festgenagelt habe; desshalb nahmen sie sich seiner an. Als nun Marcus Ben Zor'a starb, bemühte sich dieser Jonas für den Priester Abu Jâsir; aber die Kinder des Habbâb sagten zu ihm: nimm du das Patriarchat, wir wollen dich anerkennen. Er willigte ein und wurde als Patriarch eingesetzt; dies ärgerte den Abu Jâsir und er brach die lang bestandene Freundschaft ab. Als er im Patriarchate bestätigt wurde, besass er 17,000 Ägyptische Dinare, die er für die Armen verwendete; er hob die Steuer auf und verbot die Simonie; er ass von keinem der Christen Brod und nahm von Niemanden Geschenke an.

Nach seinem Tode erhob sich Abul-Fotuh Noschu el-Chilâfet Ben el-Micât, Kriegssecretär bei dem Sultan el-Melik el-'Adil Abu Bekr Ben Ejjub, um dem Priester David Ben Johannes Ben Laclac aus Fajjum die Stelle zu verschaffen, denn er war ein Freund von ihm. Nachdem dieser seine Einwilligung dazu gegeben hatte, fertigte er ihm das Diplom aus ohne Wissen des Melik el-Kâmil Muhammed. Dies verdross die Christen, und el-As'ad Ben Sadaca, Secretär des Dâr el-Toffah (Apfelhauses?) in Misr, machte sich mit mehreren auf und sie begaben sich früh morgens mit Lichtern zu dem Bergschlosse, wo el-Melik el-Kâmil wohnte, baten um seinen Beistand und tadelten den Priester, indem sie sagten, dass er nicht tauglich sei und ihr Gesetz vorschreibe, dass keiner zum Patriarchen anders als durch die Übereinstimmung der grösseren Zahl gewählt werden könne; da sandte el-Melik el-Kâmil zu ihnen, um ihre Gemüther zu besänftigen. Der Priester hatte sich aber schon vor Tages Anbruch unter Begleitung der Bischöfe und einer grossen Menge von Christen aufgemacht, damit sie ihn in der Mo'allaca zu Misr einführten, und dies geschah am Sonntag. Nun ritt el-Melik el-Kâmil am frühen Morgen vom Schlosse zu seinem Vater in den Wezir-Pallast zu Cahira, wo er wohnte, um die Einführung des Priesters zu verzögern. Der Sultan schickte hin, die Bischöfe aufzusuchen, um von ihnen den wahren Stand der Sache zu erfahren; die Abgesandten trafen sie mit dem Priester auf dem Wege und nahmen sie mit sich; der Priester ging in die Kirche des Bu

70

Dschordsch, welche auf der rothen Strasse liegt, sein Patriarchat wurde für
nichtig erklärt, und Ägypten blieb 19 Jahre und 160 Tage ohne Patriarchen.
P. 29. Dann wurde dieser Priester Sonntags den 29. Ramadhân 633 zum Patriarchen erwählt, blieb als solcher sieben Jahre neun Monate und zehn Tage und
starb Dienstags den 17. Ramadhân 640 und wurde in dem Kloster el-Schem'
in el-Dschîze begraben. Er war ein in seiner Religion wissenschaftlich ge-
bildeter Mann, wollte aber gern herrschen und verkaufte die Stellen während
seines Patriarchates; da nämlich die Klöster in Ägyptenland von Bischöfen
entblösst waren, so ernannte er eine grosse Zahl von Bischöfen für bedeutende Summen, die er von ihnen nahm, und erlaubte sich harte Bedrückun-
gen. Der Mönch 'Imâd el-Muschâr erhob Klage gegen ihn, indem er auf
sich selbst, seine Verwandten und Anhänger vertraute und von dem Mönche
el-Seni Ben el-'Tha'bân unterstützt wurde; er deckte seine Laster auf und behauptete, das Priesteramt gebühre ihm nicht, weil er durch Bestechung eingesetzt sei und Stellen verkauft habe. Er brachte eine grosse Parthei gegen ihn
zusammen und hielt eine Versammlung bei dem Statthalter Mo'în ed-Dîn Ha-
san Ben Scheich el-Schujuch unter der Regierung des Mélik el-Sâlih Nedschm
ed-Dîn Ejjub, worin die Beschuldigungen gegen den Patriarchen bewiesen
wurden. Allein die christlichen Secretäre traten mit dem Statthalter zu seinen Gunsten auf, durch Geschenke, welche er dem Sultan überbrachte, so
dass er in seinem Patriarchate blieb. — Nach ihm war der Patriarchenstuhl
7 Jahre 6 Monate und 26 Tage unbesetzt, dann wählten die Jacobiten den
Athanasius, Sohn des Priesters Abul-Mekârim Ben Kelîl, in der Mo'allaca
Sonntags den 4. Redscheb 648; er wurde zu Alexandrien bestätigt, blieb 11
Jahre und 55 Tage und starb Sonntags den 1. Moharrem 660, worauf
Ägypten 85 Tage ohne Patriarchen war. Zu seiner Zeit nahm der Wezir
el-As'ad Scheref ed-Dîn Hibetallah Ben Sâ'id el-Fâizi [1] den Tribut von den
Christen doppelt. Auch verbrannte zu seiner Zeit der Pöbel von Damascus
die Kirche der Maria zu Damascus, zerstörte sie und plünderte, was darin
war; auch wurden viele der Christen zu Damascus getödtet und ihre Häuser
geplündert; die Verheerung war im J. 58 nach dem Treffen bei 'Ain Dscha-

---

[1] Er war Christ gewesen, hatte den Islâm angenommen und wurde im J. 655 ermordet.

lut und der Flucht der Mogolen [1]). Als dann der Sultan el-Melik el-Modhaf-
fer Cutuz in Damascus einzog, forderte er von den dortigen Christen 150,000
Dirhem, welche sie unter sich sammelten und zu ihm brachten, als der Emir
Fàris ed-Din Actài el-Mostarab, Atàbeg des Heeres, Staatssecretär war.

Das Jahr 682 war für die Christen verhängnissvoll. Nämlich der Emir
Sendschar el-Schodschâ'i [2]) genoss während der Regierung des Melik el-Mansûr
Qilàwûn grosses Ansehen; die Christen mussten auf Eseln reiten mit Gürteln
um die Hüften und kein Christ wagte einen Moslim anzureden, wenn er zu
Pferde sass, und wenn er zu Fusse ging, behandelte er ihn geringschätzend,
und keiner von ihnen durfte ein kostbares Kleid anziehen. Als nun el-Mansûr starb und nach ihm sein Sohn el-Melik el-Aschref Chalîl Sultan wurde,
standen die christlichen Secretäre bei den Pagen-Emiren [3]) in Dienst; sie wurden übermüthig gegen die Moslimen und zeigten durch ihre Kleidung und
Haltung ihren Stolz. Unter ihnen war ein Secretär bei einem Pagen Namens
'Ain el-Gazàl (Gazellen-Auge), welcher eines Tages in einer Strasse von Misr
einem Magazin-Verwalter seines Herrn begegnete; der Verwalter stieg von seinem Thiere ab und küsste den Fuss des Secretärs, da fing der Christ an,
ihn auszuschelten und zu bedrohen wegen einer Summe, welche von ihm aus
dem Erlös des Einkommens des Emir noch rückständig war, während jener

---

1) Die Schlacht bei 'Ain Dschâlut (Goliath's Quelle) in Syrien war am 25. Ramadhân 658. Sojuti sagt darüber: وخرج المظفر بالجيوش فى شعبان سنة ثمان
وخمسين متوجها الى الشام لقتال التتار وسـادته فيه ركن الدين بيبرس البندقدارى
فالتقوا والتتار عند عين جالوت ووقع المصاف يوم الجمعة خامس عشرى رمضان فهزم التتار
شر هزيمة وانتصر المسلمون ولله الحمد وجاء كتاب المظفر الى دمشق بالنصر فطار الناس فرحا
ثم دخل المظفر الى دمشق مويدا منصورا فاحبه الخلق غاية المحبة.

2) Er war der erste, welcher von den Emiren zum Wezirat gelangte und der erste
Wezir, vor dessen Thür die Trommeln geschlagen wurden, wie bei den Wezi-
ren der Chalifen in Irâc. — Die Reihefolge der Wezire in dieser Zeit nach Sojuti siehe in dem Anhange des arab. Textes.

3) Die Pagen الخاصكية waren in der nächsten Umgebung des Sultans in den Stunden, wo er sich von den öffentlichen Geschäften zurückzog, und einige stiegen
zu der Würde von Emiren. Vergl. Makrizi, hist. des Sultans Mamlouks, par
Quatremère. Tome I. part. 2. pag. 158.

um Nachsicht und Entschuldigung bat, wodurch indess die Härte dieses nur vermehrt wurde, so dass er seinem Diener befahl abzusteigen, dem Verwalter die Hände auf den Rücken zu binden und ihn wegzuführen. Die Leute rottirten sich um ihn, bis er an den Kreuzweg bei der Moschee des Ahmed Ben Tulun kam von einer Menge Menschen umgeben, die alle ihn baten, den Verwalter frei zu lassen, was er ihnen jedoch abschlug. Da drangen sie in Masse auf ihn ein, warfen ihn von seinem Esel und setzten den Verwalter in Freiheit. Er war aber schon nahe bei dem Hause seines Herrn und schickte seinen Diener hin, um ihm mit den Hausgenossen zu Hülfe zu kommen; dieser kehrte auch mit einer Schaar von Sklaven und Wachen des Emir zu ihm zurück, welche ihn von den Leuten befreiten und anfingen, diese zu ergreifen, um sie bei der Gelegenheit umzubringen. Da erhoben sie über sie das Geschrei: das ist nicht erlaubt! und eilten schnell davon, bis sie vor das Schloss kamen und Hülfe forderten mit dem Rufe: Gott schütze den Sultan! Als dieser sie hörte, schickte er Jemanden ab, um sich nach dem, was vorgefallen, zu erkundigen; sie machten ihn nun mit dem hochmüthigen Betragen des christlichen Secretärs gegen den Verwalter bekannt und was ihnen wiederfahren war, worauf 'Ain el-Gazàl herbeigeholt wurde, dem er entgegen rief: wie können deine Sklaven gegen die Moslimen eines Christen wegen so hart verfahren? Er entschuldigte sich damit, dass er Dienstgeschäfte gehabt und von alle dem nichts gewusst habe. Nun sandte der Sultan hin und liess alle, die in den Diensten des 'Ain el-Gazàl standen, herbeiholen und befahl dem Volke, die Christen zu ihm zu bringen; er liess den Emir Bedr ed-Din Beider al-Nàib (Statthalter) und den Emir Sendschar el-Schodschâ'i rufen und gab ihnen den Befehl, alle Christen vor ihn zu bringen, damit er sie umbringen lasse; sie ruhten indess nicht, bis die Sache dahin bestimmt war, dass in Cahira und Misr ausgerufen werden solle, dass kein Christ oder Jude in den Diensten eines Emir bleiben dürfe. Zugleich befahl er sämmtlichen Emiren, den christlichen Secretären, die sie in Diensten hätten, die Annahme des Islam vorzuschlagen, und denen, die ihn anzunehmen sich weigerten, den Kopf abzuschlagen, die aber, die sich zu ihm bekennen würden, im Dienste zu behalten; dem Statthalter befahl er, allen im Diwan des Sultans beschäftigten dasselbe zu eröffnen und mit ihnen auf gleiche Weise zu verfahren.

Man fing nun an, sie aufzusuchen, da sie sich versteckt hatten; das Volk zog
vor ihre Häuser und plünderte sie, sowohl die der Juden, als der Christen
insgesammt, führte die Weiber als Gefangene heraus und tödtete eine Menge
mit eigenen Händen. Da begab sich der Emir Statthalter Beider zum Sultan
wegen dieses Benehmens des Volkes und suchte ihn zu besänftigen, bis der
Präfect von Cahira umher ritt und ausrufen liess, wer das Haus eines Christen plündere, solle gehängt werden; er liess auch mehrere aus dem Volke
aufgreifen und nachdem sie ausgepeitscht waren, durch die Stadt führen.
Nun liessen sie von der Plünderung ab, nachdem sie die Kirche el-Mo'allaca
in Misr beraubt und aus ihr eine Menge umgebracht hatten. Hierauf versammelte der Statthalter viele von den christlichen Secretären des Sultans und der
Emire und liess sie vor dem Sultan in einiger Entfernung von ihm sich aufstellen; dieser befahl dem Schodschâ'i und dem Emir Dschendâr ¹), einige
Leute mit sich zu nehmen und nach dem Pferdemarkte unter dem Schlosse
hinunter zu gehen, dort eine grosse Grube zu graben, die anwesenden Secretäre hinein zu werfen und darüber von Holz ein Feuer anzuzünden. Da trat
der Emir Beider vor und verwandte sich für sie; er aber wollte von seiner
Verwendung nichts wissen und sagte: ich will in meinem Reiche keinen
christlichen Divan! Indess liess jener nicht ab, bis er seine Einwilligung
dazu gab, dass, wer zum Islam überträte, in seinem Dienste bleiben, wer sich
aber weigerte, geköpft werden solle. Nun führte er sie in das Haus der Statt-
halterschaft und sagte zu ihnen: o versammelte! mein Ansehn beim Sultan
hat in eurer Sache nur unter einer Bedingung etwas vermocht, die ist, dass,
wer seinen Glauben vorzieht, getödtet wird, und wer den Islam erwählt ein
Ehrenkleid erhält und im Amte bleibt. Da kam el-Makìn Ben el-Siçâi, einer
der Staatssecretäre, ihm zuvor und erwiederte ihm: o Herr! wer von uns wäre
wohl so hartnäckig, dass er den Tod dieser schmachvollen Religion vorzöge?
bei Gott! eine Religion, derentwegen wir getödtet werden, sterben und vernichtet werden, der hat Gott seinen Segen nicht verheissen, nennet nun die
Religion, die ihr wählet, damit wir sie annehmen. Da konnte Beider sich

---

1) Über die Functionen des Emir Dschendâr, welcher unter andern auch die Exe-
cutionen zu vollziehen hatte, vergl. Quatremère a. a. O. Tome I. part. 1. p. 14.

des Lachens nicht enthalten und sagte zu ihm: sollen wir etwa für dich eine andere Religion als den Islam wählen? Er antwortete: o Herr! wir wissen es nicht, bestimmt ihr, und wir wollen euch folgen. Nun wurden die Notare herbeigeholt, er liess sie das Islamitische Glaubensbekenntniss ablegen, worüber ihnen schriftliche Zeugnisse ausgefertigt wurden, mit denen er sich zum Sultan begab; dieser liess ihnen Ehrenkleider geben, worauf sie in die Sitzung des Wezir el-Sahib Schems ed-Din Muhammed Ben el-Sala'us gingen. Hier wandte sich einer aus dem Kreise [1]) an el-Makin Ben el Sicä'i, reichte ihm ein Blatt, worauf er schreiben sollte, und sagte: o Cadhi, unser Herr! schreibe auf dieses Blatt; da erwiederte er: o mein Sohn! ich kenne die Entscheidung dieses Falles nicht. Sie blieben in der Versammlung des Wezir bis zum Abend, dann kam der Pförtner zu ihnen und nahm sie mit in die Versammlung des Präfecten, bei dem sich die Cadhi's bereits versammelt hatten, in deren Gegenwart sie das Bekenntniss erneuerten. So wurden aus verachteten Leuten durch den Schein des Islams angesehene Männer, welche eine Verachtung gegen die Moslimen und ein herrschsüchtiges, ungerechtes Benehmen gegen sie annahmen, wie es selbst das Christenthum ihnen zu äussern verbot, und sie waren gerade so, wie Jemand an den Emir Statthalter Beider schrieb, indem er in Versen sagte:

P. 31. Die Ungläubigen haben durchs Schwerdt mit Gewalt den Islam bekannt,
     Und so bald sie frei waren, wurden sie ungläubig.
   Sie haben den Islam-bekannt aus Liebe zum Gelde und zur Ruhe,
     Nun sind sie frei, aber nicht Moslimen [2]).

Am Ende des Monats Redscheb im J. 700 kam der Wezir des Usurpators von Magrib [3]) nach Cahira, um die Wallfahrt zu machen, und fing

---

1) Die von Wetzer angemerkte Variante الفكرة ist auch die Lesart des Gothaer Codex; die Stelle ist mir nicht ganz klar.

2) Im Arabischen ein Wortspiel: sie sind sâlimuna, aber nicht moslimuna.

3) Man wird dies von dem Meriniden Abu Jacob Jusuf zu verstehen haben, dessen Vater dem Reiche der Muhadin ein Ende machte. Abulfeda, Annal. Tom. V. pag. 195 erwähnt eine Gesandtschaft dieses Fürsten nach Ägypten im J. 704, die hier nicht gemeint sein kann, weil der nachher genannte Cadhi Ibn Daqic el-'Id schon im J. 702 gestorben ist.

an, zu der Begleitung des Sultans und den Häusern der Emire umher zu
reiten; als er nun eines Tages auf dem Pferdemarkte unter dem Schlosse
war, sah er einen Mann zu Pferde mit einem weissen Turban und einem
prächtigen Mantel, eine Menge Menschen gingen an seiner Seite, die ihn
fragten, sich vor ihm beugten und seine Füsse küssten, während er sich von
ihnen abwandte, sie zurückdrängte und seinen Dienern zurief, dass sie sie
von ihm abhalten sollten. Da sprach einer von ihnen: o mein Herr Scheich!
beim Leben deiner kleinen Kinder! sieh auf unsere Lage. Dadurch wurde
indess sein Hochmuth und seine angenommene Gleichgültigkeit nur vermehrt.
Der Mauritaner hatte Mitleid mit ihnen und wollte eben, wegen ihrer Ange-
legenheit mit ihm reden, als man ihm sagte, dass jener noch dazu ein Christ
sei. Nun ward er zornig und es fehlte nicht viel, so hätte er ihn mit Gewalt
angefasst. Er wandte sich hierauf von ihm und begab sich aufs Schloss,
wo er mit dem Emir Sellâr, dem Statthalter des Sultans, und dem Emir Bibars el-Dschâschengîr (dem Vorschmecker [1]) eine Zusammenkunft hatte, in der
er ihnen erzählte, was er gesehen hatte, wobei er weinte aus Mitleid mit den
Moslimen über das harte Verfahren des Christen gegen sie. Er ermahnte
dann die Emire und warnte sie vor der Rache Gottes, und dass sie nicht
ihren Feind sollten über sich herschen lassen, dadurch dass sie den Christen
auf Pferden zu reiten gestatteten und die Moslimen ihrer Willkühr und Verachtung preis gäben, und dass es nöthig sei, sie in Unterwürfigkeit zu halten
und nach dem Schutzbriefe zu behandeln, welchen der Emir der Gläubigen
Omar Ben el-Chattâb ihnen ertheilt habe. Sie stimmten nun seiner Ansicht
bei und erliessen eine Aufforderung an die beiden Patriarchen der Christen
und an ihre Ältesten und den Richter der Juden; da versammelten sich die
Christen der Kirche el-Mo'allaca, die Christen des Maulthierklosters und andere und es kamen die Ältesten der Juden und Christen herbei; auch die
vier Cadhi's erschienen und stritten sich mit den Christen und Juden. Sie
unterwarfen sich nun den Bestimmungen des Omarischen Tractates und der
Patriarch der Christen verpflichtete seine Parthei, die Christen, blaue Turbane

---

1) Vergl. über diesen Titel und dieses Amt Quatremère a. a. O. Tome I. part. 1.
pag. 2.

zu tragen und einen Gürtel um die Hüften zu binden, untersagte ihnen auf Pferden und Maulthieren zu reiten, machte ihnen die Unterwürfigkeit zur Pflicht und verbot ihnen, was diesem auch nur in etwas entgegen wäre, und wer dem zuwider handle, solle vom Christenthume ausgeschlossen werden. Hierauf folgte ihm der Richter der Juden, indem er gegen jeden das Verdammungsurtheil aussprach, wer von den Juden dem, was in Betreff des Tragens der gelben Turbane und der Befolgung des Omarischen Tractates festgesetzt war, zuwider handeln würde. Dieser Beschluss wurde in einer Menge von Abschriften in die Provinzen geschickt. Der Mauritaner bestand nun zwar auf die Zerstörung der Kirchen, allein der Obercadhi Taki ed-Din Muhammed Ibn Daqîc el-'Id[1]) verweigerte ihm dazu die Erlaubniss und erliess eine schriftliche Bekanntmachung, dass nur diejenigen Kirchen, deren Bau erst von Neuem begonnen sei, zu zerstören erlaubt sei. Nun wurden viele Kirchen zu Cahira und Misr mehrere Tage lang geschlossen; einige angesehene Christen bemüheten sich um die Wiedereröffnung einer Kirche, bis er sie öffnen liess. Da stürzte das Volk herbei, machte dem Statthalter und den Emiren Vorstellungen und verlangte Hülfe, dass die Christen ohne Erlaubniss die Kirche geöffnet hätten und eine Menge unter ihnen zu stolz wären, um blaue Turbane zu tragen und viele von ihnen durch die Emire beschützt würden. Darauf wurde in Cahira und Misr ausgerufen, dass sämmtliche Christen blaue und sämmtliche Juden gelbe Turbane tragen sollten, und wer es nicht thäte, dessen Vermögen solle confiscirt werden; sie wurden insgesammt von dem Diwan des Sultans und den Büreau's der Emire ausgeschlossen, bis sie den Islam annähmen. Das gemeine Volk erhielt nun über sie die Oberhand und verfolgte sie, und wer ohne die ihm vorgeschriebene Kleidung erblickt wurde, den schlugen sie mit Schuhen und versetzten ihm Faustschläge in den Nacken, dass er fast zu Tode kam; wer an ihnen vorbei kam und ritt und bog seinen Fuss nicht einwärts[2]), den warfen sie von seinem Thiere und versetzten ihm schmerzhafte Schläge. Viele von ihnen hielten sich deshalb verborgen, und die Noth zwang

1) Über ihn vergl. m. Schrift über die Academien der Araber. Nr. 179.
2) Renaudot a. a. O. pag. 604: inverso utroque erure ad unum latus pendente, kann hier zur Erläuterung dienen.

eine Anzahl der Angesehensten von ihnen, den Islam anzunehmen, weil sie sich schämten, das Blau zu tragen und auf Eseln zu reiten. Die gleichzeitigen Dichter erwähnen häufig die veränderte Kleidung der Schutzgenossen, so sagt 'Alâ ed- P. 32. Dîn Ali Ben el-Modhaffer el-Medâ'i [1]:

> Gezwungen sind die Ungläubigen schlechte Mützen zu tragen,
> welche durch Gottes Fluch ihre Verwirrung noch vermehren.
> Da sprach ich zu ihnen: man hat euch nicht Turbane aufgesetzt,
> sondern man hat euch alte Schuhe aufgesetzt.

Und Schems ed-Din el-Teibi sagt:

> Man staunte über die Christen und Juden zugleich,
> und über die Samariter, als sie als Turbane Lappen umbanden.
> Als wenn über Nacht von verschiedenen Farben sich entleerend
> der Adler des Himmels am Morgen über sie Unrath gemacht hätte.

Nun schickte der König von Barcelona im J. 703 kostbare Geschenke, mehr als gewöhnlich geschah, welche er allen Grossen des Reiches unter den Emiren zutheilen liess, ausser dem, was der Sultan für sich erhielt; zugleich bat er in einem Schreiben, dass die Kirchen geöffnet werden möchten; desshalb kam man überein, die Kirche auf der Strasse Zoweila für die Jacobiten und die Kirche el-Bondocânijjîn zu Cahira zu öffnen.

Als es dann Freitag war, den 9. Rebi' I. 721, wurden die Kirchen in Ägyptenland zu einer Zeit zerstört, wie in der Geschichte der Kirche el-Zohri wird erzählt werden [2]. — Im J. 755 wurde eine Verordnung erlassen, dass alle Legate der Kirchen an Ländereien in Ägypten aufgezeichnet werden sollten, da fanden sich über 1025 Feddân. Der Grund der Untersuchung hierüber war der Hochmuth der Christen und ihr Bestreben den Moslimen Böses und Schaden zuzufügen unter dem Schutze, den ihnen die Emire des

---

1) Silv. de Sacy, Chrestom. ar. 2. Edit. Tome I. 'p. 145. theilt die nachstehenden Verse aus Sojuti mit, in dessen Geschichte von Ägypten sie in dem Capitel über die merkwürdigen Ereignisse vorkommen. Anstatt براقيشا, was mir nicht recht zu passen scheint, hat die Gothaer und Göttinger Handschrift des Sojuti und der Gothaer Codex des Macrizi براضيشا, ein mir unbekanntes, aber vielleicht richtiges Wort.

2) Vergl. unten Cap. 8. Nr. 15.

Reiches gewährten, ferner ihre Prahlerei mit kostbaren Kleidern, die sie für theure Preise kauften, das Übermaas im Essen und Trinken und ihre alle Gränzen überschreitende Kühnheit und Anmassung, so dass einst einer der christlichen Secretäre an der Moschee el-Azher in Cahira vorbei ritt, mit Stiefeln und Sporen, und weissen leinen Binden[1] nach Alexandrinischer Weise um den Kopf, vor ihm gingen Abhalter, welche die Leute zurückhielten, dass sie ihn nicht drängten, und hinter ihm folgten eine Anzahl Sclaven in kostbaren Kleidern auf muntern Rossen. Dies ärgerte einen Haufen von Moslimen, sie griffen ihn an, warfen ihn von seinem Pferde und wollten ihn tödten, es hatte sich schon eine grosse Menge versammelt, dann liessen sie ihn zwar wieder frei, doch besprachen sich viele über die Sache der Christen und ihre Verpflichtungen mit dem Emir Tâz, welcher ihnen eine Genugthuung von jenen versprach. Sie reichten nun eine Schrift über die Klagen der Moslimen ein, welche in Gegenwart der Emire, Cadhi's und übrigen Regierungs-Beamten dem Sultan el-Melik el-Sâlih Sâlih vorgelesen wurde, worin die Beschwerde über die Christen enthalten war und dass ihnen eine Versammlung angekündigt werden möchte, damit sie sich zu den ihnen gemachten Bedingungen verpflichteten. Es wurde nun verordnet, dass der Patriarch der Christen und die vornehmsten Anhänger seiner Religion, so wie der Juden-Älteste und ihre angesehensten sich versammeln sollten, und nachdem auch die Cadhi's und Emire vor dem Sultan erschienen waren, las der Cadhi Geheimsecretär 'Ala ed-Din Ali Ben Fadhlallah den Tractat vor, welcher zwi-

---

1) Wetzer Nr. 161. giebt den Text بغيار طرح سكندرى und übersetzt: et signo illo tiarae suae, quo Christianus distinguebatur, ex panno (?) Alexandrino instructus; غيار ist aber der Flicken, welchen die Juden auf den Mantel heften mussten, vergl. de Sacy, Chrest. ar. Tome I. p. 146; auch hat sich dieser Secretär über die gegebenen Verordnungen hinweggesetzt und bedient sich des Pferdes, wird also nicht die verächtliche Kleidung tragen. Als Variante hat Wetzer بقيار angemerkt, was indess nichts bedeutet. Der Gothaer Codex hat بقبا, allein قباء die tunica passt wieder nicht als Kopfbedeckung على راس, ich vermuthe deshalb, dass die beiden ersten Buchstaben von طرح doppelt zu lesen sind بقباطر طرح und قباطر plur. von قبطرية sei, oder Marizi hat قبطى geschrieben; vergl. Meninski, Lexic. unter قبطى.

schen den Moslimen und den Schutzgenossen festgestellt war und welche diese
ihnen mitgetheilt hatten, bis er damit zu Ende war. Alle Anwesende bekannten sich zu dem Inhalte des Tractates und bestätigten ihn. Nun wurden
ihnen die Thaten vorgezählt, die sie früher und jetzt begangen, und dass
sie, kaum ein wenig davon umgekehrt, bald wieder zu ihnen zurückkehren
würden, wie sie es in früheren Zeiten öfters gethan hätten. Deshalb wurde
beschlossen, dass sie von jeglichem Dienste im Diwan des Sultans und den
Büreau's der Emire ausgeschlossen werden sollten, selbst wenn sie zum Islam
überträten, und dass keiner von ihnen gegen seinen Willen zur Annahme
des Islam gezwungen werden solle. Dieser Beschluss wurde auch den Provinzen mitgetheilt.

Nun erhielt das Volk über sie die Oberhand, folgte ihren Spuren, ergriff sie auf den Strassen, riss ihnen die Kleider ab, versetzte ihnen empfind-
liche Schläge und liess sie nicht los, bis sie den Islam bekannten; sie fingen
sogar an, Feuer anzuzünden, um sie hineinzuwerfen. Deshalb hielten sie sich
in ihren Häusern verborgen und wagten nicht unter die Leute zu gehen. P. 33
Als nun gar bekannt gemacht war, dass niemand sie in ihren Misshandlun-
gen hindern solle, fing das Volk an, sie in ihre Verstecke zu verfolgen, und
diejenigen ihrer Häuser, welche sie höher gebaut hatten, als die Wohnungen
der Moslimen, zerstörten sie. Die Lage der Christen in ihrer Verborgenheit
war sehr drückend, so dass sie für einige Zeit ganz von der Strasse ver-
schwanden und weder von ihnen, noch von den Juden einer sich sehen liess.
Da reichten die Moslimen eine Schrift ein, welche am 14. Redscheb des Jahres in dem Gerichtshause verlesen wurde, des Inhalts, dass die Christen den
Wiederaufbau ihrer Kirchen wieder beginnen und sie erweitern sollten. Kaum
war dies geschehen, als ein grosser Haufen sich bei dem Schlosse versammelte
und den Schutz des Sultans gegen die Christen anrief. Dieser befahl dem
Präfecten von Cahira hinzureiten und die Sache genauer zu untersuchen;
aber das Volk zögerte nicht, sondern schritt schnell vorwärts und zerstörte eine
Kirche in der Nähe der Löwenbrücke [1]), eine Kirche an der Strasse el - Asra

---

1) Löwenbrücke ist der spätere Name für die rothe Strasse الحمرا zwischen Cahira
und Misr. Vergl. unten Cap. 8. Nr. 14.

von Misr, die Kirche der Fahhâdîn innerhalb Cahira, das Kloster von Nehjâ [1])
bei el-Dschîze und eine Kirche in der Gegend von Bulac el-Tokruri [2]), sie
plünderten die bedeutenden Vorräthe der von ihnen zerstörten Örter und
nahmen selbst das Holzwerk und Marmorplatten mit; sie überfielen die Kirchen
in Misr und Cahira, und es fehlte nur noch, dass sie auch die Kirche el-
Bondocânijjîn in Cahira zerstörten; der Präfect erschien aber zu Pferde und
hielt sie davon ab, doch das Volk war so hartnäckig, dass die Richter es nicht
zurückzuhalten vermochten.   In allen Provinzen von Ägypten und Syrien war
der Befehl erlassen, dass kein Jude oder Christ in Dienst genommen werden
solle, auch wenn er den Islam annähme, und dass, wer von ihnen den Islam
annähme, nicht in seine Wohnung zurückkehren, noch mit seiner Familie
verkehren solle, ausser wenn auch sie den Islam bekenne, und dass, wer von
ihnen den Islam annähme, zum Besuch der Bethäuser und Moscheen angehal-
ten werden solle, um bei den fünf täglichen Gebeten und dem Freitags-Got-
tesdienste zugegen zu sein; wenn jemand von den Schutzgenossen stürbe,
sollten die Moslimen die Vertheilung seines Nachlasses an seine Erben besor-
gen, wenn er Erben hätte, wenn nicht, so sollte er dem Fiscus zufallen. Der
Patriarch erhielt den Auftrag und erliess darüber eine Verordnung, welche
den Emiren vorgelesen wurde, worauf der Pförtner damit fortging und sie
am Freitag den 26. Dschomada II. in den Moscheen von Cahira und Misr
vorlas; da war es ein Festtag. — Hierauf wurde am Ende des Monats
Redscheb aus der Kirche von Schobra, nachdem sie zerstört war, der Finger
des Märtyrers in einer Schachtel, welcher in den Nil geworfen zu werden
pflegte, damit er wüchse, wie sie behaupteten, herbeigebracht und vor den
Augen des Sultans auf der Rennbahn bei dem Bergschlosse verbrannt und
die Asche in den Fluss geworfen aus Besorgniss, dass die Christen sie weg-
nähmen.   Dann wurde die Nachricht gebracht, dass viele Christen, welche
in el-Saïd (Oberägypten) und der nördlichen Gegend wohnten, zum Islam
übergetreten seien und den Coran lernten, dass die meisten Kirchen von el-
Saîd zerstört und Moscheen davon gebaut würden und in der Stadt Caljub

---

1) Vergl. unten Cap. 7. Nr. 25.
2) Vergl. de Sacy, Chrestom. arabe Tome 1. pag. 504.

an einem Tage 450 Christen den Islam angenommen hätten. Ebenso ging
es mit den Uferbewohnern durch List und Trug, bis sie Anstellungen erhielten und sich mit Mosliminnen verheiratheten, wodurch ihre Absicht vollständig erreicht und die Geschlechter vermischt wurden, so dass die meisten
Menschen jetzt zu ihren Nachkommen gehören. Ihr wahres Verhältniss ist
aber dem nicht verborgen, dessen Herz Gott erleuchtet, denn aus ihrem schänd-
lichen Betragen, wenn sie gegen den Islam und seine Bekenner Gewalt üben
können, blickt das durch, woran der Einsichtsvolle ihren schlechten Grundcharacter und die alte Feindschaft ihrer Vorfahren gegen die Religion und
ihre Anhänger erkennt [1]).

5. Cap. Über die Sekten der Christen.

Die Christen theilen sich in mehrere Sekten: Melikiten, Nestorianer, Jacobiten, Berde'ânier, Merculianer, dies sind die Edessener, welche in der Gegend von Harrân waren, und andere. Einige von diesen
folgen der Lehre der Harrânier, andere vertheidigen die Lehre von Licht und
Finsterniss und vom Dualismus; diese alle aber bekennen sich zu der Offen-
barung des Messias. Einige glauben auch an die Lehre des Aristoteles.

Die Melikiten, Jacobiten und Nestorianer stimmen nun darin überein,
dass die von ihnen verehrte Gottheit aus drei Personen bestehe, diese drei
Personen aber ein Wesen ausmachen, und dies ist die ewige Substanz; dies
bedeutet: Vater, Sohn und heil. Geist, ein Gott; dass der Sohn vom Himmel
herabgekommen sei, dann einen Körper von der Maria angenommen und sich
den Menschen offenbaret habe, Todte erweckt, Kranke geheilt und prophezeit
habe, dann getödtet und gekreuzigt, am dritten Tage aus dem Grabe hervor-

---

1) Diese von Wetzer ganz verfehlte Stelle hat de Sacy im Journal des Sav.
1831 p. 504 berichtigt; für Wetzer's سوء ضلالهم schreibt er سوء ضلالهم leur étrange
égarement, mit der Bemerkung: au lieu de ضلالهم, leur égarement, je soupçonne
que Makrizi a écrit جهالهم, leur folie. Diese Conjectur hat für mich wenig em-
pfehlendes und ich glaube das in dem Gothaer Codex eng zusammen geschriebene
سوءاصلهم besser in سوء اصلهم aufgelöset zu haben, mag man dies nun "ihren schlechten Grundcharacter," oder "ihre schlechte Abstammung" übersetzen.

gegangen und mehreren seiner Anhänger erschienen sei, die ihn in Wahrheit erkannten, dann gen Himmel aufgestiegen sei, wo er zur Rechten seines Vaters sitze. Dies ist das Glaubensbekenntniss, worin sie übereinstimmen, aber in der Auslegung desselben weichen sie von einander ab. Einige nämlich behaupten, der Ewige sei eine Substanz, in der sich drei Personen vereinigten, von denen jede Person eine besondere Substanz sei, eine von diesen Personen sei Vater, eine [un-] gezeugt und die dritte ein ausgegossener Geist, zwischen dem Vater und dem Sohne sich verbreitend; der Sohn sei von Ewigkeit vom Vater gezeugt und der Vater sei von Ewigkeit Urheber des Sohnes, aber nicht nach Art der ehelichen Verbindung und Abstammung, sondern in der Weise, wie das Licht der Sonne aus den Substanzen der Sonne und die Wärme des Feuers aus den Substanzen des Feuers hervorgebracht werde.

Andere behaupten, der Ausdruck „die Gottheit besteht aus drei Personen" bedeute, sie sei ein Wesen mit Leben und Vernunft begabt; das Leben sei der heil. Geist und die Vernunft sei die Kenntniss, die Weisheit und das Wort; und die Vernunft, d. i. die Kenntniss, die Weisheit und das Wort, sei eine Erklärung von dem Sohne, sowie man sage die Sonne und ihr Licht und ihre Wärme, dies sei eine Erklärung von drei Dingen, die auf einen Ursprung zurückkämen. — Andere geben vor, sie könnten die Gottheit nicht handelnd, weise denken, ohne sie lebend, vernünftig zu denken; unter einem vernünftigen verstehen sie einen wissenden, unterscheidenden, nicht einen, der in zusammenhängender Rede spricht, und lebend heisst bei ihnen der, welcher Leben hat, wodurch er lebt, und wissend der, welcher Wissenschaft hat, wodurch er wissend ist. Sie sagen: Also sind sein Wesen, seine Weisheit und sein Leben drei Dinge, aber der Ursprung einer; nämlich das Wesen ist die Ursache von zweien, diese sind Weisheit und Leben, und die zwei sind durch die Ursache verursacht.

Andere gebrauchen bei der Definition des Ewigen den Ausdruck „Ursache und Verursachtes" nicht, sondern sagen: Vater, Sohn, Erzeuger, Geist, Leben, Kenntniss oder Weisheit und Vernunft. Sie sagen: Der Sohn nahm einen geschaffenen Menschen an, da wurde er und was er angenommen hatte ein Messias und der Messias ist der Gott der Verehrer und ihr Herr. Nun sind sie wieder verschiedener Meinung über die Definition des „Annehmens", einige behaupten, dass zwischen der göttlichen und menschlichen Substanz eine Vereinigung stattgefunden habe, woraus ein Messias geworden, durch die Vereinigung sei aber keiner von beiden aus seinem Wesen und Element herausgetreten und der Messias sei die zu verehrende Gottheit, er sei der Sohn der Maria, den sie empfangen und geboren habe, und er sei gestorben und gekreuzigt; andere behaupten, der Messias habe nach der Vereinigung aus zwei Wesen, einem göttlichen, und einem menschlichen, bestanden, der Tod und die Kreuzigung sei ihm von Seiten seiner Menschlichkeit widerfahren, nicht von Seiten seiner Göttlichkeit, und Maria habe den Messias empfangen und geboren von Seiten seiner Menschlichkeit; dies ist die Meinung der Nestorianer. Dann sagen sie, der Messias in seiner Vollkommenheit sei eine zu verehrende Gottheit und er sei der Sohn Gottes. Gelobt sei Gott, wegen ihrer Meinung! — Andere behaupten, die Vereinigung habe zwischen zwei Wesen stattgefunden, einem göttlichen und einem menschlichen; das Wesen des Göttlichen sei aber einfach, ungetrennt und ungetheilt. Andere nehmen an, die Vereinigung sei auf die Weise erfolgt, dass der Sohn sich in den Körper hinein begeben und sich mit ihm vermischt habe. Andere behaupten, dass die Vereinigung nach Art der Sichtbarwerdung stattgefunden habe, wie die Schrift eines Siegels oder einer Münze sichtbar werde, wenn sie auf Thon oder Wachs abgedrückt wird und wie das Bild des Mannes in der Frau sich darstelle. Und andere verschiedene Ansichten, wie man bei anderen nichts ähnliches findet, so dass man kaum zwei unter ihnen antrifft, die einerlei Meinung wären.

Die Melikiten haben ihren Namen von dem Herrscher (Melik) von Griechenland und sie sagen, Gott sei ein Name für drei Wesen und er sei eins in Dreien und dreieinig.

Die Jacobiten sagen: er ist einer, ewig, er war weder Körper, noch Mensch, dann verkörperte er sich und wurde Mensch.

Die Culiten sagen: Gott ist einer und seine Weisheit ausser ihm, ewig mit ihm, der Messias ist der Sohn durch die Gnade, sowie Abraham der Freund Gottes genannt wird.

Die Merculiten behaupten, der Messias sei der, welcher sie alle Tage und Nächte umgäbe.

Die Berde'ânier behaupten, der Messias sei der, welcher die Todten aus ihren Gräbern erwecke und Rechenschaft von ihnen fordere.

6. Cap. Von den Gebräuchen der Christen.

Es ist bei ihnen Gesetz, dass schon die Kinder ins Christenthum aufgenommen werden, und dies geschieht dadurch, dass sie den Neugebornen in Wasser tauchen, welches mit duftenden Kräutern und verschiedenen wohlriechenden Sachen in einem neuen Gefässe gekocht ist; sie lesen über ihm etwas aus ihrer Bibel und behaupten, dass alsdann auf ihn der heil. Geist herabkomme; sie nennen diese Handlung die Taufe. Ihre Reinigung besteht nur im Waschen des Gesichtes und der Hände. Die Beschneidung ist bei ihnen nur unter den Jacobiten Gebrauch. Sie haben sieben Gebete, bei denen sie sich gegen Osten wenden; sie wallfahrten nach Jerusalem und ihre Almosen bestehen in dem Zehnten von ihrem Vermögen. Ihr Fasten dauert funfzig Tage und der zwei und vierzigste davon ist das Fest Palmarum, welches der Tag ist, an dem der Messias von dem Berge herabstieg und in Jerusalem einzog. Vier Tage nachher ist das Pascha Fest, dies ist der Tag, an welchem Moses und sein Volk aus Ägypten auszog. Drei Tage darauf ist das Fest der Auferstehung, dies ist der Tag, an welchem nach ihrer Behauptung der Messias aus dem Grabe hervorging. Acht Tage nach diesem ist das Fest der Erneuerung, dies ist der Tag, an welchem der Messias seinen Jüngern erschien, nachdem er aus dem Grabe hervorgegangen war. Acht (lies zwei) und dreissig Tage nachher ist das Fest der Himmelfahrt, dies ist der Tag, an welchem der Messias zum Himmel aufstieg. Sie haben auch ein Fest des Kreuzes, dies ist der Tag, an welchem das Holz des Kreuzes gefunden wurde; sie behaupten, dass es auf einen Todten gelegt sei, worauf er wieder ins Leben kam. Sie haben auch ein Fest der Geburt und das Fest der Erscheinung.

Sie feiern das Abendmahl und haben Priester; nämlich der Diaconus, über ihm steht der Presbyter, über dem Presbyter der Bischof, über dem Bischof der Metropolitan, und über dem Metropolitan der Patriarch. Der Wein ist bei ihnen verboten und das Essen von Fleisch und der eheliche Umgang ist ihnen während des Fastens nicht erlaubt. Alles, was auf dem

Markte verkauft wird und ihnen selbst nicht zuwider ist, darf gegessen werden. Die Ehe kann nicht gültig geschlossen werden, ausser in Gegenwart eines Diaconus, Presbyters und Zeugen und mit einer Mitgift; über die Frauen
gelten (in Bezug auf die Verwandtschaftsgrade) dieselben Verbote, wie bei
den Moslimen. Die Ehe mit zwei Frauen ist eben sowohl verboten, als eine
Magd als Concubine zu haben, ausser wenn sie freigelassen und die Ehe mit
ihr eingegangen wird. Wenn der Sklav sieben Jahre dient, wird er frei.
Es ist nicht erlaubt, sich von einer Frau zu scheiden, ausser wenn sie des
Ehebruchs überwiesen ist, dann wird sie entlassen und darf sich nie wieder
verheirathen. Die Strafe für einen Verheiratheten, wenn er Buhlerei treibt,
ist die Steinigung; ein Unverheiratheter muss, wenn er Buhlerei treibt und
die Frau von ihm schwanger wird, sie heirathen. Wer vorsetzlich tödtet,
wird wieder getödtet, und wer aus Versehen tödtet, ergreift die Flucht und
darf nicht verfolgt werden. Die meisten ihrer Gesetze sind aus dem Pentateuch genommen. Wer Sodomiterei treibt, oder falsch Zeugniss gibt, oder
dem Spiele, der Buhlerei oder der Trunkenheit ergeben ist, wird von ihnen
ausgestossen.

7. Cap. Von den Klöstern der Christen. P. 36.

Ibn Sîda sagt: el-Deir Kloster ist eine Herberge, Chân, der Christen,
im Plural Adjâr [1]); der Vorsteher desselben heisst Dajjâr oder Deirâni.
Ich bemerke: el-Deir ist bei den Christen der besondere Aufenthaltsort für
die Mönche und el-Kenisa Kirche ist bei ihnen der Versammlungsort des
Volkes zum Gebete.

1. el-Kellâja [2]) die Celle in Misr. Diese Kellâja liegt an der Seite
der Mo'allaca [3]) auf der Casr el-Schem' [4]) in der Stadt Misr und ist der

---

1) Zwei andere Pluralformen, welche Macrizi sehr häufig gebraucht, ديارات dijârât
und اديرة adjiret, fehlen in den Wörterbüchern.

2) Aus dem Griechischen κελλίον cellula gebildet; gewöhnlich ist die Form قليّة
kellija.

3) de Sacy zu Abdallatif, relation de l'Egypte, pag. 482 erklärt den Namen: Moal-
laca tout bâtiment qui est élevé sur des arcades.

4) d. i. Lichterschloss, so hiess ein Theil von el-Fostât, weil hier vor der

Versammlungsort alter Mönche und gelehrter Christen, bei denen hier die Klosterregel eingeführt ist.

2. Das Kloster von Tora [1]) ist bekannt als Kloster des Abu Dschordsch und liegt am Ufer des Nil. Dieser Abu Dschordsch ist Dschordschus (Georgius) und gehört zu denen, welche der Kaiser Diocletianus foltern liess, damit er vom Christenthume wieder abfiele; da aber mannigfaltige Strafen, wie Geisseln und Brennen mit Feuer, ihn nicht zur Umkehr bewogen, wurde ihm mit dem Schwerdte der Kopf abgeschlagen am 3. Tischrin oder 7. Bâbeh.

3. Das Kloster von Scha'rân. Dieses Kloster liegt an der Gränze des Gebietes von Tora und ist von Quader- und Backsteinen erbaut; es gibt hier Palmen und eine Anzahl Mönche befindet sich hier. Es wird auch das Kloster des Schahrân genannt und Schahrân soll einer von den gelehrten Christen oder ein König gewesen sein. Vor Alters war dieses Kloster unter dem Namen des Mercurius bekannt, welcher auch Mercura oder Abu Mercura genannt wird; hernach, als Bersuma Ben el-Tabân [2]) dasselbe bewohnte, hiess es das Kloster Bersuma's. Es wird hier ein Fest begangen am fünften Freitage nach dem grossen Fasten, zu welchem der Patriarch und die vornehmsten Christen sich versammeln und wobei sie grosse Summen aufwenden. Jener Mercurius gehört zu denen, welche Diocletian umbringen liess am 19. Tammuz oder 25. Abîb; er war Soldat [3]).

Eroberung Ägyptens durch die Araber eine Burg dieses Namens gestanden hatte, von welcher noch lange nach der Erbauung von el-Fostât Ruinen übrig waren.

1) Tora ist eine Stadt im Districte von Itffh.

2) Herbelot, orient. Bibl. Art. Barsuma, schreibt Ebn Tabban, Quatremère, recherches. T. II. pag. 500 fils de Kaban بن القبان; gemeint ist Bersuma mit dem Beinamen العريان el-'Orjân d. i. nudus, welcher, nachdem er zwanzig Jahre in der Kirche des heil. Mercurius zu Cahira als Mönch gelebt hatte, von dem Muhammedanischen Fürsten ins Gefängniss geworfen, jedoch nach sieben Tagen befreit wurde, worauf er sich in das Kloster von Schahrân begab, welches eine Tagreise von Cahira nach Theben zu liegt, wo er am 27. August 1317 n. Chr. gestorben ist. Assemani Bibl. orient. Tom. II. p. 10. Daher دير برسوم العريان Descript. de l'Eg. pag. 813.

3) Über das Martyrium des Mercurius vergl. Renaudot. S. 19.

4. **Das Kloster der Apostel.** Dieses Kloster liegt am Ausgange des Gebietes von el-Soff und el-Wedi [1]) und ist ein altes, nettes Kloster.

5. **Das Kloster des Petrus und Paulus.** Dieses Kloster liegt vor Itfih gegen Süden und ist ein nettes Kloster, hier ist ein Fest am 5. Abîb; es ist unter dem Namen des Klosters von el-Casria bekannt. Jener Petrus ist der älteste der Apostel, der Jünger Jesu; er war ein Lederhändler oder ein Fischer und wurde von dem Kaiser Nero am 29. Hazîrân oder 5. Abîb zum Tode verurtheilt; und Paulus war ein Jude, er nahm aber nach der Himmelfahrt des Messias das Christenthum an und forderte zu seiner Religion auf, da tödtete ihn der Kaiser Nero ein Jahr nach der Ermordung des Petrus.

6. **Das Kloster von el-Dschommeiza** [2]) ist auch bekannt, als das Kloster el-Dschûd und die Schiffer nennen den Ort Dschazâir el-deir die Klosterinseln [3]), el-Meimun [4]) gegenüber und westlich von dem Kloster von el-'Araba; es ist auf den Namen des Antonius erbaut, welcher auch Antona genannt wird; er stammte aus Camen [4]) und als die Tage des Diocletianus zu Ende und das Märtyrerthum vorüber war, wollte er an die Stelle desselben einen Gottesdienst treten lassen, welcher zu einem gleichen oder ähnlichen Lohne führte. Er weihte sich also dem Dienste Gottes und war der erste, welcher unter den Christen das Mönchsthum einführte an die Stelle des Märtyrerthums; er fastete vierzig Tage und Nächte ohne Speise und Trank zu nehmen, wobei er noch die Nächte durchwachte, und er that dies in dem grossen Fasten jedes Jahr.

7. **Das Kloster von el-'Araba** [5]). Zu diesem Kloster gelangt man im östlichen Gebirge nach drei Tagereisen zu Cameelen; zwischen ihm und dem Meere von el-Culzum (rothen Meere) ist eine volle Tagereise; in ihm werden

---

1) Zwei Örter in der Provinz Itfih.

2) Es gibt zwei Örter dieses Namens in der Provinz Itfih, durch den Beisatz el-kobra der grössere und el-sogra der kleinere unterschieden.

3) de Sacy zu Abdallatif pag. 678 hat جزائر الديم Dschazâir el-deira.

4) el-Meimun und Camen zwei Örter im Gebiete von Busîr in der Provinz el-Dschîze.

5) Wâdi-1-'Araba ist der Name einer Gegend, welche sich vom Meerbusen von Suez landeinwärts erstreckt.

fast alle Arten von Früchten gebaut und es hat drei Quellen fliessenden Was-
P.37.sers. Es wurde von dem vorhin erwähnten Antonius erbaut, und die Mönche
dieses Klosters fasten ihre ganze Lebenszeit, indess dauert ihr Fasten nur bis
zur Abenddämmerung, wo sie dann Speise zu sich nehmen, ausser in dem
grossen Fasten und den Bermûlât, wo ihr Fasten bis zum Aufgange der
Sterne dauert. el-Bermûlât bedeutet in ihrer Sprache das Fasten auf
diese Weise [1]).

8. Das Kloster des Anba Paula, auch das Kloster der Söhne Paulus
oder das Kloster von el-Namûre genannt. Dieses Kloster liegt in dem
Landstriche westlich von el-Tur (Sinai) bei einer Wasserquelle, wo die Reisenden Halt machen. Es ist bei ihnen die Sage, dass Mirjam, die Schwester
Moses, als dieser mit den Israëliten in der Gegend von el-Culzum sich la-
gerte, in dieser Quelle sich gereinigt habe. Dieser Anba Paula war aus
Alexandrien und sein Vater hinterliess bei seinem Tode ihm und seinem Bruder ein grosses Vermögen; als nun sein Bruder darüber Streit anfing, ging
er aus Ärger über ihn davon. Da sah er einen Todten, der begraben werden
sollte, dies brachte ihn zur Besinnung und er ging in ernstes Nachdenken versunken vorüber und durchzog das Land, bis er sich bei dieser Quelle niederliess; hier blieb er und Gott gab ihm seinen Unterhalt. Da kam Antonius bei ihm vorüber und blieb bei ihm, bis er starb, und baute dieses

---

1) Wegen der Erklärung dieses Wortes erhielt ich durch Herrn Prof. Fleischer
folgende Mittheilung des Herrn Prof. Seyffarth: Ein coptisches Wort brmu-
lat in der Bedeutung Fasten, strenges Fasten, kommt, so viel ich weiss,
nicht weiter vor. Man könnte $\pi\iota$-$\varepsilon\varrho$-$\mu o\upsilon\varrho$ ($\mu o\upsilon\lambda$)-$\varepsilon\zeta o\upsilon\nu$ agere jejunium (quadra-
gesimale) vergleichen; allein $\mu o\upsilon\varrho$ bedeutet ligare, cingere und kommt ohne $\varepsilon\zeta o\upsilon\nu$
intus nicht in der Bedeutung jejunare vor. Noch ferner liegt ⲙⲟⲩⲗⲁ (mulz)
amplecti, implicare se, welchem schwerlich die Bedeutung jejunare, precari un-
tergelegt werden kann. — Hr. Prof. Fleischer bemerkt hierzu: Es kommt
mir vor, als ob das $\pi\iota$-$\varepsilon\varrho$-$\mu o\upsilon\varrho$-$\varepsilon\zeta o\upsilon\nu$ doch nicht so weit von برمولت abläge,
als Hr. Prof. Seyffarth zu glauben scheint. Denn die Verwechslung von r und
l will nichts sagen, und dass die Araber, oder meinethalben die Copten selbst,
sich das Wort durch Weglassung des $\varepsilon\zeta o\upsilon\nu$ mundrecht gemacht haben, kann
auch nicht befremden.

Kloster über seinem Grabe. Zwischen diesem Kloster und dem Meere sind drei Stunden; es hat einen Garten, worin Palmen und Wein und ebenfalls eine Quelle fliessenden Wassers.

9. Das Kloster von el-Coseir. Abul-Hasan Ali Ben Muhammed el-Schâboschti[1]) sagt in seinem Buche über die Klöster: Dieses Kloster liegt oben im Gebirge in einer Ebene auf der Spitze desselben und ist ein Kloster von schöner, solider Bauart, in angenehmer Einsamkeit; es wird von Mönchen bewohnt und hat einen in den Felsen eingehauenen Brunnen, aus welchem für es das Wasser geholt wird. In dem Tempel ist das Bild der Maria auf einer Tafel, und die Leute besuchen den Ort, um dieses Bild zu sehen. In dem oberen Theile ist ein Saal, welchen Abul-Dscheisch Chomâraweih Ibn Tulun erbaute, mit vier Fenstern nach vier Seiten; er besuchte dieses Kloster oft, indem er das darin befindliche Bild bewunderte, weil er es so schön fand und nach der Anschauung desselben durstete. Der Weg zu diesem Kloster ist von Misr her sehr beschwerlich, dagegen ist er von Süden her bequem hinauf und hinab zu steigen; zur Seite liegt eine Einsiedelei, welche von dem darin wohnenden Einsiedler nicht verlassen wird. Das Kloster ragt über dem Dorfe Schahrân und über der Ebene und dem Nil empor; jenes ist ein grosses, volkreiches Dorf am Ufer des Flusses, man sagt, dass Moses darin geboren und dort von seiner Mutter in einem Kasten ins Wasser gesetzt sei; es gibt aber auch ein Kloster, welches Kloster von Schahrân genannt wird. Dieses Kloster von el-Coseir ist eins von den besuchten Klöstern und einer der beliebten Vergnügungsörter wegen seiner schönen Lage. und weil es über Misr und sein Gebiet emporragt. — Ibn Abd el-Hakem[2])

------

1) Dieser el-Schâboschti war ein vorzüglicher Philolog in den Diensten des ägyptischen Fürsten el-'Azîz Ben el-'Mo'izz, welcher ihn zu seinem Bibliothekar und Vorleser ernannte; er starb im J. 388 oder 390 d. H. Ausser anderen philologischen Werken schrieb er eine Geschichte der Klöster in 'Irâc, Mosul, Syrien, Mesopotamien und Ägypten, welche el-Macrizi benutzte. Vergl. Ibn Challikân, vit. Nr. 456. Hadschi Chalfa, lex. bibliogr. Nr. 5145.

2) Abul-Câsim Abd el-Rahman Ben Abdallah Ibn Abd el-Hakem el-Misrî, ein in den Traditionen und der Geschichte bewanderter Gelehrter von der Sekte der Malikiten, starb im J. 257. Ibn Challik. vit. Nr. 322. Das genannte Werk

sagt in dem Buche der Eroberungen Ägyptens: Man ist über el-Coseir verschiedener Meinung; nach Ibn Lahi'a ist es nicht das Schloss Musa's (Moses) des Propheten, sondern Musa's des Zauberers; dagegen überliefert el Mufaddhel Ben Fedhâla [1]) von seinem Vater, welcher sagt: wir kamen zu Ka'b el-Ahbâr [2]), da fragte er uns: woher seid ihr? wir erwiederten: aus Ägypten. Er sprach: was sagt ihr über el-Coseir? wir antworteten: es ist das Schloss Moses. Da entgegnete er: es ist nicht das Schloss Moses, sondern das Schloss des 'Azîz [3]) von Ägypten, welcher, wenn der Nil wuchs, sich an diesen hochgelegenen Ort begab, und darum ist der Ort von dem Berge bis zum Flusse heilig. Andere hingegen sagen: dort wurde für den Pharao ein Feuer angezündet, wenn er von Menf (Memphis) nach 'Ain-Schems (Heliopolis) reiste, und auf dem Mocattem war ein zweites Feuer; wenn nun die Leute das Feuer sahen, wussten sie, dass er auf der Reise war, und hielten das, was er verlangte in Bereitschaft; und ebenso, wenn er die Rückreise von 'Ain-Schems machte [4]). Gott weiss es am besten! Wie schön sagt Koschâdhim [5]):

---

ist eine Hauptquelle, aus welcher Macrizi und Sojuti für die Geschichte von Ägypten schöpften.

1) el-Mofaddhel Ben Fedhâla Ben 'Obeid Abu Mo'âwija el-Ro'eini war Cadhi von Misr und starb im J. 181. Tabacât el-Hoff. Class. VI, 8. Nawawi, biogr. diction. pag. 501.

2) Abu Ishâc Ka'b Ben Mâti' el-Himjari, mit dem Beinamen el-Ahbâr d. i. der gelehrte Jude, lebte zu Muhammed's Zeit in Jemen, nahm nach dessen Tode den Islam an und wurde durch seine Gelehrsamkeit berühmt. Er starb auf einem Kriegszuge zu Hims (Emessa) im J. 32. Nawawi, biogr. diction. pag. 523.

3) d. i. der mächtige, und dies ist nach dem Coran, Sure 12 V. 30, eine Bezeichnung für Potifar.

4) Macrizi beginnt das Capitel über die Bethäuser auf folgende Weise: Auf dem Berge el-Mocattem und in der Ebene, welche jetzt den Namen el-Cárâfa hat, waren viele Bethäuser und Begräbnissplätze, wohin die Frommen sich zurückzogen; manche davon sind verschwunden, einige aber noch vorhanden. el Tennûr der Ofen. Dieses Bethaus liegt oben auf dem Mocattem hinter dem Bergschlosse nach Osten; ich habe es noch bewohnt gefunden und es hatte darin Jemand seinen Aufenthalt. el-Cedhâ'i sagt: Das unter dem Namen „der Ofen" bekannte Bethaus auf dem Berge ist an der Stelle des Ofens Pharao's, welchem darauf ein Feuer angezündet wurde, und wenn die Leute dies sahen, wussten

Gegrüsst sei das Kloster el Coseir und sein Berggrund
in lieblichen Gärten bis zu den Palmen.

_____

sie, dass er auf der Reise sei, und hielten für ihn in Bereitschaft, was er verlangte, und ebenso wenn er die Reise von 'Ain Schems zurück machte; hernach
baute Ahmed ben Tulun daraus ein Bethaus im Safr 259. — In einem alten
Buche habe ich gefunden, dass Juda, der Sohn Jacobs und Bruder Josephs, als
er mit seinen Brüdern nach Ägypten kam, auf dem Gipfel des Berges el-Mocattem an dieser Stelle sich niedergelassen habe, dem Ofen des Pharao, in welchem
für ihn das Feuer angezündet wurde, gegenüber. Dann war der Platz bis zur
Zeit des Ahmed Ben Tulun verlassen, dieser aber, welcher von den Vorzügen
des Ortes und dem Verweilen Juda's an demselben Kunde erhielt, baute daselbst
dieses Bethaus und den Thurm, welcher dabei ist, legte darin einen Wasserbe-
hälter an, in welchen das Wasser floss und bestimmte zur Unterhaltung desselben unter andern ein Vermächtniss in dem Krankenhause zu Misr und den
Brunnen zu el-Magâfir. Es wird erzählt, der Ofen Pharao's habe an jener
Stelle unversehrt gestanden, bis einer der Präfecte des Ahmed Ben Tulun, Namens Wesîf, Verwalter von Misr, zu ihm hinaus gegangen sei, ihn zerstört und
darunter nachgegraben habe, in der Vermuthung, dass ein Schatz darunter sei,
er habe aber nichts gefunden. Die Spuren des Ofens sind gänzlich verschwunden. — Siehe den arab. Text S. 79. — Diese Erzählung ist wenigstens glaub-
licher, als was Edrisi, Géographie, trad. par Jaubert. T.I. p. 306, von einem Spiegel erzählt, in welchem das Bild des Pharao sich abspiegelte.

5) Siehe den arab. Text S. 79. — Abul-Fath Mahmud Ben el-Hosein, mit dem
Beinamen Koschâdschim, aus Ramla, gest. im J. 350, war einer der beliebtesten
Dichter seiner Zeit; er war eine Zeit lang in Ägypten gewesen, wo es ihm so
gut gefallen hatte, dass er den Wunsch, dahin zurück zu kehren, endlich zur
Ausführung brachte, wesshalb er in einem Gedichte sagt:

Meine Sehnsucht nach Ägypten war lange vergebens,

doch jetzt kehre ich zurück und Ägypten wird wieder mein Wohnplatz.
So erzählt Sojuti:

كشاجم قال صاحب شجع الهزيل كان اقام بمصر مدة فاستطابها ثم رحل عنها فكان يتشوق
اليها ثم عاد اليها فقال   قد كان شوقى الى مصر يورقنى   فالان عدت وعادت مصر لى دارا

Ausser einer Gedichtsammlung, Diwân Koschâdschim's, Hadschi Chalfa,
Nr. 5632, schrieb er ein Buch unter dem Titel المصايد والمطارد „die Netze und
die Pfeile", welches Ibn Challikân einige Male citirt, vergl. Nr. 130. 146. 256.

Gastliche Häuser in denen ich Sorgen hatte,
  sie wurden meine Weinschenke und mein Vergnügungsort.
Wenn ich zu ihnen kam, waren's schnelle Rosse, die mich trugen,
  und meine Rückkehr war zu Schiffe abwärts.
Da wählte ich früh Morgens die rechte Seite ihrer Quelle,
  und zog mich in der Dunkelheit nach der linken Seite zurück.
Bei mir war jeder Lacher der liebste Gesellschafter,
  nach allem, was der Zechbruder liebt, war mein höchstes Streben:
Braten von dem, was unsre Hunde erjagten
  für uns, und von dem, was in den Netzen gefangen wurde;
Becher und Kanne, Flöte und Laute,
  ein freundlicher Wirth mit matt schielenden Blicken,
Wie wenn der Weidenzweig bei seinem Schwanken
  lernte aus seinen Biegungen die Bewegungen.
Dort sprudelt mir klar mein Weinbecher,
  und Tage der Freude begleiten mein Leben.

Die gelehrten christlichen Geschichtschreiber sagen, dass Arcadius, Kaiser von Griechenland, den Arsenius aufsuchen liess, um seinen Sohn zu unterrichten, dieser glaubte aber, dass er ihn tödten wollte, floh deshalb nach Ägypten und ging ins Kloster; der Kaiser schickte einen Mann zu ihm und liess ihm sagen, dass er ihn nur wegen des Unterrichts seines Sohnes habe suchen lassen, allein jener bat, ihn zu verschonen, durchstreifte das Land bis zum Berge el-Mocattem östlich von Torâ und blieb in einer Höhle drei Jahre bis er starb. Als er gestorben war, schickte Arcadius hin und liess über seinem Grabe eine Kirche erbauen, und dies ist der Ort, welcher unter dem Namen des Klosters von el-Coseir bekannt ist und jetzt das Kloster des Maulthiers gen annt wird, weil ein Maulthier dasselbe mit Wasser versorgt: wenn es nämlich aus dem Kloster geht, kommt es auf den Weg nach dem Wasser, und hier ist Jemand, der ihm Wasser einfüllt, und wenn er damit fertig ist, lässt er es los, dann kehrt es zum Kloster zurück. — Im Ramadhán des Jahrs 400 befahl el-Hâkim biamrillahi das Kloster el-Coseir zu zerstören, und die Zerstörung und Plünderung dauerte daselbst mehrere Tage.

10. **Das Kloster Mar Hanna.** el-Schâboschti sagt: Das Kloster Mar

Hanna liegt am Ufer von Birket el-Habesch (Teich der Habessinier [1]) nahe beim Nil, und zur Seite sind Gärten, von denen einige durch den Emir Temîm Ben el-Mo'izz [2]) angelegt sind, und ein Versammlungsort auf Säulen, von schöner künstlicher Bauart mit Malereien, ebenfalls von dem Emir Temîm angelegt. In der Nähe des Klosters ist ein Brunnen, welcher der Brunnen des Mammâti genannt wird; daneben. stehen hohe Feigenbäume, unter denen sich die Leute versammeln und trinken, und diese Stelle ist ein stehender Spielplatz und Tanz- und Vergnügungsort, und ein ebenso angenehmer Aufenthalt in den Tagen, wo der Nil wächst und das Wasser den Teich überfüllt, als er eine schöne Aussicht gewährt zur Zeit da die Felder bestellt sind und alles in Blüthe steht, wo er dann nicht leer wird von Menschen, die sich vergnügen, und solchen die andern Unterhaltung verschaffen wollen. Auch haben die Dichter bereits die Schönheit und Anmuth jener Gegend besungen und dieses Kloster heist heut zu Tage das Kloster von el-Tîn.

11. Das Kloster Abul-Na'nâ'. Dieses Kloster liegt vor Ansina [3]) und gehört zu den alten Gebäuden dieser Stadt; die Kirche desselben befindet sich in einem Thurme, nicht in der Ebene, und es führt den Namen des Abu Johannes el-Casîr; ein Fest findet dort statt am 20. Bâbeh. Dieses Abu Johannes wird in der Folge weiter gedacht werden.

12. Das Kloster der Grotte von Schacalqîl [4]) ist ein nettes Kloster, an dem Berge hängend und in Stein eingehauen, auf einem Felsen, unter welchem ein jäher Abgrund, so dass man weder von oben, noch von unten zu ihm gelangen kann. Es hat auch keine Treppe, sondern es sind Einschnitte in den Berg gemacht, und wenn Jemand hinauf steigen will, wird ihm eine lange Stange herunter gereicht, welche er mit beiden Händen erfasst, worauf

---

1) Südlich von el-Fostât; vergl. de Sacy zu Abdallatif. pag. 400.

2) Abu Ali Temîm Ben el-Mo'izz, geb. im J. 337, ein Sohn des Mo'izz, des Erbauers von Cahira, und Bruder des 'Azîz, wird als ein vorzüglicher Dichter gelobt, er starb im J. 374. Ibn Challik. vit. Nr. 124.

3) Im Districte von Oschmunein, eine alte Stadt, welche die Stadt der Zauberer genannt wird, weil Pharao sie von dort kommen liess. Vergl. Edrîsi, géogr. trad. par Jaubert, T. I. p. 124. Abul-feda, géogr. edit. Paris. pag. 114.

4) Im Districte von Sojut.

er mit den Füssen in jene Einschnitte tritt und so hinauf steigt. Es ist darin eine Mühle, welche ein Esel treibt. Dieses Kloster, welches im Angesichte von Manfelût und Omm el-Cosûr über dem Nil hervorragt, liegt einer Insel gegenüber, die von Wasser rings umgeben ist, und diese heisst Schacalqîl; auf ihr sind zwei Dörfer, das eine Schacalqîl, das andere Beni Schaqîr. Das Kloster feiert ein Fest, wozu sich die Christen versammeln, und trägt den Namen des Abu Mina, der einer von den Soldaten war, über welche Diocletianus Strafe verhängte, damit er vom Christenthume wieder abfiele und die Götzen verehrte; da er aber bei seinem Glauben beharrte, liess er ihn umbringen am 10. Hazîrân oder 16. Bâbeh.

13. Das Kloster des Boctor auf dem Damme von Abnûb im Osten von Beni Morr[1]) unten am Berge in einer Entfernung von etwa 1250 Ellen; dies ist ein sehr grosses Kloster, in welchem ein Fest gefeiert wird, wo die Christen des Landes aus Ost und West sich versammeln und wobei auch der Bischof zugegen ist. Dieser Boctor (Pictor?) war der Sohn des Romanus; sein Vater war einer der Feldherrn des Diocletianus und er selbst ein ausgezeichneter, tapferer Mann, der bei dem Kaiser in Ansehen stand; als er aber das Christenthum annahm, suchte ihn der Kaiser durch Versprechungen und Drohungen zur Rückkehr zum Götzendienste zu bewegen, und als er nicht wollte, liess er ihn am 22. Nisan oder 27. Bermude umbringen.

14. Das Kloster des Boctorschu, nördlich von Abnûb, ist ein nettes Kloster, aber verlassen und wird von den Christen nur einmal im Jahre auf eine Zeit lang besucht. Boctorschu (Pictorius?[2]) war einer von denen, welche Diocletianus foltern liess, damit er vom Christenthume wieder abfiele; er that es aber nicht, worauf er ihn am 20. Hatûr umbringen liess; er war Soldat.

15. Das Kloster des Abul-Seri, auf den Namen des Abu Dschordsch (St. Georg) erbaut, vor el-Ma'sara in der Gegend östlich von Beni Morr; zuweilen ist es von den Mönchen verlassen, und zuweilen von ihnen bewohnt, und zu einer bestimmten Zeit wird ein Fest gefeiert.

---

1) Im Districte von Sojut.

2) Bei Vansleb, relation d'Egypte. pag. 366 findet sich die Erklärung: une église dediée à Mari Poctor Sciu, qui a pris ce nom de la ville de Sciu, laquelle est après d'Abnub, et aujourd'hui ruinée.

16. Das Kloster des Abu Dschordsch von Chamâs; Chamâs [1])P. 39.
ist der Name einer Stadt, von welcher das Kloster nördlich liegt; es finden dort jährlich zwei Feste statt, an denen eine zahllose Menschenmenge
Theil nimmt.

17. Das Kloster der Vögel. Dieses Kloster ist alt, ragt über dem
Nil empor und hat eine in den Berg eingehauene Treppe; es liegt Samlut gegenüber. el-Schâboschti sagt: Im Gebiete von Ichmîn ist ein grosses, be-
wohntes Kloster, welches von allen Orten besucht wird, in der Nähe eines
Berges, welcher der Berg der Höhle genannt wird. An einer Stelle des Berges ist eine Spalte, und wenn der Festtag dieses Klosters ist, bleibt kein
Buqîr in der Gegend, der nicht zu dieser Stelle käme, und von ihrer Menge,
ihrer Versammlung und ihrem Geschrei entsteht ein grosser Lärm bei der
Spalte; ohne Aufhören steckt einer nach dem andern seinen Kopf in diese
Spalte und schreit, dann geht er weg und es kommt ein anderer, bis einer
von ihnen mit dem Kopfe stecken bleibt und an der Stelle festhängt; er
schlägt sich so lange, bis er stirbt, worauf die übrigen sich entfernen, so
dass kein Vogel der Art dort bleibt. — Der Cadhi Abu Dscha'fer el-Codhâ'i
sagt: „Unter die Merkwürdigkeiten Ägyptens gehört die Schlucht der Bûqîre
in der Gegend von Oschmum in Oberägypten; dies ist eine Schlucht in einem
Berge, worin ein Riss ist, wo die Bûqîre an einem bestimmten Tage des
Jahres sich versammeln, darauf begeben sie sich zu dem Risse und so oft
einer der Bûqîre seinen Schnabel in den Riss gesteckt hat, geht er, wohin
er will, und sie hören hiermit nicht auf, bis der Riss einen von ihnen erfasst
und festhält, worauf sich alle entfernen; der aber, welchen er erfasst hat,
bleibt hängen, bis er stückweise abfällt." Der Verfasser, dessen Gott sich er-
barme, setzt hinzu: dies gehört zu den Dingen, die längst aufgehört haben [2]).

---

1) Der Wiener Codex hat beide Male جاس Hamâs; in der Descript. de l'Egypte
  pag. 801 ist ein Ort angemerkt جاماسه Dschamaseh.

2) Diese seltsame Geschichte erzählen mehrere arabische Schriftsteller, z. B. Cazwini, sowohl im ersten, als im zweiten Theile seiner Cosmographie, mit verschiedenen Worten; umständlicher noch Sojuti zu Anfang seiner Geschichte
  von Ägypten in dem Capitel über einige ältere Merkwürdigkeiten des Landes;

18. Das Kloster des Bu Hermina nördlich von Câw el-Charâb, und nördlich davon liegt das Monument von Caw, welches voll ist von Büchern und Gelehrsamkeit. Zwischen dem Kloster der Vögel und diesem Kloster ist ein Weg von etwa 2½ Tag. Dieser Bu Hermina war einer der früheren, unter den Christen berühmten Mönche.

19. Das Kloster der sieben Berge bei Ichmîm. Dieses Kloster liegt am Eingange von sieben Thälern und ist hoch gelegen zwischen hohen Bergen; die Sonne geht über ihm zwei Stunden später auf, als der gewöhnliche Aufgang ist, wegen der Höhe des Berges, an dessen Fusse es liegt, und wenn es noch etwa zwei Stunden bis zum Untergange sind, glauben die Bewohner, dass die Sonne schon untergegangen und die Nacht angebrochen sei, und zünden dann Licht an. Bei diesem Kloster ist am Ausgange eine Wasserquelle, welche von einer Weide beschattet wird, und dieser Platz, wo das Weiden-Kloster steht, wird Wâdi-l-Moluk Königsthal genannt, weil dort eine Pflanze wächst, die man Moluka nennt, ähnlich dem Rettig, wovon das Wasser sich hochroth färbt, und von den Chemikern (Färbern) gebraucht wird. — Vor diesem Kloster liegt

20. das Kloster von el-Carcas oben auf einem Berge und in denselben eingehauen, man kennt keinen Zugang, sondern steigt zu ihm hinauf durch die in den Berg gemachten Einschnitte und kann nur auf diese Weise zu ihm gelangen. Zwischen dem Kloster der Weidenquelle und dem Kloster el-Carcas sind drei Stunden und unterhalb des Klosters el-Carcas ist eine Quelle mit süssem Wasser von Bân-Bäumen umgeben.

21. Das Kloster von Sabra im Osten von Ichmîm, ist nach Sabra, einem Stamme der Araber benannt und auf den Namen des Engels Michael erbaut; es ist darin aber nur ein einziger Priester.

22. Das Kloster des Bischofs Abu Abschâda in der Nähe des Gebietes von Afta, liegt auf dem Damme und gegenüber im Westen Monschaat Ichmîm. Dieser Abu Abschâda war einer von den gelehrten Christen.

------

er beschreibt den Vogel Buqir als weiss mit schwarz, mit schwarzem Halse, am Kropf geringelt, mit schwarzen Flügelspitzen und er kann schwimmen. Vergl. den Anhang zum Arabischen Texte.

23. Das Kloster des Bu Hor, auch das Kloster von Sewâda genannt; Sewâda ist ein Stamm der Araber, welche sich hier niedergelassen haben; es liegt Monjat Beni Chasîb gegenüber und ist von den Arabern zerstört.

Alle diese Klöster liegen im Osten des Nil und gehören sämmtlich den Jacobiten, und ausser diesen gibt es heutiges Tages auf der östlichen Seite keine; was aber die westliche Seite des Nils betrifft, so hat sie viele Klöster, weil sie sehr volkreich ist.

24. Das Kloster von Dumuh im Gebiete von el-Dschize, auch Dumuh el-Sebâ' genannt, ist auf den Namen des Cosmas und Damian erbaut und ein nettes Kloster. Die Christen behaupten, dass ein Weiser mit P. 40. Namen Sebâ' zu Dumuh wohnte und dass die Kirche von Dumuh, welche heut zu Tage in den Händen der Juden ist, eins von den Klöstern der Christen gewesen sei, welches sie in einer bedrängten Lage, in die sie gerathen, an die Juden verkauft hätten. Der Kirche von Dumuh ist schon gedacht. Cosmas und Damian gehören unter die Gelehrten der Christen und ihre frommen Mönche, und über beide wissen sie viel zu erzählen.

25. Das Kloster von Nehjâ. el-Schâboschti sagt: "Nehjâ im Gebiete von el-Dschize; das Kloster daselbst ist eins der schönsten, anmuthigsten und lieblich gelegensten Klöster von Ägypten und von der herrlichsten Lage, von Mönchen und Zugehörigen bewohnt, es gewährt auf den Nil eine wundervolle Aussicht, weil er es von allen Seiten umgibt. Wenn dann das Wasser sich verläuft und gesäet wird, lässt die Erde seltene Blumen und verschiedene Arten von Blüthen erscheinen. Es gehört zu den gepriesenen Vergnügungsörtern und beliebten Plätzen und hat eine Bucht, in der sich allerlei Vögel versammeln und auch ein reichlicher Fischfang statt findet. Die Dichter haben es beschrieben und seine Schönheit und Anmuth besungen [1]". Ich bemerke indess, dass dieses Kloster längst zerstört ist.

26. Das Kloster von Tamweih. Jâcût gibt diese Aussprache an und setzt hinzu: "Es gibt zwei Örter dieses Namens in Ägypten, der eine im Ge-

---

1) Cazwini hat im zweiten Theile seiner Cosmographie dasselbe Citat aus el-Schâboschti, ohne ihn zu nennen.

biete von el-Mortâhia und der andere in dem von el-Dschîze". el-Schâboschti sagt: Tamweih im Westen liegt Holwân gegenüber, und das Kloster ragt aus der Fluth hervor, von Weinbergen, Gärten, Palmen und Bäumen umgeben, und ist ein bewohnter Vergnügungsort; es gewährt auf den Nil eine schöne Aussicht, und zur Zeit, wenn die Erde grünt, liegt es zwischen zwei Decken, dem Wasser und den Saaten. Es ist einer der bekannten Lustörter und beliebten Erholungsplätze der Ägypter. Ibn Abu 'Asim el-Misri hat auf dasselbe folgendes in Versen nach dem Metrum el-Basît gesagt:

O könnt' ich trinken zu Tamweih vom klaren Saft,
  welcher verachten lässt den Wein der Städte Hît und 'Anât [1]).
In Auen, von Blumen prangend,
  in denen die Bäche zwischen Gärten fliessen.
Wie wenn die gelbe Anemone darin wächst,
  Weinbecher folgen auf Becher;
Wie wenn ihre Narcisse wegen ihrer Schönheit blendet,
  im Verborgenen heimlich redet durch Zeichen;
Wie wenn das Wasser des Nil, wenn der Zephyr an ihm vorübergeht,
  sich kleidet in geringelte Panzer.
Gastliche Häuser, in denen ich hart geprüft bin im Herzen,
  und waren einst meine Weinschenke und meine Herberge.
Damals hörte ich nicht auf, den Morgentrunk zu schlürfen,
  beim Schlagen der Klappern [2]), aus Liebe zu den Klöstern.

Ich bemerke: dieses Kloster trägt bei den Christen den Namen des Bu Dschordsch und die Christen kommen darin zusammen.

27. Das Kloster von Acfâs, richtiger Acfahs [3]), ist zerstört.

28. Das Kloster am Ausgange des Gebietes von Menhera steht in schlechtem Rufe, weil sie daraus nicht einem zu essen geben.

29. Das Kloster el-Châdim (des Dieners) zur Seite von el-Menhi im

---

1) Zwei Städte am Euphrat. Edrisi, géogr. Tome II. p. 144. Aboulfeda, géogr. pag. 287, bemerkt, dass der Wein von 'Anât in den Gedichten erwähnt werde.

2) Die hölzernen Stangen, womit zur Kirche geläutet wurde.

3) Stadt im Gebiete von el-Bahnesa.

Districte von el-Bahnesa auf den Namen des Engels Gabriel erbaut, mit Gärten, worin Palmen und Olivenbäume.

30. Das Kloster von Eschnîn, im Gebiete dieses Ortes bekannt, liegt davon nördlich, ist ein nettes Kloster und trägt den Namen der Jungfrau Maria, es ist dort aber nur ein einziger Mönch.

31. Das Kloster Jesus oder Jesu', heisst auch das Kloster Ardschenûs; hier ist ein Fest am 25. Baschnas. In der Nacht dieses Tages wird ein dort befindlicher Brunnen, welcher den Namen Jesusbrunnen führt, geschlossen, und um die sechste Stunde des Tages versammeln sich die Menschen und decken den Stein von dem Brunnen ab, dann ist das Wasser darin gestiegen, hierauf nimmt es wieder ab, und sie rechnen nun von da, wie hoch P. 41. das Wasser gestiegen war, bis zu dem Puncte, wo es stehen bleibt, und das Ergebniss bezeichnet nach Ellen, wie hoch der Nil in dem Jahre wachsen wird.

32. Das Kloster von Sedment seitwärts von el-Menhi auf dem Damme zwischen el-Fajjûm und el-Rîf mit dem Namen des Abu Dschordsch, hat von dem, was es früher war, viel verloren, und ist nur noch von wenigen bevölkert.

33. Das Kloster von el-Naclûn [1], auch das Kloster el-Chaschaba und das Kloster des Engels Gabriel genannt, ist unter einer Höhle in dem Berge, welcher Târif el-Fajjûm heisst, und diese Höhle ist bei ihnen unter dem Namen Jacobs-Laube bekannt; sie behaupten, dass Jacob, als er nach Ägypten kam, darin Schatten gesucht habe. Dieser Berg ragt über zwei Örter empor, Itfîh Schellâ und Schellâ; das Wasser für dieses Kloster wird aus dem Canale von el-Menhi geschöpft und es liegt unterhalb des Klosters von Sedment. An dem Feste, welches in diesem Kloster gefeiert wird, versammeln sich die Christen von el-Fajjûm und anderen Städten, und es liegt an der Strasse, die nach el-Fajjûm führt, aber nur von wenig Reisenden betreten wird.

---

1) In der Aussprache des Namens el-Naclûn bin ich Vansleb a. a. O. S. 275 und Quatremère, mémoires géogr. et histor. sur l'Egypte. T. I. p. 112 gefolgt, während hier in den Handschriften التفلون el-Taflûn steht; Quatremère hat gleich darauf Tarek al Fioum طارق الفيوم.

34. Das Kloster von el-Calamûn. Dieses Kloster liegt in einer Ebene unter dem Bergpasse von el-Calamûn, von wo der. Reisende nach el-Fajjûm gelangt und welcher der Pass von el-Garac genannt wird. Dieses Kloster ist auf den Namen des Mönches Samûel erbaut, welcher in der Zwischenzeit zwischen Jesus und Muhammed lebte und am 8. Kihak gestorben ist. In diesem Kloster gibt es viele Palmen, aus deren Frucht die ʼOdschwe [1] bereitet wird; hier ist auch der Lebach-Baum (Persea), welcher nur hier gefunden wird, seine Frucht hat die Grösse einer Limone (malum citrinum), ihr Geschmack ist süss wie der Geschmack der Rânidsch (nux Indica) und ihr Kern ist zu vielen Dingen nütze. Abu Hanîfa sagt in dem Buche von den ¦Pflanzen: "der Lebach wächst nur zu Ansinâ, es ist ein Holz, aus welchem Schiffsplanken gesägt werden; er erregt bei dem, der ihn zersägt, zuweilen Nasenbluten, und wenn zwei Planken davon recht fest' zusammengefügt und ein Jahr lang ins Wasser gelegt werden, so verbinden sie sich und werden eine Planke" [2]. — In diesem Kloster sind zwei Thürme von Stein erbaut, beide hoch, gross, glänzend weiss, auch ist darin eine Quelle fliessenden Wassers und ausserhalb desselben eine andere Quelle. In diesem Thale sind eine Menge alter Betplätze, wie das Thal el-Omeilih [3], wo eine fliessende Quelle ist und fruchtbare Palmen, deren Früchte die Araber sammeln. Ausserhalb dieses Klosters ist eine Saline, deren Salz die Mönche des Klosters verkanfen, so dass diese Gegenden damit versehen werden.

35. Das Kloster der Jungfrau Maria von Tonboda [4], es ist nur ein

---

1) Ein Saft, womit die Kinder aufgefüttert werden.

2) In dem Wiener Codex fehlt dies Citat aus Abu Hanifa ganz; in der Gothaer Handschrift sind die Worte نابتة bis سنة ausgelassen, die ich aus der Übersetzung von Quatremère a. a. O. S. 478 ergänzt habe, mit Hülfe des arabischen Textes bei Abdallatif, histor. Aegypti compend. ed. White, pag. 18, wo dieselbe Stelle aus Abu Hanifa noch ausführlicher vorkommt. de Sacy zu Abdallatif gibt die nöthigen Erläuterungen.

3) Denselben Namen führt ein Thal in einem Gedichte der Hamasa, S. 615.

4) Nach der Aussprache auch طمبدى Tomboda geschrieben; bei Sojuti, de nominibus relativis ed. Veth, طنبذا u. bei Jacut, Moschtarik, طنبذه Tanbada.

Mönch darin und es liegt nicht an einer frequenten Strasse. — Im Gebiete von el-Bahnesa sind noch eine Menge Klöster, die zerstört sind.

36. Das Kloster des Bu Fâna, nördlich von Beni Châlid, von Stein erbaut und von schöner Bauart, es gehört zum Gebiete von el-Monja und vormals waren darin tausend Mönche, jetzt sind nur noch zwei Mönche darin; es liegt auf dem Damme unter dem Berge.

37. Das Kloster von Bâlûdscheh seitwärts von el-Menbi, gehört den Einwohnern von Deldschih und ist eins der grösseren Klöster, jetzt aber zerstört, so dass darin nur noch ein oder zwei Mönche übrig sind; es liegt Deldschih gegenüber in einer Entfernung von etwa zwei Stunden.

38. Das Kloster des Mercura oder Abu Mercura. Dieses Kloster liegt unterhalb Deldschih beim Ausgange aus diesem Orte gegen Osten; es ist keiner mehr darin.

39. Das Kloster von Sanabo beim Ausgange aus diesem Orte gegen Norden führt den Namen der Jungfrau Maria; es ist keiner mehr darin.

40. Das Kloster des Theodorus südlich von Sanabo ist wegen des schlechten Zustandes der Christen ganz untergegangen.

41. Das Kloster von el-Reiramûn im Osten des Gebietes dieses Ortes, welcher östlich von Mallewi und westlich von Ansina liegt; es führt den Namen des Engels Gabriel.

42. Das Kloster von el-Moharric. Die Christen behaupten, dass der Messias an diesem Orte sechs Monate und einige Tage sich aufgehalten habe; es wird hier ein grosses Fest gefeiert, welches das Palmfest genannt wird, und das Pfingstfest, zu dem eine grosse Volksmenge sich versammelt.

43. Das Kloster der Beni Kelb wird so genannt, weil die Benu Kelb P. 42. sich um dasselbe niedergelassen haben; es führt den Namen des Gabriel, es ist aber kein Mönch mehr darin, sondern es ist nur eine Kirche für die Christen von Manfelût, von welcher Stadt es gegen Westen liegt.

44. Das Kloster von el-Dschâwelia. Dieses Kloster liegt Ausgangs des Gebietes von el-Dschâwelia gegen Süden und führt den Namen des Märtyrers Mercurius, welcher auch Mercura genannt wird; es hat Einkünfte aus Vermächtnissen und ihm werden Weihgeschenke und Gaben dargebracht; alljährlich werden zwei Feste dort gefeiert.

45. Das Kloster der sieben Berge. Dieses Kloster liegt auf dem Gipfel des Berges, welcher westlich von Sôjut an den Ufern des Nil sich erhebt, und wird auch das Kloster Johannes el-Casîr (des kleinen) genannt; hier werden mehrere Feste begangen, es ist aber im J. 821 zerstört durch einen Haufen, der es bei Nacht überfallen hatte. — Johannes oder Abu Johannes el-Casîr war ein berühmter Mönch, von welchem viele Geschichten erzählt werden, unter andern, dass er auf Geheiss seines Lehrers ein trocknes Holz in die Erde gepflanzt und einige Zeit mit Wasser begossen habe, da wurde es ein Fruchtbaum, von dem die Mönche assen, und er wurde der Baum des Gehorsams genannt. Er ist in seinem Kloster begraben.

46. Das Kloster el-Motell. Dieses Kloster führt den Namen der Jungfrau Maria und liegt an der Seite des Berges unter dem Kloster der sieben Berge, Sojut gegenüber; es wird dort ein Fest gefeiert, zu dem sich die Bewohner der Umgegend einfinden; es ist aber kein Mönch mehr dort.

Die Klöster von Odronkeh [1]). Die Gegend von Odronkeh gehört zu den Sa'idischen (oberägyptischen) Ortschaften der Christen, und die dortigen Christen sind in ihrer Religion und den Erklärungen in ihrer Sprache gebildete Leute; sie besitzen viele Klöster ausserhalb der Stadt gegen Osten längs des Berges, doch sind die meisten derselben zerstört. Zu den noch vorhandenen gehört

47. das Kloster des Abu Dschordsch, im Bau zwar gut erhalten, es sind aber keine Mönche mehr darin; zu gewissen Zeiten wird dort ein Fest gefeiert.

48. Das Kloster von Ardh el Hâdschiz (auf der Dammerde), das Kloster des Michaël, und das Kloster Krafuna, welches den Namen der Jungfrau Maria trägt, auch das Kloster Arfuna oder Agrafuna genannt,

---

1) Der erwähnte Gothaische Codex, über die ägyptischen Ortsnamen gibt durch die beigefügten Vocalpunkte diese Aussprache; mit Weglassung des von den Arabern hinzugesetzten Vorschlags-Vocals ist es درنكه Doronkeh, und dies die gewöhnliche Schreibart in dem Gothaer Codex des Macrizi. Die Richtigkeit dieser Aussprache wird durch Vansleb bestätigt, welcher a. a. O. S. 364 Dorónkeh und S. 378 Doronque schreibt; mithin sind andere Aussprachen, wie Adrenkeh, Derenkah, Drinkah, fehlerhaft.

welches (γραφων) Schreiber bedeutet; denn die Abschreiber wissenschaftlicher Bücher der Christen hatten vor Alters hier ihren Sitz; es liegt an der Seite des Berges, in welchem viele Höhlen sind, darunter eine, worin man zu Fusse fast zwei Tage lang gehen kann.

49. Das Kloster des Bu Bagâm unter dem Kloster Krafuna auf dem Damme. Bu Bagâm war ein Soldat in den Tagen des Diocletianus, welcher das Christenthum annahm und gegeisselt wurde, damit er von seinem Glauben wieder abfiele; darauf wurde er am 28. des ersten Kauun oder am 2. Kibak getödtet.

50. Das Kloster des Bu Severus auf dem Damme von Odronkeh, mit dem Namen der Jungfrau Maria. Severus war ein angesehener Mönch, welcher zum Patriarchen gemacht wurde und bei dessen Tode ein Wunder geschah. Er hatte ihnen nämlich vorhergesagt, als er sich nach Oberägypten begab, dass, wenn er stürbe, der Berg sich spalten und ein grosses Stück desselben auf die Kirche stürzen würde, doch ohne ihr zu schaden; eines Tages fiel nun ein Stück von dem Berge, wie er gesagt hatte, da wussten die Mönche des Klosters, dass Severus gestorben sei, und als sie nachrechneten, fanden sie, dass jenes Ereigniss mit der Zeit seines Sterbens zusammentraf, und sie nannten von der Zeit an das Kloster nach seinem Namen.

51. Das Kloster des Theodorus unter dem Kloster des Bu Severus. Marius und Theodorus waren zwei Soldaten des Diocletianus, der eine hiess der Schlangentödter, der andere war Feldherr; beide wurden, wie andere, getödtet.

52. Das Kloster des Minschâk oder Minsâk oder Beni Sâk oder Jsaak, welches den Namen der Jungfrau Marihâm d. i. Mar Marjam (St. María) führte und dann unter dem Namen des Minsâk bekannt wurde; dieser war ein alter Mönch, der bei ihnen berühmt ist. Unterhalb dieses Klosters ist ein Brunnen auf dem Damme, aus welchem die Mönche trinken, und wenn der Nil wächst, trinken sie das Wasser aus diesem.

53 Das Kloster der Apostel unter dem Kloster des Minsâk, wird auch das Tamarisken-Kloster[1] genannt und gehört zu dem Gebiete von

---

1) Quatremère a. a. O. S. 343 hat dafür le monastère du chameau, er las also دير الإبل.

P. 43.Bûtidsch, während das Kloster des Minsâk, sowie das Kloster des Severus den Einwohnern von Rîfa, das Kloster Krafuna den Einwohnern von Sojut und das Kloster Bu Dschordsch den Einwohnern von Odronkeh gehört. Das Tamarisken-Kloster lag in einer öden Gegend, da wurde ihm zur Seite ein nettes Dorf gebaut, welches den Namen Monschaat el-Scheich (Neubau des Scheich) erhielt, weil der Scheich Abu Bekr el-Schâdeli den Grund dazu legte; er legte auch einen grossen Garten an, auf dessen Stelle er auf einen Brunnen stiess, in welchem er einen Schatz fand. Ein Augenzeuge hat mir erzählt, dass unter dem Golde sich viereckige Dinare befanden, auf deren einer Seite ein Kreuz abgebildet war, und das Gewicht eines Dinars war 1½ Mitbcâl.

Die genannten Klöster von Odronkeh lagen nahe bei einander und dazwischen sind zahlreiche Höhlen, in welchen die Wände mit Figuren bemalt sind in dem alten Style wie auf den Monumenten, verziert mit verschiedenen bunten Farben, welche auf mannichfache Kenntnisse hindeuten. Das Kloster der sieben Berge, das Kloster von el-Motell und das Kloster der Schreiber liegen ausserhalb Sojut in den Höhlen, und auf den beiden Dämmen sollen 360 Klöster gewesen sein und der Wandrer ging von el-Bedraschein bis Asfûn [1] beständig im Schatten der Gärten; jetzt ist dies verwüstet und von den Bewohnern verlassen.

54. Das Kloster von Mûscha. Mûscha liegt von Sojut aus gen Süden; es ist auf den Namen des Thomas, des Apostels von Indien, erbaut, und liegt zwischen den Gärten in der Nähe von Rîfa; zur Zeit wenn der Nil gewachsen ist, kann man nur zu Schiffe dahin gelangen; es hat mehrere Feste. — Die Christen dieser Klöster sind hauptsächlich des Coptisch-Saïdischen kundig, und das ist der Hauptstamm der Coptischen Sprache, dann folgt das Coptisch-Bahîrische; die Frauen der Christen von el-Saïd und ihre Kinder können fast nur das Coptisch-Saïdische sprechen, sie haben aber auch eine vollkommene Kenntniss der griechischen Sprache.

55. Das Kloster von Bu Macrûfa. Abu Macrufa ist der Name des Ortes, bei welchem dieses Kloster liegt; es ist in den Fuss des Berges eingehauen und es sind darin eine Menge Höhlen; es führt den Namen der Jung-

---

1) el-Bedraschein in der Provinz el-Dschîze und Asfun in der Provinz Cus.

frau Maria. Unter den Christen von Macrûfa gibt es viele Schäfer und Hirten, die aber meistens nur kleine Schaafe haben, und wenige unter ihnen können lesen und schreiben; das Kloster hat Mangel an Wasser.

56. Das Kloster des Bu Bagâm vor Timâ, dessen Einwohner Christen sind und vor Zeiten Gelehrte waren.

57. Das Kloster des Bu Schanûda, auch das weisse Kloster genannt, liegt im Westen des Gebietes von Sûhâi; es ist von Steinen erbaut,
aber zerstört, und es ist davon nur die Kirche noch übrig. Es soll einen
Grundbesitz von 4¾ Feddân gehabt haben, wovon nur noch etwa ein Feddân übrig ist; es ist ein altes Kloster.

58. Das rothe Kloster, auch das Kloster des Abu Bischâi genannt, liegt nördlich von dem weissen Kloster in einer Entfernung von etwa
drei Stunden und ist ein nettes, von rothem Backstein erbautes Kloster. Dieser Abu Bischâi war ein Mönch und Zeitgenosse des Schanûda, welcher sein
Schüler war, und unter ihm standen 3000 Mönche; ihm gehörte auch ein an-
deres Kloster in der Ebene Schîhât.

59. Das Kloster Bu Misâs oder Bu Mosîs (Μωσῆς) d. i. Musa. Dieses Kloster liegt unter el-Boljanâ und ist ein grosses Kloster. Dieser Abu
Mosis war ein Mönch aus el-Boljanâ gebürtig, stand bei ihnen in Ansehen,
und wurde von ihnen für heilig gehalten; auch erzählen sie von ihm mehrere
Geschichten, die keinen Glauben verdienen.

Weiter hin sind nur noch die wenig bewohnten Klöster auf dem
Damme von Esna und Nacâdeh übrig. Zu Asfûn war ein grosses Kloster
und Aslûn selbst war eine der schönsten Städte Ägyptens und die fruchtbarste
Gegend von el-Sa'îd, und die Mönche des dortigen Klosters waren berühmt
wegen ihrer Gelehrsamkeit und Klugheit. Mit Asfûn wurde auch sein Kloster
zerstört und dies war das äusserste der Klöster von el-Sa'îd; sie alle sind
vernichtet und in Vergessenheit gerathen, nachdem sie so sehr bevölkert, ihre
Mönche so sehr zahlreich, ihre Pfründen so ausgedehnt und die ihnen ge-
brachten Geschenke so gross waren.

Was nun die Nordseite betrifft, so waren darin viele Klöster, die zerstört sind, einige sind aber noch vorhanden; so waren auch bei el-Macs vor
el-Cahira gegen Norden mehrere Kirchen, welche el-Hakim biamrillahi Abu P. 44.

14

Ali el-Mansûr am 19. Dul-Hiddsche 393 zerstören liess; er gab alles, was darin war, preis und so wurde sehr vieles aus ihr geplündert, nachdem er im Monat Rebi' 1. desselben Jahres bereits die Kirchen von Râschida von der Stadt Misr aus gen Osten hatte zerstören und an ihre Stelle eine Moschee hatte setzen lassen, welche unter dem Namen Râschida bekannt ist. Dann zerstörte er im J. 94. zwei Kirchen eben daselbst und zwang die Christen schwarze Kleider zu tragen und einen Gürtel umzubinden, nahm die Besitzungen, die den Kirchen und Klöstern vermacht waren, in Beschlag und übertrug sie dem Diwan des Sultans, verbrannte eine Menge von Kreuzen, verbot den Christen, die Kirche am Palmsonntage festlich zu schmücken, bedrückte sie und liess viele von ihnen geisseln. — Zu el-Raudha war eine Kirche in der Nähe des Nilmessers, diese zerstörte el-Sâlih Nedschm ed-Din Ejjûb im Jahre 638 [1]). In der Gegend von el-Nomros war eine Kirche, deren Zerstörung von einem Manne aus el-Zeila' [2]) ausging, weil er das Geräusch

---

1) In dem Capitel über die Moscheen sagt Macrizi darüber folgendes:

جامع الروضة بقلعة جزيرة الفسطاط قال ابن المتوج هذا الجامع عمره السلطان الملك الصالح

نجم الدين ايوب وكان امام بابه كنيسة تعرف بابن لقلق بطرك اليعاقبة وكان بها بير صالحة

وذلك ما عد من عجائب مصر ان في وسط النيل جزيرة بوسطها بير صالحة وهذه البير

رايتها كانت قبالة باب المسجد للجامع وانما زدمت بعد ذلك ثم لما كانت ايام السلطان

الملك المويد شيخ المحمودي هدم هذا الجامع في شهر رجب سنة ثلاث وعشرين وثمانمائة

ووسعه بدور كانت الى جانبه وشرع في عمارته فات قبل الفراغ منه.

Die Moscheé von el-Raudha in dem Thurme der Insel von el-Fostât. Ibn el-Motewwidsch sagt: "Diese Moschee baute der Sultan el-Melik el-Sâlih Nedschm ed-Din Ejjûb (reg. von 637 bis 647); vor dem Thore derselben stand eine Kirche, bekannt unter dem Namen des Ibn Laclac, Patriarchen der Jacobiten, in welcher ein wirklicher Brunnen war, und es wird unter die Merkwürdigkeiten Ägyptens gerechnet, dass mitten im Nil eine Insel ist, auf welcher sich ein wirklicher Brunnen befindet. Ich habe diesen Brunnen noch gesehen, er war dem Thore der Moschee gegenüber und wurde erst nach dem zugeworfen." Als der Sultan el-Melik el-Mowajjid Scheich el-Mahmudi zur Regierung kam, liess er im Monat Redscheb 823 diese Moschee niederreissen und durch die ihr zur Seite stehenden Häuser erweitern; der Neubau würde begonnen, aber er starb (im J. 824) vor der Vollendung desselben.

2) Zeila' ist eine Hafenstadt von Habessinien. Abulfeda geogr. pag. 160.

der Klappern gehört hatte, womit in der Freitagsnacht das Zeichen in dieser Kirche gegeben wurde; während der Regierung des Melik el-Aschraf Scha'bân Ben Hosein hatte er nichts dagegen vermocht wegen des Ansehens der Kopten im Reiche, da verband er sich zu diesem Zwecke mit dem Grossemir Bercûc, welcher damals Reichsverweser war, bis er sie mit Hülfe des Cadhi Dschemâl ed-Dîn Muhammed el-'Adschemi, Marktaufsehers von el-Cahira, am 8. Ramadhân 780 zerstörte; sie wurde in eine Moschee verwandelt. [1]

60. Das Kloster el-Chandac (des Grabens) hinter el-Cahira gegen Norden wurde von dem Befehlshaber Dschauher erbaut für ein Kloster, welches er in Cahira zerstört hatte, in der Nähe der Moschee el-Acmar, wo der Brunnen ist, der jetzt Bîr el-'atama heisst und damals Bîr el-'itâm Knochenbrunnen genannt wurde, weil er die Knochen, welche in dem Kloster waren, fortschaffen und in das Kloster el-Chandac bringen liess [2]. Am 24. Schawwâl 678 unter der Regierung des Melik el-Mansûr Qilâwûn wurde

---

1) Bei der Beschreibung der Moschee el-Acmar sagt Macrizi hierüber:

وبير هذا للجامع قديمة قبل الملة الاسلامية كانت فى دير من ديارات النصارى بهذا الموضع
فلما قدم القلايد جوهر بجيوش المعز لدين الله فى سنة ثمان وخمسين وثلاثمـايـة ادخل
هذا الدير فى القصر وهو موضع الركن المخلق تجاه للحوض وجعل هذه البير عـا ينتفع به
فى القصر وهى تعرف ببير العظام وذلك ان جوهر نقل من الدير المذكور عظاما كانت فيه من
رمم قوم يقال انهم من للحواريين فسميت ببير العظام والعسـامة تنقول الى اليوم بير العظمة وهى
بيرة كبيرة فى غاية السعة

Der Brunnen dieser Moschee ist alt und war schon vor der Islamitischen Religion; er war in einem der christlichen Klöster, welches an dieser Stelle stand und als der Befehlshaber Dschauher im J. 358 mit den Truppen des Mo'izz lidinillahi ankam, zog er dieses Kloster in die Festungswerke, (es ist die Stelle der glatten Säule, der Cisterne gegenüber) und benutzte diesen Brunnen mit zu dem Thurm. Er ist unter dem Namen der Knochenbrunnen bekannt; weil nämlich Dchauher aus dem genannten Kloster Knochen wegschaffen liess, welche darin waren von den Gebeinen von Männern, welche zu den Schülern Jesu gehört haben sollen, so wurde er bir el-'itâm Knochenbrunnen genannt und das Volk sagt bis heute bir el-'atama; es ist ein grosser Brunnen von bedeutendem Umfange.

2) In einem früheren Abschnitte seines Werkes erzählt Macrizi denselben Vorfall etwas umständlicher. Vergl. Quatremère, mémoires géograph. Tome I. pag. 123.

dann, das Kloster erneuert, welches jetzt dort ist, so wie er auch zwei Kirchen errichten liess, von denen so Gott will, weiter hin unter den Kirchen die Rede sein wird.

61. Das Kloster von Seriâcûs. Dieses Kloster war bekannt unter dem Namen des Abu Hôr und es wurde dort ein Fest begangen, an welchem die Leute sich versammelten. Es geschah darin ein Wunder, welches el-Schâboschti auf folgende Weise erzählt. Wenn jemand Geschwulste hatte, so nahm ihn der Obere dieses Klosters, liess ihn sich auf die Seite legen und führte ein Schwein zu ihm, welches die schmerzhafte Stelle beleckte und dann die Geschwulste, die daran waren, auffrass, was sich aber nicht auf die gesunde Stelle erstreckte; wenn dann die Stelle rein war, streuete der Obere des Klosters etwas von der Asche eines Schweines darauf, welches früher einmal zu einer solchen Operation gebraucht war, und salbte ihn mit dem Öle aus dem Lichte der Kirche, dann war er geheilt. Hierauf wurde das Schwein, welches die Geschwulste des Kranken gefressen hatte, genommen, geschlachtet und verbrannt, und die Asche davon für ein ähnliches Verfahren zubereitet. Das Kloster hatte davon einen grossen Zulauf von solchen, die an dieser Krankheit litten, und es war darin eine grosse Anzahl Christen.

62. Das Kloster von Atrîb, auch unter dem Namen Marat Marjam (St. Maria) bekannt, feiert ein Fest am 21. Buneh, el-Schâboschti erzählt, dass an diesem Feste eine weisse Taube komme und sich an den Ort, wo geschlachtet wird, begebe; sie wüsten nicht, woher sie komme, und sähen sie auch immer nur an einem solchen Tage. Ich bemerke: dieses Kloster ist zu Grunde gegangen, so dass darin nur noch drei Mönche übrig sind, indess versammeln sie sich noch zu dem dortigen Feste; es liegt am Ufer des Nil in der Nähe von Benha el-'Asal.

63. Das Kloster el-Magtas bei den Salinen in der Nähe des Sees P. 45. von el-Borlos, wohin die Christen aus dem Süden und Norden Ägyptens wallfahrten, wie nach der Auferstehungs-Kirche; dies geschieht an einem Festtage, der im Monat Baschnas gefeiert wird, sie nennen es das Fest der Erscheinung, weil sie behaupten, dass ihnen die Jungfrau Maria an demselben erschiene, und sie haben darüber mehrere Behauptungen, welche sämmtlich zu den von ihnen erdachten Lügen gehören. Über dies Kloster hinaus ist

kein Gebäude mehr, ausser einem kleinen Gehöfte gegen Südost, und in der
Nähe ist die Saline, von welcher das Reschîdische (Rosettische) Salz gewonnen
wird. Dies Kloster wurde im Monat Ramadhân 841 zerstört in einem Aufstande einiger Faqire, die sich dazu verbunden hatten.

64. Das Kloster el-Asker (der Truppen [1]) in dem Salzlande, eine
Tagereise von dem Kloster el-Magtas entfernt, unter dem Namen der Apostel;
in seiner Nähe ist die Saline, aus welcher das Reschîdische Salz kommt; es
ist darin nur noch ein Mönch übrig.

65. Das Kloster von Dschemianeh [2]) unter dem Namen des Bu
Dschordsch nahe bei dem Kloster el-Asker in einer Entfernung von drei Stunden; das dortige Fest fällt dicht hinter das des Klosters el-Magtas; es ist
jetzt dort keiner mehr.

66. Das Kloster von el-Meima in der Nähe des Klosters von el-Asker
befand sich einst in ausgezeichneten Umständen, und vor Zeiten war auf der
Nordseite kein Kloster, welches mehr Mönche hatte als dieses; allein sein Glanz
ist vernichtet und es ist zerstört; in der Folge haben sich die Soldaten [3]) dort
niedergelassen und es wieder aufgebaut. — Ausser diesen vier Klöstern ist in
den Salzgegenden keins.

Was nun Wâdi Habîb anlangt, welches auch Wâdi-l-Natrûn, oder
die Ebene von Schîbât, oder die Ebene von Asqit, oder Mizân el-Colûb
(Waage der Herzen) genannt wird, so waren dort vor Zeiten 100 Klöster;
dann blieben sieben, die sich nach Westen ausdehnten an der Seite der Ebene,
welche zwischen der Gegend von el-Boheira und el-Fajjûm liegt, wo Sand-
flächen mit Salzboden, wasserarme Felder und gefährliche Felsen abwech-
seln. Die Bewohner nahmen ihr Trinkwasser aus Cisternen und die Christen
brachten ihnen Geschenke und Almosen. In der jetzigen Zeit sind sie ganz

---

1) Mit dieser Lesart stimmt das Verzeichniss der ägyptischen Ortsnamen in dem
Gothaer Codex überein, worin الميما والعسكر اوكفورها el-Meima und el-Asker
mit seinen Gehöften in der Provinz الدنجاوية Dendschâwija aufgezeichnet ist, der
Wiener Codex hat hier und beide Male nachher العسل el-'Asal.

2) Vergl. Vansleb, relat. d'Egypte, pag. 157.

3) Quatremère, recherches sur la langue et la litt. de l'Egypte hat anstatt, die,
Soldaten" les Abyssins الحبش.

vernichtet, nachdem die christlichen Geschichtschreiber erzählt haben, dass dem 'Amr Ben el-'Asi aus diesen Klöstern 70,000 Mönche entgegen gingen, deren jeder einen Stab trug; nachdem sie ihm ihre Unterwürfigkeit erklärt hatten, schrieb er ihnen einen Brief, der sich noch bei ihnen befindet. — Hierzu gehört

67. das Kloster Bu Macâr des älteren, ein unter ihnen berühmtes Kloster, und vor ihm liegen viele zerstörte Klöster. Dieses war vor Zeiten das Kloster der Mönche, und ein Patriarch wurde von ihnen nicht eher anerkannt, bis sie ihn in diesem Kloster seinen Sitz hatten einnehmen lassen, nachdem er auf dem Stuhle von Alexandrien gesessen hatte. Es wird erzählt, dass darin 1500 Mönche gewesen, welche darin ihren beständigen Aufenthalt hatten, und jetzt sind darin nur noch wenige von ihnen. — Der Macare gibt es drei: der älteste, dem dieses Kloster gehörte, Bu Macâr von Alexandrien und Abu Macâr der Bischof; ihre morschen Knochen sind in drei verschiedenen ausgehöhlten Stücken Holz und werden von den Christen des Klosters besucht; hier ist auch der Brief, welchen 'Amr Ben el-'Asi den Mönchen von Wâdi Habîb schrieb über das Einsammeln (des Zehntens) in den Ländern der Nordseite, wie mir Jemand berichtet hat, dem es von einem erzählt war, welcher ihn dort gesehen hatte. Abu Macâr der ältere, d. i. Macarius, nahm das Mönchsleben von Antonius an, welcher der erste war, der unter ihnen die Kutte und den Aschkîm [1]) trug, dieses ist ein Riemen von Leder, woran ein Crucifix hängt, womit sich die Mönche umgürten. Er traf den Antonius auf dem östlichen Gebirge, da wo das Kloster von el-'Araba ist, und blieb einige Zeit bei ihm; dann zog dieser ihm die Mönchskleidung an und befahl ihm, nach Wâdi-l-Natrun zu gehen und dort seinen Aufenthalt zu nehmen. Er that dies und es sammelte sich bei ihm eine grosse Zahl von Mönchen. Sie erzählen von ihm eine Menge vortrefflicher Eigenschaften, unter andern dass er die vierzig Tage ganz und gar fastete, ohne jemals Speise oder Trank zu nehmen, wobei er noch die Nächte durchwachte; ferner bereitete er sich Palmblätter zu und nährte sich davon, und niemals ass er frisches
P. 46.Brod, sondern er nahm alte Schuh [2]) weichte sie in einem Abguss von Palm-

---

1) Wahrscheinlich das griechische σχῆμα, der Wiener Codex hat الاشليم el-Aschlîm.

2) Man kann mit Recht an der Richtigkeit des Wortes zweifeln, der Gothaer Co-

blätter auf und nahm davon selbst sammt seinen'Mönchen, so lange noch ein Lebenshauch übrig war, ohne Zusatz; dies war ihre Nahrung ihre ganze Lebenszeit, bis sie heim gingen. — Abu Macâr der Alexandriner wanderte von Alexandrien zu dem eben erwähnten Macarius und legte in seine Hände das Mönchsgelübde ab. Dann kam Abu Macâr der dritte, welcher Bischof wurde.

68. Das Kloster des Bu Johannes el-Casîr soll in den Zeiten des Constantinus, des Sohnes der Helena, gebaut sein. Dieser Abu Johannes besass merkwürdige Eigenschaften und gehört zu den berühmtesten Mönchen. Die Umstände dieses Klosters waren sehr günstig und es lebte darin eine grosse Anzahl von Mönchen; jetzt sind darin nur noch drei Mönche übrig.

69. Das Kloster des Johannes Kama, [70] das Kloster des heil. Elias, welches den Habessiniern gehörte; beide Klöster sind zerstört, der Wurm verzehrte ihr Holzwerk, so dass sie einstürzten. Die Habessinier gingen hierauf in [71] das Kloster der Jungfrau des Bu Johannes, dies ist ein nettes Kloster, nahe bei dem des Bu Johannes el-Casîr. — [72] In der Nähe dieser Klöster liegt das Kloster Anba Nub, welches jetzt ebenfalls zerstört ist. Dieser Anba Nub stammte aus Semnud, er wurde zur Zeit des Islam getödtet und sein Leichnam in einem Hause zu Semnud beigesetzt. — [73] Das Kloster der Armenier in der Nähe jener Klöster ist zerstört. — [74] In ihrer Nachbarschaft liegt auch das Kloster des Bu Bischâi, welches bei ihnen in grossem Ansehn steht, weil dieser Bischâi einer der Mönche war, welche in die Classe des Macarins und Johannes el-Casîr gehören; es ist ein sehr grosses Kloster. — [75] Ein Kloster dem des Bu Bischâi gegenüber gehörte sonst den Jacobiten, seit etwa dreihundert Jahren ist es im Besitz der syrischen Mönche und ist zur Zeit in ihren Händen. Der Platz dieser Klöster wird der Klosterteich genannt.

76. Das Kloster der Jungfrau von Baramûs unter dem Namen der Jungfrau Maria, darin sind einige Mönche. — [77] Ihm gegenüber liegt das Kloster Musa oder Abu Musa des schwarzen, auch Baramûs genannt; dieses Kloster ist der Jungfrau von Baramûs geweiht, so dass Baramûs der

---

dex hat statt dessen noch unwahrscheinlicher القِرانيس Kieselsteine, wenn dies nicht für القِرانيص geschrieben ist, welches auch anteriores partes ocreae bedeutet.

Name des Klosters ist. Man erzählt davon eine Geschichte, welche kurz folgende ist: Maximus und Timotheus waren die Söhne eines griechischen Kaisers und hatten den Arsenius zum Lehrer; der Lehrer begab sich aus Griechenland nach Ägypten, kam an dieser Ebene von Schîhât vorüber, fing dort das Mönchsleben an, und blieb hier, bis er starb. Er war ein vortrefflicher Mann und die beiden genannten Söhne des Kaisers kamen bei seinen Lebzeiten zu ihm und legten in seine Hände das Klostergelübde ab. Als sie starben, schickte ihr Vater hin und liess unter ihrem Namen die Kirche von Baramûs erbauen. — Abu Musa der schwarze war ein kühner Räuber, welcher hundert Menschen ermordet hatte; dann nahm er das Christenthum an, wurde Mönch und schrieb eine Menge Bücher. Er gehört zu denen, welche das vierzigtägige Fasten ganz ohne Nahrung hinbrachten und war ein Berber.

78. Das Kloster el-Zeddschâdsch (des Glasers). Dieses Kloster liegt ausserhalb der Stadt Alexandrien, wird auch el-Habetûn [1]) genannt und führt den Namen des Bu Dschordsch des älteren. Ehemals war es für den Patriarchen unerlässliche Vorschrift, dass er sich (bei seiner Einführung) aus der Mo'allaca zu Misr nach diesem Kloster el-Zeddschâdsch begab, in der jetzigen Zeit wird dies unterlassen. — Dies sind die Klöster der Jacobiten.

79. Die Frauen haben für sich noch besondere Klöster, wie das Nonnenkloster auf der Strasse Zoweila in Cahira; es ist ein von Kloster-Jungfrauen und anderen christlichen Frauen bewohntes Kloster. — [80] Das Nonnenkloster auf der Griechenstrasse in Cahira von Klosterfrauen bewohnt. — [81] Das Kloster el-Mo'allaca in der Stadt Misr ist das berühmteste der Frauenklöster und von ihnen bewohnt. — [82] Das Kloster der Barbara in Misr in der Nähe der Barbara-Kirche, von Kloster-Jungfrauen bewohnt. Barbara war eine Heilige zur Zeit des Diocletianus, welcher sie foltern liess, damit sie von ihrem Glauben umkehren und die Götzen anbeten sollte; aber sie blieb standhaft bei ihrem Glauben und ertrug geduldig die schwere Folter. Sie war Jungfrau und noch von keinem Manne berührt, und als er an ihr verzweifelte, liess er ihr den Kopf abschlagen und einer Menge Frauen mit ihr.

---

1) So haben fast alle Handschriften, nach Quatremère, mém. géogr. T. I. p. 486, soll indess die Lesart الهانطون el-Hanetûn richtiger sein.

83. Die Melikitischen Christen haben eine Celle ihres Patriarchen in der P. 47. Nachbarschaft der Kirche des Michael nahe bei der Brücke des Efram ausserhalb Misr, sie ist der Versammlungsort der Mönche, welche aus Griechenland kommen.

84. Das Kloster des Johannes el-Casîr, gewöhnlich el-Coseir genannt; die richtige Aussprache ist nach ihnen el-Casîr, nach der Form schahîd, welches verändert und el-Coseiir gesprochen ist; die Moslimen nennen es Deir el-Coseir (Kloster der kleinen Burg) als wäre es ein Diminutivum von casr Burg; ursprünglich heisst es aber, wie gesagt, Deir el-casîr (Kloster des kurzen), das Gegentheil von tawîl lang, und wird auch das Kloster des Heraclius und Kloster des Maulthiers genannt; es ist schon oben erwähnt. Es gehörte zu den grössten Klöstern der Christen, jetzt ist aber nur noch einer darin, welcher es bewacht, und es ist in den Händen der Melikiten.

85. Das Kloster von el-Tûr. Ibn Sîda sagt: el-Tûr bedeutet "der Berg" und wird vorzugsweise von Tûr Sîna, dem Berge in Syrien gebraucht; im Syrischen lautet es ܛܘܪܐ turo und in der Ableitung sagt man Turi oder Turâi ein Turier. Jâcut sagt: Tur sieben Örter: 1. Tur Zeita, in der Aussprache wie Zeit Öl mit schliessendem a, Name eines Berges in der Nähe von Râs 'Ain. 2. Tur Zeita desgleichen ein Berg von Jerusalem, östlich von Siloa [1]). 3. Tur, Name eines eigenen Berges, der über der Stadt Tiberias am Jordan hervorragt. 4. el-Tur, Name eines Berges in einem Districte, welcher eine Menge Ortschaften umfasst in Ägypten auf der Südseite zwischen Misr und dem Berge Fârân. 5. Tur Sina, nach verschiedenen Angaben ist dies ein Berg in der Nähe von Aila oder ein Berg in Syrien; Sina sollen Steine oder Bäume daselbst sein. 6. Tur 'Abdîn, Name eines Berges, im Gebiete von Nisibis innerhalb des Berges, welcher über diese Stadt emporragt und mit dem Berge Dschudi zusammenhängt. 7. Tur Hârûn (Aron) des Bruders Moses. — el-Wâhidi [2]) sagt in seinem Commentare: el-Kelbi und andere sagen, der Berg in dem Worte Gottes „aber sieh den Berg

---

1) ܠܟܣܝܩܘܢ Michaelis, Lex. Syr. pag. 358.

2) Abul-Hasan Ali Ben Ahmed el-Wâhidi el-Neisaburi, gest. im J. 468, ist Verfasser eines dreifachen Commentars zum Coran, eines grösseren, mittleren und kleineren. Hadschi Chalfa, lex. bibliogr. No. 1834. 3423. 4389.

an" [1]), sei der grösste Berg in Midian, welcher Zabîr heisst. el-Kelbi erinnert, dass
der Tur seinen Namen von Jatur, dem Sohne Ismaëls, bekommen habe, wobei
el-Soheili [2]) bemerkt, dass also vielleicht dass ja abgeworfen sei, wenn seine
Angabe ihre Richtigkeit habe. Omar Ben Scheiba [3]) sagt: Abd el-'Azîz erzählte mir von Abu Ma'scher, von Sa'îd Ben Abu Sa'îd von seinem Vater,
von Abu Horeira, dass der Gesandte Gottes gesagt habe: „vier Flüsse
sind im Paradiese, und vier Berge und vier Schlachten sind im Paradiese, die Flüsse sind: Seihân, Dscheihân, Nil und Euphrat, und die
Berge sind: el-Tur, Lubnân [4]), Ohod und Wericân [5]); über die Schlachten
schwieg er. Nach Ka'b el-Ahbâr haben die Moslimen drei Schutzwehren,
nämlich ihre Schutzwehr gegen die Griechen ist Damascus, ihre Schutzwehr
gegen el-Daddschâl [6]) ist der Jordan und ihre Schutzwehr gegen Jâdschûdsch

---

1) Coran, Sure 7 V. 139.

2) Abul-Câsim Abd el-Rahman Ben Abdallah el-Chath'ami el-Soheili, geb. zu
   Malaga im J. 508, studirte zu Granada und wurde einer der ausgezeichnetsten
   Philologen Spaniens, der auch in der Geschichte gründliche Kenntnisse besass.
   Sein Ruf verbreitete sich nach Marocco, dessen Beherrscher ihn einladen liess,
   dorthin zu kommen, wo er dann mit dem grössten Wohlwollen aufgenommen
   wurde; doch starb er schon nach drei Jahren am 26. Scha'bân 581. Ibn Challikân, vit. No. 379. Tabac. el-Hoff. Class. XVII, 3. — Es ist hier wahrscheinlich sein Werk gemeint, welches den Titel führt: Institutio et doctrina de
   nominibus propriis, quae in Corano incertae sunt significationis. Hadschi
   Chalfa, lex. bibl. 3098. Catalog. Bibl. Bodl. T. II. Cod. 19.

3) So ist der Name häufig verschrieben, anstatt Omar Ben Schebbeh el-Nomeiri,
   ein Gelehrter aus Basra, lebte von 173 bis 262. Ibn Challik. vit. Nr. 502.
   Tabac. el-Hoff. Class. VIII, 111. — Die nächstfolgenden Namen gehören bekannten Überlieferern der Traditionen an.

4) Lubnân ist ein Gebirge in Syrien. Abulfed. géogr. pag. 68. — Es ist auch
   Dualform und bezeichnet zwei Berge in der Provinz Thâma, den oberen und
   unteren Lubn. Zamachschari, lex. geogr. hat darüber:

   لبنان جبلان بتهامة يقال لهما لبن الاعلى ولبن الاسفل قال الراعى
   سيكفيكك الاله بمسنمات كجندل لبن تنطرد الصلالا.

5) Wericân ist nach dem Camus ein schwarzer Berg zwischen el-'Aredsch und
   el-Roweitha links von der Strasse, die von Medina nach Mekka führt.

6) el-Daddschâl ist der von Christus überwundene Antichrist.

und Mâdschûdsch ist el-Tur. Scho'ba sagt von Artaa Ben el-Mondir: Als
Jâdschûdsch und Mâdschûdsch auszog, offenbarte Gott dem Isa Ben Marjam: siehe, ich habe eins meiner Geschöpfe ausziehen lassen, über welches keiner ausser mir etwas vermag, so gehe nun mit deinen Begleitern zum
Berge el-Tur; da ging er hin in Begleitung von 12,000 Nachkommen. —
Tale Ben Habîb hat den Zor'a sagen gehört: ich wollte nach el-Tur ausziehen, da kam ich zu Abdallah Ben Omar und sagte ihm dies, worauf er erwiederte: Nach drei Moscheen ist die Reise beschwerlich, nach der Moschee
des Gesandten Gottes (zu Medina), der heiligen Moschee (zu Mekka) und der
entferntesten Moschee (zu Jerusalem), so gib nun den Tur auf, dahin kommst
du nicht. — Der Cadhi Abu Abdallah Muhammed Ben Selâma el-Codhâ'i
sagt, nachdem er die Districte von Ägyptenland beschrieben hat: zu den südlichen Districten gehören die Ortschaften von el-Hidschâz, nämlich der District el-Tur und Fârân, der District Rajâ und el-Culzum, der District Aila
und sein Gebiet, Midian und sein Gebiet, el-'Oweid und el-Haura ¹) und
beider Gebiete, dann der District Bedâ und Schagb ²).

Ich bemerke: Es ist kein Streit unter den christlichen und jüdischen P. 48.
Geschichtschreibern, dass dieser Berg Tur derjenige sei, auf welchem, oder
bei welchem Gott seinen Propheten Moses unterwies; dort ist bis zu dieser
Zeit ein Kloster im Besitz der Melikiten, es ist bewohnt und darin befindet
sich ein grosser Garten, mit Palmen, Trauben und anderen Früchten. el-Schâboschti sagt: Tur Sina ist der Berg, auf welchem dem Moses der Lichtglanz
erschien und wo er die Besinnung verlor. Das Kloster auf der Spitze des

---

1) Vergl. Edrisi, géogr. trad. par Jaubert. T. I. p. 332.

2) Beda und Schagb sind die Namen zweier Stationen zwischen Ägypten und Syrien; Zamachschari sagt in seinem geograph. Lexicon: بدا موضع كلّ

وانتِ الّذى حبّبتِ شَغْباً الى بدا   الّى واوطانى بلادُ سواها

Beda ein Ort; ein Dichter sagt: Du bist es, welche mir das Land von Schagb
bis Beda theuer machst, und ein Land ausser ihnen macht mich niedergeschla-
gen. — Statt الّذى ist besser الّتى zu lesen. In dem Artikel Schagb nennt Zamachschari den Dschamîl als Dichter und gibt den Vers etwas abweichend:

شغب موضع قل جميل   لعمرى لقد حسّنتِ شغباً الى بدا   الّى واوطانى بلاد سواها

15*

Berges ist von schwarzen Steinen erbaut, die Breite seiner Mauer ist drei Ellen und es hat drei eiserne Thore und auf der Westseite ist ein kleines
Thor, vor welchem ein Stein aufgerichtet ist, den sie nach Belieben aufheben
können, und wenn Jemand zu ihnen kommt, lassen sie ihn herunter, dadurch
wird der Platz bedeckt, so dass man die Stelle des Thores nicht bemerkt.
Im Innern des Klosters ist eine Wasserquelle und ausserhalb desselben eine
andere Quelle. Die Christen behaupten, dass darin ein Licht sei, wie das
Licht, welches zu Jerusalem war, wovon an jedem Abend gleich viel verbrennt; es ist weiss, klein, von geringer Hitze, so dass es nichts verbrennt,
wird aber stärker, wenn eine Leuchte daran angezündet wird. Das Kloster
ist von Mönchen bewohnt, die Leute besuchen es und es gehört zu den (von
Dichtern) beschriebenen Klöstern. Ibn 'Amir sagt von ihm:

O Mönch des Klosters! woher der Glanz und das Licht?

schon leuchtet von dem, was in deinem Kloster, el-Tur.

Weilt etwa die Sonne in ihm, ihre Sternbilder vergessend,

oder hat sich der Mond in ihm versteckt und ist verborgen?

Da sprach er: es weilt darin weder Sonne, noch Mond,

sondern heute sind Flaschen herbeigeholt.

Ich bemerke: Die christlichen Geschichtschreiber erzählen, dass Justinia-
nus, Kaiser von Griechenland zu Constantinopel, den Bau dieses Klosters
befohlen habe; es wurde darin eine feste Burg angelegt oben mit einer Menge
Cellen und eine Wache zum Schutze der Mönche hineingelegt, welche aus
Leuten von dem arabischen Stamme der Benu Sâlih bestand; zur Zeit dieses
Kaisers war die fünfte Versammlung der Christen. Zwischen ihm und el-
Culzum, welches eine Stadt war, sind zwei Wege, der eine zu Lande, der
andere zur See, beide führen nach der Stadt Fârân, welche eine der Städte
der Amalekiten ist, dann von da nach el-Tur sind zwei Tagereisen: von der
Stadt Misr nach el-Culzum sind drei Tage. Man gelangt zum Berge el-Tur
auf 6666 Stuffen, in der Mitte des Berges war eine Kirche des Propheten
Elias und auf dem Gipfel eine Kirche, welche den Namen Moses führte, mit
Säulen von Quadersteinen und Thoren von Messing; dies ist der Ort, wo
Gott mit Moses redete und wo dieser die Tafeln zerbrach. Es war darin
nur ein Mönch zum Dienste, und sie behaupten, dass keiner darin übernach-

ten konnte, sondern es wurde ihm ausserhalb ein Platz eingerichtet, an dem er übernachtete. Von diesen beiden Kirchen ist nichts mehr vorhanden.

86. Das Nonnenkloster auf der Casr el-Schem' in Misr führt den Namen des Bu Dschordsch, hier war vor dem Islam der Nilmesser, wovon dort bis diesen Tag noch Spuren vorhanden sind.

Dies ist alles, was die Christen, Jacobiten und Melikiten, Männer und Frauen, von Klöstern in Ägyptenland im Süden und Norden besitzen; ihre Zahl beläuft sich auf 86, davon gehören den Jacobiten 82 und den Melikiten vier Klöster [1]).

8. Cap. Von den Kirchen der Christen.   P. 49,

el-Azhari [2]) sagt: Kenîsa Kirche der Juden, im Plural Kenâis, ist arabisirt und die Grundform Kunischt [3]). — Schon die (älteren) Araber erwähnen die Kirchen (in ihren Gedichten), so sagt el-Àbbâs Ben Mirdâs el-Solemi:

    Sie umkreisen mich im Schatten jeder Kirche,
        und nicht hatte mein Volk sich verweilt in den Kirchen.
Und Ibn Qais el-Rocajjât [4]) sagt:
    Als wäre sie das Bild, das in einer der Kirchen abgemalt ist.

---

1) Die beiden letzten Zahlen habe ich aus dem vorhergehenden ergänzt, da sie in den Handschriften fehlen.

2) Abu Mansur Muhammed Ben Ahmed el-Azhari geb. im J. 282, gest. im J. 370 zu Herat, ein ausgezeichneter Philolog, hatte grosse Reisen unternommen, um die Materialien zu einem arabischen Lexicon zu sammeln, welches er unter dem Titel „verbesserte Anordnung" herausgab. Ibn Challik. vit. Nr. 650. Hadschi Chalfa Nr. 3783.

3) Kunischt ist das persische Wort, die Grundform aber das chaldäische כְּנִישָׁא die Synagoge, von כנש versammeln. Im Arabischen findet sich häufig die Diminutivform Koneijisa.

4) Der Dichter Obeidallah Ibn Qeis, ein Zeitgenosse des Propheten Muhammed, erhielt den Beinamen el-Rocajjât, weil mehrere seiner Frauen, Grossmütter oder Tanten Rocajja hiessen, oder weil er drei verschiedene Frauen dieses Namens in seinen Liedern besang. Vergl. Alii Ispahanensis liber Cantilenarum ed. Kosegarten, Tom. I. pag. 249.

1. Die beiden Kirchen el-Chandac (des Grabens) hinter el-Càhira, die eine unter dem Namen des Engels Gabriel, die andere unter dem des Mercurius, welche auch nach Roweis, einem bekannten Mönche nach dem J. 800 d. H., benannt wird. Bei diesen beiden Kirchen begraben die Christen ihre Todten und der Platz heisst die Grabstätte des Grabens; die beiden Kirchen wurden zur Zeit des Islam für die Kirchen von el-Macs gebaut.

2. Die Kirche auf der Strasse Zoweila in el-Cahira, eine bei den Jacobitischen Christen in Ansehen stehende Kirche, führt den Namen der Jungfrau Maria; es wird behauptet, dass sie vormals unter dem Namen des Arztes Sebulon bekannt gewesen sei, welcher etwa 270 Jahre vor dem Erscheinen der Islamitischen Religion lebte, in verschiedenen Wissenschaften bewandert war und einen grossen Schatz besass, zu dem man durch einen hier befindlichen Brunnen gelangte.

3. Eine Kirche unter dem Namen el-Mogîtha bekannt, auf der Griechenstrasse in el-Càhira, führt den Namen der Jungfrau Maria. Die Jacobiten besitzen in el-Càhira ausser diesen beiden Kirchen keine. Auf der Griechenstrasse war noch eine andere Kirche, die Kirche der Barbara genannt, welche im J. 718 zerstört wurde. Die Veranlassung dazu war, dass die Christen bei el-Melik el-Nàsir Muhammed Ben Qilàwûn eine Vorstellung eingereicht hatten, worin sie um Erlaubniss baten, das, was an ihr zerstört war, wieder herstellen zu dürfen; er gab ihnen auch die Erlaubniss dazu, und nun bauten sie sie schöner, als sie gewesen war. Dies ärgerte einen Haufen von Moslimen und sie reichten beim Sultan eine Vorstellung ein, dass die Christen an der Seite dieser Kirche etwas neues gebaut hätten, was vorher nicht gewesen sei. Er beauftragte desshalb den Emir Schatzmeister 'Ilm ed-Din Sendschar, Präfecten von el-Càhira, das, was sie neu gebaut hätten, zu zerstören, dieser ritt also dahin und fand bereits eine Menge Menschen versammelt, die sich nun beeilten um in kürzester Zeit die Kirche gänzlich zu zerstören; sie errichteten an ihrer Stelle eine Kanzel, riefen die Stunden ab und lasen aus dem Coran, alles auf ihre eigne Hand, und sie wurden nicht daran gehindert aus Furcht vor einem Aufstande. Da kam schwere Bedrängniss über die Christen und sie klagten ihre Noth dem Cadhi Kerîm ed-Dîn, Verwalter des Privatschatzes des Sultans; dieser machte sich

auf, verwandte sich für die Religion seiner Vorfahren und liess nicht von dem Sultan ab, bis er die Zerstörung der Kanzel verfügte; sie wurde nun zerstört, die Stelle ward ein Schutthaufen und so ist der Zustand geblieben.

4. Die Kirche des Bu Mina. Diese Kirche liegt nahe bei dem Walle zwischen den Erdhügeln an der Strasse von Misr; es sind drei aneinander stossende Kirchen, von denen die eine den Jacobiten, die andere den Syrern, und die dritte den Armeniern gehört. Es wird dort jedes Jahr ein Fest gefeiert, wozu sich die Christen bei ihr versammeln.

5. Die Kirche el-Mo'allaca in der Stadt Misr auf der Strasse Casr P. 50. el-Schem' unter dem Namen der Jungfrau; sie steht bei ihnen in sehr hohem Ansehen und ist verschieden von der oben erwähnten Kellaja.

6. Die Kirche des Schanûda in Misr, benannt nach dem alten Mönche Schanûda, von dem viel erzählt wird, unter andern, dass er zu denen gehört habe, welche in dem vierzigtägigen Fasten sich der Speisen ganz enthielten; unter ihm standen 6000 Mönche, welche sich, so wie er selbst vom Brunnengraben nährten; er schrieb viele Bücher.

7. Die Kirche der Maria in der Nähe der Kirche des Schanuda, sie wurde von Ali Ben Soleimân Ben Ali Ben Abdallah Ben Abbâs, Emir von Ägypten, zerstört, als er von dem Emir der Gläubigen el-Hâdi im J. 169 die Verwaltung erhielt; er zerstörte auch die Kirchen der Constantins-Warte, für deren Erhaltung ihm die Christen 50,000 Dinare zum Geschenke anboten, die er aber ausschlug. Als er aber abgesetzt wurde und Musa Ben Isa Ben Musa Ben Muhammed Ben Ali Ben Abdallah Ben Abbâs unter dem Chalifat des Harun el-Raschîd an seine Stelle kam, erlaubte Musa Ben Isa den Christen den Wiederaufbau der Kirchen, welche Ali Ben Soleiman zerstört hatte; da wurden sie sämmtlich wieder aufgebaut in Folge eines Gutachtens des Leith Ben Sa'd und Abdallah Ben Lahî'a, welche beide erklärten, dass es zum Besten der Stadt sei, und bezeugten, dass die Kirchen in Misr erst während des Islams zur Zeit der Gefährten des Propheten und deren ersten Nachfolger erbaut seien.

8. Die Kirche des Bu Dschordsch von el-Thicat. Diese Kirche liegt in einer Gasse der Strasse Casr el-Schem' in Misr, welche die Gasse el-Thicat heisst, und nicht weit davon ist die Kirche der Jungfrau des Bu Dschordsch.

9. Die Kirche der **Barbara** in Misr ist gross und bei ihnen berühmt, sie ist benannt nach der heiligen Barbara, einer Nonne. Zu ihrer Zeit lebten noch zwei Klosterjungfrauen Isa und Thecla; ihnen zu Ehren wird in dieser Kirche ein grosses Fest gefeiert, bei welchem der Patriarch zugegen ist.

10. Die Kirche des **Bu Serdscha** (St. Sergius) in der Nähe der Barbara nicht weit von dem Hospital des Ibn el-No'mân, darin ist eine Höhle, in welcher der Messias und seine Mutter Maria gesessen haben sollen.

11. Die Kirche von **Babylon** südlich von Casr el-Schem' am Wege der Efram-Brücke; diese Kirche ist sehr alt und nett, unter ihr soll der Schatz von Babylon sein; ihre Umgebung liegt in Trümmern.

12. Die Kirche **Theodorus** des Märtyrers in der Nähe von Babylon ist benannt nach dem Märtyrer Theodorus, dem Feldherrn.

13. Die Kirche des **Bu Mina** ebenfalls in der Nähe von Babylon; diese beiden Kirchen sind geschlossen wegen der Trümmer die sie umgaben.

14. Die Kirche des **Bu Mina** auf der rothen Strasse; die rothe Strasse heisst heut zu Tage die Strasse der Löwenbrücke zwischen el-Câhira und Misr. Diese Kirche wurde im J. 177 d. H. restaurirt mit Erlaubniss des Emirs von Ägypten el-Welîd Ben Rifâ'a, hierüber wurde Woheib el-Jahsobi aufgebracht, stand gegen den Sultan auf und kam zu Ibn Rifâ'a, um ihn meuchlings zu ermorden, er wurde aber ergriffen und getödtet; Woheib war ein erfahrener Mann aus Jemen und nach Ägypten gekommen. Nun erhoben sich die Cara gegen el-Welîd Ben Rifâ'a um Woheib zu rächen, und lieferten ihm ein Treffen; Ma'ûna, die Frau des Woheib, ging bei Nacht umher in die Niederlassungen der Cara um sie aufzureitzen, sein Blut zu rächen; sie hatte ihren Kopf geschoren und war ein beredtes Weib. Da ergriff Ibn Rifâ'a den Abu Isa Merwân Ben Abd el-Rahman el-Jahsobi aus den Cara, dieser bat um Gnade und Ibn Rifâ'a liess sie frei; nun wurde der Aufstand beschwichtigt, nachdem eine grosse Anzahl getödtet war. — Die Kirche in der rothen Strasse blieb stehen, bis die Zerstörung der Kirchen vorfiel in den Tagen des Melik el-Nâsir Muhammed Ben Qilâwûn, wie, so Gott will, wird erzählt werden.

**15. Geschichte der Kirche el-Zohri und Bericht über die P.51.
Zerstörung der Kirchen in Ägyptenland und der Klöster der
Christen zu einer Zeit.**

Die Kirche el-Zohri stand an der Stelle, wo jetzt der Nàsirische Teich
ist in der Nähe der Löwenbrücke auf dem westlichen Ufer des Canals westlich von el-Lewac, und in Bezug auf sie haben viele Ereignisse stattgefunden. Als nämlich el-Melik el-Nàsir Muhammed Ben Qilàwàn im J. 720 die
Rennbahn der Mehàri-Cameele in der Nähe der Löwenbrücke gebaut hatte,
wollte er noch einen Springbrunnen an dem Hauptarme des Nil nicht weit
von der Teibersischen Moschee [1]) anlegen; er befahl daher einen Schutthaufen,
welcher dort lag, fortzuschaffen, die Erde darunter wegen des anzulegenden
Basins auszugraben und liess das Wasser in die ausgegrabene Stelle leiten,
welche davon bis diesen Tag der Nàsirische Teich heisst. Der Anfang mit
der Ausgrabung dieses Teiches wurde am letzten des Monats Rebi' I. 720
gemacht und als man damit bis neben die Kirche gekommen war, in welcher viele Christen immer ihre Wohnungen gehabt hatten und an deren Seite
ebenfalls mehrere Kirchen standen an der Stelle, welche jetzt Haker Ecboga
genannt wird, zwischen den sieben Brunnen und der Wallbrücke ausserhalb der Stadt Misr, so fingen die Arbeiter an, um die Kirche el-Zohri
zu graben, so dass diese mitten auf der Stelle stehen blieb, welche der Sultan zum Ausgraben bestimmt hatte und jetzt der Nàsirische Teich ist, und sie
fuhren fort zu graben, bis die Kirche wie in der Luft hing. Die Absicht
hierbei war, dass sie einstürzen sollte ohne den bestimmten Vorsatz der Zerstörung. Die gemeinen Sklaven der Emire, welche beim Ausgraben halfen,
und die übrigen Arbeiter verlangten ohne Aufhören unter Geschrei von den
Emiren die Erlaubniss zu ihrer Zerstörung, aber diese achteten nicht auf sie,
bis am Freitage den 9. Rebi' II. desselben Jahres zur Zeit, als die Leute das
Freitagsgebet verrichteten und die Arbeit des Ausgrabens unterbrochen war,
eine Anzahl des gemeinsten Volkes ohne den Willen des Sultans unter dem

---

1) Sie führt den Namen von dem Emir Teibers Ben Abdallah, welcher im J. 697
Oberfeldherr wurde und im J. 719 starb, und auch Stifter der Academia Tei-
bersia ist.

laut erhobenen Rufe „Gott ist gross!" mit Hacken und andern Werkzeugen
an die Kirche el-Zohri Hand anlegte, sie zerstörte, bis sie ein Schutthaufen
war, die darin befindlichen Christen plünderte, und alles, was darin war,
wegnahm. — Hierauf zerstörten sie die Kirche Bu Mina, welche in der rothen Strasse lag und bei den Christen seit alter Zeit in hohem Ansehen stand;
hier wohnte eine Menge Christen, die sich dahin zurückgezogen hatten und
denen die Christen von Misr alles, was zu ihrem Unterhalte nöthig war, brachten; auch sandten sie dahin kostbare Weihgeschenke und viele Almosen, so
dass sich darin ein grosser Schatz an geprägtem Gelde, goldenen Geräthen
und anderen Kostbarkeiten befand. Das Volk stieg über die Mauer, öffnete
die Thore und nahm Geld, Geräthe und Weinbecher aus ihr weg, es war
eine schreckliche Begebenheit.

Hierauf gingen sie von der Kirche in der rothen Strasse, nachdem sie
dieselbe zerstört hatten, nach den beiden Kirchen in der Nähe der sieben
Brunnen, von denen die eine die Kirche der Töchter hiess und von christlichen
jungen Mädchen und einer Anzahl Mönchen bewohnt wurde; sie erbrachen
die Thore der beiden Kirchen, machten die Mädchen, deren über sechzig waren, zu Gefangenen, nahmen ihnen die Kleider ab, die sie an hatten, plünderten, was ihnen vorkam, und verbrannten und zerstörten diese Kirchen gänzlich.

Alles dieses geschah, während die Leute das Freitagsgebet verrichteten,
und als diese nun aus den Moscheen kamen, gewahrten sie mit grossem Ent-
setzen die Menge Staub, den Rauch von dem Brande, den Tumult der Menschen und das Drängen und Treiben derer, welche die geplünderten Gegen-
stände mit sich nahmen, so dass dieser Zustand von Schrecken nur mit dem
Tage der Auferstehung verglichen werden konnte. Die Nachricht hiervon verbreitete sich und kam schnell bis zu dem Sandplatze unter dem Bergschlosse,
der Sultan hörte ein grosses Toben und unbekanntes Lärmen, welches ihn in
Schrecken setzte, und schickte hin, um den Grund zu erfahren. Als ihm nun
gemeldet wurde, was vorgefallen sei, gerieth er in grosse Aufregung und war
aufgebracht darüber, dass das Volk dies ohne seinen Befehl zu unternehmen
gewagt hatte. Er befahl dem Emir Eidogmisch Emir-Achor [1]) mit einer Ab-

---

2) Emir-Achor ist der Ober-Stallmeister des Sultans. Vergl. Quatremère zu Macrizi, hist. des Sultans Mamlouks. Tom. I. part. 1. pag. 119.

theilung Pagen hinzureiten, dieser Unordnung Einhalt zu thun und die Thäter P. 52.
festzunehmen. Während nun Eidogmisch Anstalten traf hinzureiten, wurde
schon aus el-Cahira die Nachricht gebracht, dass das Volk in el-Cahira aufgestanden sei und eine Kirche in der Griechenstrasse und eine in der Strasse
Zoweila zerstört habe, und zugleich wurde aus Misr berichtet, dass das Volk
in Misr in sehr grosser Anzahl aufgestanden und nach der Kirche el-Mo'allaca auf der Casr el-Schem' gezogen sei, welche dann von den Christen geschlossen wäre, die darin belagert würden, aber nahe daran sei, eingenommen
zu werden. Nun stieg der Zorn des Sultans und er wollte in Person hin-
reiten und auf das Volk einen Angriff machen, doch blieb er zurück, nachdem ihn der Emir Eidogmisch davon abgebracht hatte. Dieser begab sich
vom Schlosse mit vier Emiren nach Misr, die beiden Pförtner Emir Bibars
und Emir Alamâs ritten nach der Stelle, wo ausgegraben wurde, und der
Emir Tinâl ritt nach el-Cahira, jeder von einer zahlreichen Schaar begleitet.
Der Sultan hatte befohlen, einen jeden aus dem Volke, dessen sie habhaft
würden, zu tödten und keinen zu begnadigen; desshalb machte sich el-Cahira
und Misr auf die Beine, und die Plünderer flohen, so dass die Emire nur
noch die trafen, welche sich nicht mehr fortbewegen konnten, weil der Genuss des von ihnen aus den Kirchen geraubten Weines sie übermannt hatte.
Emir Eidogmisch traf in Misr ein, als bereits vor seiner Ankunft der Präfect
nach der Mo'allaca geritten war, um die, welche sich zur Plünderung einge-
funden hatten, aus der Gasse der Mo'allaca zu vertreiben, aber von einem
Steinregen empfangen, hatte er sich vor ihnen zurückgezogen, und es fehlte
nur noch, dass das Thor der Kirche in Brand gesteckt wurde. Nun zog
der Emir Eidogmisch und seine Begleiter das Schwerdt, um sich auf das
Volk zu stürzen, da er aber eine unzählige Volksmenge fand und einen
schlimmen Ausgang fürchtete, stand er vom Morden ab, befahl seinen Begleitern, das Volk auseinander zu treiben ohne Blut zu vergiessen, und liess ausrufen, wer stehen bleibe, habe das Leben verwirkt. Da wandte sich das Volk,
welches sich versammelt hatte, zur Flucht und zerstreute sich, Eidogmisch aber,
aus Besorgniss, dass das Volk umkehren möchte, blieb halten, bis dass zum
Abendgebete gerufen wurde, dann zog er ab, nachdem er den Präfecten von
Misr beordert hatte, mit seinen Soldaten, zu denen er ihm noch funfzig von

den Pagen zurückliess, an dem Platze zu übernachten. — Was den Emir Alamâs betrifft, so kam er zu den Kirchen in der rothen Strasse und der Kirche el-Zohri, um sie zu beschützen, es waren aber dort nur Schutthaufen übrig, es stand davon keine Mauer mehr; er kehrte also um, und auch die anderen Emire kamen zurück und statteten dem Sultan Bericht ab, dessen Zorn immer noch zunahm; sie liessen aber nicht ab, bis er davon wieder beruhigt war.

Bei der Zerstörung dieser Kirchen ereignete sich ein wunderbarer Vorfall. Als nämlich die Leute an diesem Tage in der Moschee des Bergschlosses zum Freitagsgebete versammelt waren, und eben das Gebet beendigt hatten, erhob sich ein Verrückter und rief mitten in der Moschee: zerstört die Kirchen auf dem Schlosse, zerstört sie! und nachdem er diesen beunruhigenden Ruf über die Maasse öfters wiederholt hatte, bekam er Zuckungen. Der Sultan und die Emire wunderten sich über seine Rede und er befahl dem wachhabenden Officiere und dem Pförtner die Sache zu untersuchen; diese beiden verliessen also die Moschee und als sie zu den Ruinen der Tataren an der Burg kamen, wo eine neu erbaute Kirche stand, waren Leute mit der Zerstörung derselben beschäftigt und sie waren damit noch nicht zu Ende, als die Nachricht von dem, was den Kirchen in der rothen Strasse und in el-Câhira widerfahren war, anlangte. Nun wunderte sich der Sultan über jenen Faqîr noch mehr und liess ihn aufsuchen, aber es wurde keine Spur von ihm gefunden. Auch in der Moschee el-Azhar ereignete es sich, dass, als die Leute an diesem Tage zum Freitagsgebete versammelt waren, einer der Faqîre eine Art Zittern bekam, dann, nachdem die Stunde abgerufen war, ehe der Prediger hervorkam, trat er auf und sprach: zerstört die Kirchen der Widersacher und Ungläubigen! ja, Gott ist gross! Gott verleihe Sieg und Hülfe! dann fing er wieder an, sich zu bewegen und schrie: bis auf den Grund! bis auf den Grund! Die Leute richteten ihre Blicke auf ihn und wussten nicht, was er wollte; sie waren über ihn verschiedener Meinung, indem die einen sagten: er ist verrückt, die andern: das hat was zu bedeuten. Als nun der Prediger hervorkam, hörte er auf zu schreien, und nach Beendigung des Gebetes suchte man ihn, konnte ihn aber nicht finden, und sowie die Leute aus der Thür der Moschee heraustraten, sahen sie die Plünderer

mit dem Holzwerk der Kirchen, den Kleidern der Christen und andern ge- P. 53.
plünderten Sachen, und als sie nach dem Hergange fragten, erhielten sie zur
Antwort, der Sultan habe ausrufen lassen, dass die Kirchen sollten zerstört
werden; die Leute hielten diese Angabe für wahr, bis sie bald nachher er-
fuhren, dass alles ohne Befehl des Sultans geschehen sei. Die an diesem
Tage in el-Câhira zerstörten Kirchen waren die Kirche auf der Griechenstrasse, die Kirche bei den Bogenschützen und zwei Kirchen auf der Strasse
Zoweila.

Sonntags am dritten Tage nach dem Freitage, an welchem die Zerstörung der Kirchen in el-Câhira und Misr stattgefunden hatte, kam die Nachricht von dem Emir Bedr ed-Dîn Bilbeg el-Mohseni, Präfecten von Alexandrien, dass am Freitage den 9. Rebi' II. nach dem Freitagsgebet unter den
Leuten ein Tumult entstanden sei, und als sie die Moschee verlassen hätten,
sei schon das Geschrei erschollen: die Kirchen sind zerstört! der Mamluk sei
sofort hingeritten, habe aber die Kirchen, vier an der Zahl, bereits als Schutthaufen gefunden; auch habe er durch die Taubenpost von dem Präfecten von
el-Boheira, einen Brief bekommen mit der Anzeige, dass in der Stadt Da-
menhûr, während die Leute an jenem Tage das Freitagsgebet verrichtet, zwei
Kirchen zerstört seien. — Das Staunen hierüber vermehrte sich, bis Freitags
den 16. aus der Stadt Cus die Nachricht gebracht wurde, dass, indem die
Leute am 9. des Monats Rebi' II. das Freitagsgebet geschlossen hätten, einer
von den Faqîren sich erhoben und gesagt habe: o Faqîre! kommt hinaus zur
Zerstörung der Kirchen! als er dann mit einer Menge Menschen hinausgekom-
men, hätten sie die Kirchen schon zerstört gefunden, und es sei'n zu Cus
und in der nächsten Umgebung in einer Stunde sechs Kirchen zerstört. —
Nach und nach trafen noch aus dem südlichen und nördlichen Gegenden die
Berichte ein, welche die an jenem Tage während und nach dem Freitagsgebete erfolgte Zerstörung einer Menge von Kirchen und Klöstern in allen Provinzen Ägyptens zwischen Cus, Alexandrien und Dimiat meldeten. Die Wuth
des Sultans auf das Volk stieg aufs äusserste, da er fürchtete, dass es noch
schlimmer werden würde. Die Emire suchten seinen Zorn zu besänftigen,
indem sie sagten, so etwas könne nicht durch menschliche Kraft geschehen
sein, und wenn der Sultan selbst etwas in dieser Weise unternehmen wollte,

würde er dazu nicht im Stande sein; dies sei eine Anordnung und Bestimmung Gottes, welcher die grosse Verderbniss der Christen und ihren zunehmenden Hochmuth kenne, damit ihnen das, was vorgefallen, als Rache und Strafe diene.

Während dem war das Volk von el-Câhira und Misr in grosser Furcht vor dem Sultan gerathen, weil es erfahren hatte, dass er ihm den Tod gedroht habe, und viele aus der niedrigsten Volksclasse ergriffen die Flucht. Der Cadhi und Armee-Inspector Fachr ed-Dîn versuchte den Sultan von dem beabsichtigten Angriffe auf das Volk zurückzubringen und ihn mit demselben wieder auszusöhnen, während Kerîm ed-Dîn el-Kebîr, Verwalter des Privatschatzes, ihn gegen dasselbe aufreizte, bis ihm der Sultan nach Alexandrien zu reisen gestattete, um Geld zu erheben und zu untersuchen, welche Kirchen dort zerstört seien.

Es war seit dem Tage der Zerstörung der Kirchen kaum ein Monat verflossen, als in el-Câhira und Misr an mehreren Orten Feuer ausbrach, wobei sich ähnliche Gräuel zutrugen, wie bei der Zerstörung der Kirchen. Nämlich in einem Hause der Bratenmacher-Strasse von el-Câhira entstand am Sonnabend den 10. Dschomada I. ein Brand, das Feuer verbreitete sich unter den umliegenden Wohnungen und währte bis zum Abend des Sonntags; bei diesem Brande gingen viele Sachen zu Grunde. Nachdem es gelöscht war, entstand ein Brand in der Strasse el-Deilem in der Gasse el-'Arischa in der Nähe der Wohnungen des Kerîm ed-Dîn, Verwalters des Privatschatzes, am 25. Dschomada I.; es war eine stürmische Nacht, das Feuer breitete sich nach allen Seiten aus, bis es an das Haus des Kerîm ed-Dîn kam. Als dies der Sultan erfuhr, gerieth er in grosse Besorgniss, weil dort ein Theil der Schätze des Sultans aufbewahrt wurde, und er sandte mehrere der Emire hin, um es zu löschen, welche zu diesem Zwecke eine Menge Leute zusammen brachten, die immer grösser wurde. Von der Nacht des Montags bis zu der Nacht des Dienstags hatte schon der Brand sich immer vergrössert, das Feuer nahm noch immer zu, und die Emire und das Volk konnten es nicht löschen, weil es sich bei einem heftigen Winde, durch welche hohe Palmen umgestürzt wurden und Schiffe scheiterten, nach allen Seiten immer weiter ausbreitete. Die Leute zweifelten schon nicht mehr, dass el-Câhira gänzlich abbrennen würde, sie bestiegen die Thürme, um zum Gebete zu rufen, die Faqîre und Frommen erschienen und stellten unter dem Rufe: Gott ist gross! Gebete an, aber vergebens, und das Geschrei und Weinen der Menschen vermehrte sich. Der Sultan stieg oben auf das Schloss, konnte aber wegen der Heftigkeit des Windes dort nicht stehen bleiben; der Brand dauerte fort und der Sultan wiederholte die Aufforderung an die Emire zum Löschen bis zum Dienstage. Da ging der Statthalter des Sultans hinunter und nahm sämmtliche Emire und alle Wasserträger mit sich, auch der Emir Mundschenk Bektimur ging hinab; es war ein furchtbarer Tag, wie er nicht furchtbarer und schrecklicher gesehen ist. An die Thore von el-Câhira wurden Wachen beordert, welche die Wasserträger, wenn sie aus el-Câhira hinaus wollten, zurückbringen sollten, um das Feuer zu löschen, keiner von den Wasserträgern der Emire und der Stadt wurde verschont, alle mussten arbeiten und sie holten das Wasser aus den Academien und Bädern; alle Zimmerleute und sämmtliche Bauleute wurden hinzugenommen, um die Häuser niederzureissen, und es wurde in dieser Noth eine grosse Anzahl hoher Gebäude und grosser Häuser nieder gerissen. Bei diesem Brande arbeiteten vierundzwanzig der angesehensten Emire, ausser denen, welche zu den Hauptleuten, Unterofficieren und Mamelaken gehörten, und die Emire legten selbst Hand an. Das Wasser stand von dem Thore Zoweila bis zum Stadtviertel el-Deilem in der Strasse wie ein See wegen der Menge von Männern und Cameelen, welche das Wasser herbei trugen. Der Emir Mundschenk Bektimur und der Emir Statthalter Argûn waren damit beschäftigt, die Schätze des Sultans aus dem Hause des Kerîm ed-Dîn nach dem Hause seines Sohnes in der Bleihändler-Strasse zu schaffen; sechzehn theils anstossende, theils gegenüber liegende Häuser mussten zerstört werden, ehe sie die Schätze fortschaffen konnten.

Der Brand war noch nicht völlig gelöscht, die Schätze kaum fortgeschafft, so entstand schon ein neuer Brand in der Wohnung des Dhâhir vor dem Thore Zoweila, welcher 120 Häuser vernichtete, darunter eine Halle, welche die Halle der Faqîre hiess; während des Brandes wehte ein heftiger Wind, da ritt der Pförtner und der Präfect hin, um ihn zu löschen, und sie liessen eine Menge der umliegenden Häuser niederreissen, bis das Feuer gelöscht war. — Zwei Tage nachher entstand ein Brand im Hause des Emir Salâr in

der Strasse zwischen den beiden Schlössern; er fing in dem Luftzuge an,
welcher von der Erde hundert Ellen hoch gemacht war, es würde aber alles
aufgewandt, bis er gelöscht war.

Der Sultan befahl nun dem Emir Schatzmeister 'Ilm ed-Din Sendschar,
Präfecten von el-Câhira, und dem Emir Pförtner Bibars aufzupassen und
wachsam zu sein; es wurde durch Ausrufen bekannt gemacht, dass bei jedem
Weinhause eine Tonne mit Wasser oder ein Fass voll Wasser stehen, und
ein gleiches auf allen Plätzen, Strassen und Gassen hingestellt werden solle.
Dadurch stieg der Preis einer Tonne von einem Dirhem auf fünf und der
Preis eines Fasses auf acht Dirhem.

Auch auf der Griechenstrasse entstand ein Brand und an vielen Orten,
so dass kein Tag verging, dass nicht an irgend einem Orte Feuer ausgebro-
chen wäre. Die Leute achteten nun genau auf das, was sie betraf, und
kamen auf die Vermuthung, dass es von den Christen ausgehe, weil das Feuer
an den Pulten der Moscheen und den Wänden der Bethäuser und Academien
sich zeigte; sie waren dann bei einem Brande schnell bei der Hand, und
verfolgten die Spur bis sie fanden, dass der Brand durch Naphtha entstanden
sei, welche in mit Öl und Pech getränkte Lappen gewickelt war. — Als es
nun in der Nacht des Freitags in der Mitte des Dschomada war, wurden
zwei Mönche aufgegriffen, als sie spät Abends gerade aus der Academia
Hekkaria herauskamen und eben in der Academie Feuer angelegt war, der
Schwefelgeruch war noch an ihren Händen; sie wurden zu dem Emir Schatzmeister 'Ilm ed-Din, Präfecten von el-Câhira gebracht, welcher dem Sultane
davon Anzeige machte, der sie zu foltern befahl. Er war noch nicht vom
Schlosse herunter, so begegneten ihn Leute, welche einen Christen festgenom-
men hatten, der in der Moschee des Dhâhir betroffen war mit Lappen in Form
P. 55. eines Zwiebacks inwendig voll Pech und Naphta; einen davon hatte er schon
neben dem Pulte hingeworfen und war dabei stehen geblieben, bis der Rauch
aufstieg, da ging er, um aus der Moschee hinauszukommen; es hatte ihn aber
bereits Jemand bemerkt und von einer Stelle, wo ihn der Christ nicht sehen
konnte, beobachtet; jetzt ergriff er ihn, die Leute kamen in Menge herbei und
schleppten ihn zu der Wohnung des Präfecten; er hatte sich wie die Moslimen
gekleidet. Bei dem Emir Pförtner Rukn ed-Din Bibars wurde er dann ge-

foltert und bekannte, dass eine Menge Christen sich verbunden hätte, Naphtha zu bereiten und durch mehrere ihrer Anhänger zu verbreiten, dass er einer von denen sei, dem man das gegeben hätte mit der Weisung, dasselbe neben dem Pulte der Moschee el-Dhàhir's niederzulegen. Hierauf befahl er, die beiden Mönche zu foltern, welche nun bekannten, dass sie zu den Bewohnern des Maulthier-Klosters gehörten und an den vorhin beschriebenen Plätzen das Feuer angelegt hätten, aus Hass und Rache gegen die Moslimen dafür, dass sie die Kirchen zerstört hätten, und dass eine Anzahl Christen sich verbunden und eine bedeutende Summe unter sich gesammelt hätte, um diese Naphtha zu bereiten.

Unterdess war Kerîm ed-Dìn, der Verwalter des Privatschatzes, aus Alexandrien zurückgekommen; der Sultan machte ihn mit dem, was sich in Hinsicht auf die Ergreifung der Christen zugetragen hatte, bekannt, worauf er erwiederte: die Christen haben einen Patriarchen, bei dem sie sich Raths erholen und der ihre Angelegenheiten kennt. Da befahl der Sultan, den Patriarchen in die Wohnung des Kerîm ed-Dìn zu holen, damit er mit ihm wegen des Brandes und der von den Christen bekannten Theilnahme daran reden könnte; er kam also unter dem Schutze des Präfecten von el-Càhira bei Nacht aus Furcht vor dem Volke und als er in das Haus des Kerîm ed-Dìn auf der Strasse el-Deilem eingetreten und die drei Christen aus der Wohnung des Präfecten herbeigeholt waren, wiederholten sie dem Kerîm ed-Dìn in Gegenwart des Patriarchen und des Präfecten alles, was sie vorher bekannt hatten. Als der Patriarch ihr Geständniss hörte, fing er an zu weinen und sprach: diese sind fanatische Christen, die sich an den fanatischen Moslimen wegen der Zerstörung der Kirchen haben rächen wollen. Hierauf wurde er von Kerîm ed-Dìn unter Ehrenbezeugungen entlassen und fand, dass Kerîm ed-Dìn für ihn an der Thür ein Maulthier hatte bereit halten lassen, damit er es reiten sollte, er stieg also auf und ritt fort; hierüber wurden die Leute aufgebracht und stürzten sich vereint auf ihn, und wenn nicht der Präfect ihn begleitet hätte, wäre er gewiss umgebracht.

Am anderen Morgen wollte Kerîm ed-Dìn nach seiner Gewohnheit aufs Schloss reiten, und als er wie gewöhnlich hinaustrat, schrie ihm das Volk auf der Strasse entgegen: es ist nicht erlaubt, o Cadhi! dass du die Christen, welche die Häuser der Moslimen verbrannt haben, in Schutz nimmst und noch auf Maulthieren reiten lässest. Diese Worte ärgerten ihn und vermehrten seine Lust zu schaden, und als er daher zum Sultan kam, suchte er das Verbrechen der aufgegriffenen Christen als geringfügig darzustellen, indem er sagte, dass sie Fanatiker und Thoren seien; doch der Sultan befahl dem Präfecten, die Folter zu verstärken. Er begab sich also hinunter und wandte eine schmerzhafte Folter gegen sie an, worauf sie bekannten, dass vierzehn Mönche in dem Maulthier-Kloster sich verschworen hätten, sämmtliche Wohnungen der Moslimen zu verbrennen, darunter sei ein Mönch, welcher das Naphtha zubereite; sie hätten el-Càhira und Misr unter sich getheilt, so dass auf el-Càhira acht und auf Misr sechs kämen. Jetzt liess er das Maulthier-Kloster umstellen und alle, die darin waren, ergreifen; vier von diesen wurden auf dem Kreuzwege bei der Moschee des Ibn Tulun am Freitage verbrannt, wozu sich eine grosse Volksmenge versammelt hatte. Von nun an war das gemeine Volk auf die Christen erbittert, lauerte ihnen auf und riss ihnen die Kleider vom Leibe, so dass es sich jede Schändlichkeit erlaubte und alles Maass überschritt. Der Sultan war hierüber aufgebracht und hatte die Absicht, einen Angriff auf das Volk zu machen. Es traf sich, dass, als er an einem Sonnabend vom Schlosse ritt, um sich nach der grossen Rennbahn zu begeben, er einen grossen Haufen von Menschen sah, welche die Strassen einnahmen und schrien: Gott schütze den Islam! er schütze die Religion Muhammed's Ben Abdallah! Er bog ihnen aus und indem er auf die Rennbahn hinunter kam, brachte der Schatzmeister zwei Christen zu ihm, die soeben ergriffen waren, als sie die Häuser in Brand stecken wollten; er befahl, sie zu

P. 56. verbrennen, worauf sie abgeführt, eine Grube gemacht, und sie im Angesicht der Leute verbrannt wurden. Während sie noch mit dem Verbrennen der beiden Christen beschäftigt waren, kam der Pförtner des Büreau's des Emir Mundschenk Bektimur, welcher ein Christ war, vorüber, um sich in die Wohnung des Emir Bektimur zu begeben; als ihn das Volk erblickte, warfen sie ihn von seinem Thiere, zogen ihm alle Kleider aus, die er an hatte, und schleppten ihn fort, um ihn ins Feuer zu werfen; da schrie er die beiden Glaubensformeln her, bekannte den Islam und wurde in Freiheit gesetzt.

Unterdess kam Kerîm ed-Dîn mit einem Ehrenkleide angethan von der

Rennbahn vorüber; sie warfen ihn hier in einem fort mit Steinen und schrien
ihm entgegen: wie lange willst du die Christen noch in Schutz nehmen und
vertheidigen? sie schimpften und spotteten auf ihn, so dass er keinen Ausweg
sah, als zu dem Sultan, der noch auf der Rennbahn war, zurückzukehren;
das Schreien und Rufen des Volkes war so arg, dass der Sultan es hören
konnte. Als jener nun zu ihm kam und ihm den Hergang berichtete, wurde
er von Zorn erfüllt und erbat sich den Rath der Emire, welche bei ihm waren, wie der Emir Dschemâl ed-Dîn, Statthalter von el-Kerk, der Emir
Seif ed-Dîn el-Bubekri, el-Hadbîri, der Pförtner Bektimur und mehrere andere; el-Bubekri meinte, das Volk   1) und es sei am besten, dass der
Pförtner zu ihm ginge und es fragte, was es wünsche, bevor man etwas un-
ternähme. Diese Ansicht gefiel aber dem Sultan nicht und er wandte sich
von ihm ab. Darauf sagte der Statthalter von el-Kerk: dies alles kommt von
den christlichen Secretären, denn die Leute hassen sie, und mein Rath ist,
dass der Sultan gegen das Volk nichts unternehme, sondern die Christen aus
dem Diwan entferne. Aber auch dieser Rath gefiel ihm nicht und er sprach
zu dem Emir Pförtner Alamâs: geh, und nimm vier der Emire mit dir und
haue das Volk nieder von da, wo du aus dem Thore der Rennbahn gehst,
bis du an das Thor Zoweila kommst, und schlage mit dem Schwerdte unter
sie von dem Thore Zoweila bis zum Siegesthore, ohne irgend einen zu verschonen; und zu dem Präfecten von el-Câhira sagte er: reite nach dem Thore
el-Lewac und der Gegend am Wasser und lass keinen vorbei, ohne ihn zu
ergreifen und mit ihm aufs Schloss zu kommen, und wenn du die nicht
bringst, welche meinen Statthalter (er meinte Kerîm ed-Dîn) mit Steinen geworfen haben, bei meinem Kopfe! so werde ich dich anstatt ihrer aufhän-
gen lassen; er beorderte mit ihm eine Anzahl seiner Leib-Mamluken.

Nachdem die Emire in der Ausführung des Befehles gezögert hatten,
damit das Vorhaben erst bekannt würde und sie dann keinen Menschen trä-

---

1) Hier fehlt ein Wort in der Handschrift, welches weder aus Quatremère noch
aus Wetzer zu ergänzen ist, da jener die Übersetzung dieser Stelle sehr zusammen gezogen und dieser (Nr. 732) eine ganze Zeile im Arabischen ausgelassen
hat, so dass auch die Übersetzung fehlerhaft ist.

fen, besonders keinen Sklaven oder Hausgenossen der Emire, zogen sie endlich ab; die Nachricht verbreitete sich in el - Câhira, sämmtliche Buden wurden geschlossen und es kam über die Leute eine bis dahin unerhörte Angst. Die Emire zogen fort, fanden aber auf ihrem langen Wege keinen, bis sie an das Siegesthor kamen; der Präfect ergriff am Thore el - Lewac, in der Gegend von Bûlâc und am Wasserthore eine Menge Gesindel, Matrosen und gemeines Volk, wodurch eine solche Furcht verbreitet wurde, dass eine grosse Anzahl auf das westliche Ufer nach el - Dschîze übersetzte. — Der Sultan kehrte von der Rennbahn zurück und fand auf seinem Wege, bis er zum Bergschlosse hinaufkam, nicht einen aus dem Volke; so bald er auf dem Schlosse angekommen war, schickte er zu dem Präfecten und liess ihm sagen, dass er sich beeilen solle, zu ihm zu kommen; und die Sonne war noch nicht untergegangen, als er mit etwa 200 Leuten aus dem Volke, die er aufgegriffen hatte, erschien. Nun theilte sie der Sultan ab und befahl, dass einige aufgehängt, andere in der Mitte durchgeschnitten, anderen die Hände abgehauen werden sollten; da schrien sie sämmtlich: o Herr! das ist nicht erlaubt, wir sind es nicht, die mit Steinen geworfen haben. Der Emir Mundschenk Bektimur und die andern anwesenden Emire weinten aus Mitleid mit ihnen und liessen nicht ab vom Sultan, bis er zu dem Präfecten sagte: sondere von ihnen einen Theil ab und richte Balken auf vom Thore Zoweila bis unter dem Schlosse am Pferdemarkte und hänge diese an den Händen auf. Am andern Morgen des Sonntags wurden diese sämmtlich vom Thore Zoweila bis zum Pferdemarkte aufgehängt, es waren einige vornehme und anständig gekleidete Personen darunter; die Emire, welche an ihnen vorüber kämen, drückten
P. 57. ihnen ihr Mitgefühl aus und weinten über sie. Keiner der Schenken-Besitzer in el - Câhira und Misr öffnete an dem Tage seine Schenke. Kerîm ed - Dîn verliess seine Wohnung, um wie gewöhnlich sich aufs Schloss zu begeben, aber er war nicht im Stande, an den Gekreuzigten vorüber zu gehen, sondern nahm einen anderen Weg als den durch das Thor Zoweila. Der Sultan sass bereits hinter einem Gitterfenster und liess eine Anzahl von denen vorführen, welche der Präfect aufgegriffen hatte, und dreien von ihnen Hände und Füsse abhauen. Die Emire waren nicht vermögend, zu ihren Gunsten mit ihm zu sprechen, weil sein Zorn zu heftig war; da trat Kerîm ed - Dîn

vor, entblösste sein Haupt, küsste die Erde und bat um Gnade; er gab endlich seinen Bitten nach und befahl, dass sie bei der Ausgrabung in el-Dschīze arbeiten sollten. Nun wurden sie hinausgeführt, zwei von den Verstümmelten waren indess bereits gestorben, und die Aufgehängten wurden von den Balken herunter gelassen.

Während der Sultan noch an dem Gitterfenster stand, erscholl Feuerruf von der Moschee des Ibn Tulun her, auf dem Bergschlosse, in der Wohnung des Emir Rukn ed-Din el-Ahmedi in der Strasse Behā ed-Din's, in dem Gasthause vor dem Wasserthore von el-Macs und den anliegenden Gebäuden. Noch am Morgen des Tages dieses Brandes wurden drei Christen aufgegriffen, bei denen man Lunten von Naphtha fand, und vor den Sultan geführt, bekannten sie, dass sie den Brand verursacht hätten. Das Feuer währte an jenen Stellen bis zum Sonnabend, und als der Sultan nach seiner Gewohnheit nach der Rennbahn reiten wollte, traf er gegen 20,000 Menschen aus dem Volke, welche Stücken Zeug blau gefärbt und ein weisses Kreuz darauf gemacht hatten und als sie den Sultan sahen, schrien sie mit vereinter lauter Stimme: Es gibt keine Religion ausser der Religion des Islam! Gott beschütze die Religion Muhammed's Ben Abdallah! o Melik el-Nāsir, Sultan des Islam! hilf uns gegen die Ungläubigen und schütze nicht die Christen! — Die Erde dröhnte von ihren schrecklichen Stimmen und Gott erfüllte das Herz des Sultans und die Herzen der Emire mit Furcht; sie setzten ihren Weg fort, während er in tiefes Nachdenken versunken war, bis er auf die Rennbahn kam. Da indess das Gesohrei des Volkes nicht aufhörte, hielt er es für's beste, mit Nachsicht zu verfahren, und befahl dem Pförtner hinauszugehen und durch einen Ausruf bekannt machen zu lassen, wer einen Christen fände, solle Gut und Blut von ihm fordern. Er ging nun hinaus und liess dies ausrufen, da schrie das Volk und rief: Gott beschütze dich! und liess Glückwünsche erschallen. — Die Christen pflegten damals weisse Turbane zu tragen, es wurde also in el-Cāhira und Misr ausgerufen, wer einen Christen mit einem weissen Turban fände, dem solle gestattet sein, ihn zu tödten und sich seines Vermögens zu bemächtigen, und ein gleiches wurde dem gestattet, welcher einen Christen zu Pferde anträfe. Es wurde eine Verordnung erlassen, dass die Christen blaue Turbane tragen, und keiner von

ihnen ein Pferd oder ein Maulthier reiten solle, wer indess einen Esel reiten wolle, der möge ihn reiten, aber verkehrt [1]); kein Christ solle ins Bad
gehen ausser mit einer Schelle am Halse, und keiner von ihnen solle die
Kleidung der Moslimen tragen. Er verbot den Emiren, Christen in Dienst
zu nehmen, entfernte sie aus seinem Diwan und erliess in alle Provinzen
den Befehl: sämmtliche Christen, die ein Amt bekleideten, zu entlassen. Die
Angriffe der Moslimen gegen die Christen mehrten sich so, dass diese nicht
mehr auf der Strasse gingen und eine grosse Anzahl von ihnen den Islam annahm.

Von den Juden war in dieser Zeit keine Rede gewesen, dessbalb fingen
die Christen an, wenn sie ihre Wohnungen verlassen wollten, von einem der
Juden einen grünen Turban zu leihen und diesen aufzusetzen, um vor dem
Volke sicher zu sein. Nun traf es sich, dass einer der angestellten Christen an einen Juden eine Forderung von 4000 Dirhem hatte, die er ihm
geliehen, und er kam bei Nacht verkleidet in das Haus des Juden, um das
Geld zu fordern; da fasste ihn der Jude und rief: Werda? bei Gott und den
Moslimen! und schrie, so dass die Leute zusammenliefen, um den Christen fest
zu nehmen; dieser flüchtete indess in das Innere des Hauses des Juden und ver-
steckte sich bei dessen Frau, musste aber eine Bescheinigung ausstellen, dass
der Jude seine Schuld bezahlt habe, worauf er frei gelassen wurde.

Mehrere Christen des Klosters el-Chandac wurden angeklagt, Naphtha
zubereitet zu haben, um die Häuser in Brand zu stecken; sie wurden festge-
nommen und angenagelt. — Es wurde eine Bekanntmachung erlassen, dass
die Leute sicher und ohne Sorge nach ihrer Gewohnheit sich einfinden möchten, wenn der Sultan nach der Rennbahn ritte; dies geschah, weil sie schon
P. 58. für ihr Leben besorgt waren, da sie zu oft über die Christen herfielen und
das Maass überschritten hatten. Nun wurden sie dreist, kamen wie gewöhnlich an die Seite der Rennbahn, wünschten dem Sultan Glück, und fingen an
zu rufen: Behüte dich Gott, o Herrscher des Landes! wir sind begnadigt,
wir sind begnadigt! Der Sultan nahm dies wohlgefällig auf und lächelte zu
ihren Worten. — In der Nacht entstand ein Brand in der Wohnung des
Emir Pförtners Alamâs auf dem Schlosse; der Wind war heftig, so dass das
Feuer um sich griff und bis zur Wohnung des Emir Itmisch kam, und die

---

1) Der Zusatz „aber verkehrt" مقلوبا findet sich nicht in allen Handschriften.

Bewohner des Schlosses und die Einwohner von el-Câhira waren so erschrocken, dass sie glaubten, das ganze Schloss sei verbrannt.

Schändlichere Begebenheiten als diese sind nicht erhört, denn die Christen verbrannten in el-Câhira die Häuser auf dem Bratenmacher-Markte und in der Gasse el-'Arîscha auf der Strasse el-Deilem, sechzehn Häuser in der Nähe der Wohnung des Kerîm ed-Dîn, eine Anzahl Gebäude auf der Griechenstrasse, das Haus des Behâdur in der Nähe der Hoseinischen Capelle, einige Wohnungen in dem Marstalle el-Târima und auf der Honiggasse, den Pallast des Emir-Silâh [1]) und den Pallast des Emir Selâr auf der Strasse zwischen den beiden Schlössern, den Pallast des Bischeri, wo die Ställe sammt den Cameelen zu Grunde gingen, die Halle el-Afram's, das Haus des Bibars auf der Strasse el-Sâlihia, das Haus des Ibn el-Magrebi auf der Strasse Zoweila, eine Anzahl Wohnungen auf der Strasse des Schwalbenbrunnens, bei el-Haker, auf dem Bergschlosse, bei mehreren Moscheen und Bethäusern, und andere Gebäude, deren Aufzählung zu weitläufig ist.

An Kirchen wurden zerstört die Kirche bei den Ruinen der Tataren am Bergschlosse, die Kirche el-Zohri an der Stelle, wo jetzt der Nâsirische Teich ist, die Kirche der rothen Strasse, eine Kirche in der Nähe der sieben Brunnen, die Kirche der Töchter genannt, die Kirche des Abul-Mina, die Kirche der Fehhâdin (der Dressirer) zu el-Câhira, eine Kirche auf der Griechenstrasse, eine Kirche bei den Bogenschützen, zwei Kirchen auf der Strasse Zoweila, eine Kirche bei dem Fahnenmagazine, eine Kirche am Graben, vier Kirchen in der Gränzstadt Alexandrien, zwei Kirchen in der Stadt Damenhur el-Wahsch, eine Kirche in der Provinz el-Garbia, drei Kirchen in der Provinz el-Scharqia, sechs Kirchen in der Provinz von Bahnesa, zu Sojut, Manfelut und Monjat Ibn el-Chasîb acht Kirchen, zu Cus und Aswân elf Kirchen, in der Provinz Itfîh eine Kirche, auf dem Markte Werdân in der Stadt Misr, in den Quartieren von el-Mosâsa und Casr el-Schem' zu Misr acht Kirchen. Auch wurde eine grosse Anzahl von Klöstern zerstört und das Maulthier-Kloster und das Kloster von Schahrân blieben lange Zeit ganz verlassen.

---

1) Emir-Selâr ist der Ober-Stallmeister und Emir-Silâh der Generalfeldzeugmeister. Vergl. Quatremère zu Macrizi a. a. O. pag. 159.

Diese wichtigen Ereignisse, wie man sie schwerlich in einer langen Reihe von Jahren in ähnlicher Weise findet, fielen in kurzer Zeit vor; es kamen darin so viel Menschen um, wurden so viel Habseligkeiten vernichtet, und so viel Gebäude zerstört, als sich wegen ihrer Menge nicht beschreiben lässt. Bei Gott steht aller Dinge Ausgang!

16. **Die Kirche des Michael.** Diese Kirche war bei dem Canale der Beni Wâïl vor der Stadt Misr südlich von 'Acaba Jahsob und ist jetzt nahe bei der Brücke el-Afram's; sie wurde während des Islam's neu gebaut und ist von schöner Bauart.

17. **Die Kirche der Maria** in den Gärten des Wezirs südlich vom Teiche der Habessinier ist leer und keiner mehr darin.

18. **Die Kirche der Maria** in der Gegend von el-'Adewia gen Süden ist alt, aber bereits vernichtet.

19. **Die Kirche des Autonius** in der Gegend von Itlih ist neu gebaut. In der Gegend von Schernub waren noch viele Kirchen, die zerstört sind; eine davon ist in der Gegend von Ihrît am Berge, zwei Tage südlich von Bejâdh noch vorhanden.

20. **Die Kirche der Jungfrau** in der Gegend von Aschker; am Thore derselben steht ein Thurm von grossen Backsteinen erbaut, dies soll der Ort sein, wo Musa Ben 'Imram (der Prophet Moses) geboren wurde.

P. 59.   21. **Die Kirche der Maria** in der Gegend von el-Chasûs; es ist ein Haus, aus welchem sie eine Kirche gemacht haben, die indess nicht beachtet ist.

22. **Die Kirche der Maria,** die **Kirche el-Casîr** und die **Kirche des Gabriel,** diese drei Kirchen liegen in der Gegend von Abnûb.

23. **Die Kirche Esotîr,** welches σωτηρ der Erretter bedeutet; diese Kirche ist in der Stadt Ichmîm und steht bei ihnen in grossem Ansehen, sie führt den Namen der Märtyrer und es ist darin ein Brunnen, dessen Wasser, wenn man es in eine Lampe thut, hochroth wird, als wenn es Blut wäre.

24. **Die Kirche des Michael** ebenfalls zu Ichmîm. Die Christen haben in diesen beiden Kirchen die Sitte, wenn sie das Palmfest feiern, welches auch das Hosiannafest genannt wird, dass die Presbytere und Priester mit Rauchpfannen, Rauchwerk, Kreuzen, den Evangelien und brennenden Lichtern ausziehen und sich vor die Thür des Cadhi, dann vor die Thüren

der angesehensten Moslimen stellen, wo sie räuchern, einen Abschnitt aus dem Evangelium lesen und eine Antiphone anstimmen d. h. ihn loben.

25. Die Kirche des Bu Pachom in der Gegend von Atfeh ist die äusserste Kirche der Ostseite. Pachom oder Pachomius war ein Mönch zur Zeit des Bu Schanuda; er wird der Vater der Gemeinschaft genannt, weil er die Zahl der Mönche vermehrte und zwei Mönchen einen Lehrer gab. Er erlaubte nicht, dass Wein oder Fleisch in sein Kloster gebracht wurde, und befahl bis zum Ende der neunten Stunde des Tages zu fasten; er gab seinen Mönchen geröstete Kichererbsen zu essen, welche sie Erholungs-Kichern nannten. Sein Kloster ist längst zerstört, diese seine Kirche ist aber noch vorhanden zu Afta, südlich von Ichmîm.

26. Die Kirche des Evangelisten Marcus in el-Dschîze wurde nach dem J. 800 zerstört und dann wieder aufgebaut. Dieser Marcus war einer der Schüler Christi und Stifter des Patriarchenstuhles von Ägypten und Habessinien.

27. Die Kirche des Bu Dschordsch in der Gegend von Bul-Nomros in el-Dschîze, wurde im J. 780 zerstört, wie oben erzählt ist, nachher aber wieder hergestellt.

28. Die Kirche in der Gegend von Bu Fâra auf der äussersten Gränze der Provinz el-Dschîze.

29. Die Kirche des Schanuda in der Gegend von Harabschent.

30. Die Kirche des Bu Dschordsch in der Gegend von Baua ist bei ihnen berühmt, sie bringen dahin Weihgeschenke und schwören bei ihr und erzählen von ihr eine Menge merkwürdiger Geschichten.

31. Die Kirche des heiligen Mârûtâ in der Gegend von Schomosta. Dieser Mârûtâ steht bei ihnen in grossen Ehren, er war ein angesehener Mönch und seine Gebeine werden in einer Röhre in dem Kloster des Bu Bischâi in der Ebene Schîhât aufbewahrt und bis auf unsere Zeit besucht.

32. Die Kirche der Maria zu el-Bahnesa. Es sollen in el-Bahnesa 360 Kirchen gewesen sein, welche sämmtlich zerstört sind, so dass nur diese Kirche allein noch übrig ist.

33. Die Kirche des Mönches Samuel in der Gegend von Schinara. — 34. Die Kirche der Maria in der Gegend von Tonboda ist alt.

18

35. Die Kirche des Michael in der Gegend von Tonboda ist gross, alt.
Es waren hier viele Kirchen, welche zerstört sind; der grösste Theil der Einwohner von Tonboda besteht aus christlichen Handwerkern.

36. Die Kirche der Apostel in der Gegend von Eschnîn ist sehr
gross. — 37. Die Kirche der Maria in der Gegend von Eschnîn ist alt.

38. Die Kirche des Michael und 39. die Kirche des Gabriel
ebenfalls in der Gegend von Eschnîn. — In dieser Gegend waren 160 Kirchen, welche alle zerstört sind mit Ausnahme der genannten vier; der grösste
Theil der Einwohner von Eschnîn besteht aus Christen und sie haben ihren
P. 60. Unterhalt von der Bewachung der Palmen. Weiter hin sind noch Überreste
von Kirchen, in denen sie ihre Feste feiern, wie die Kirche des Bu Dschordsch,
die Kirche der Barbara und die Kirche des Gafril d. i. Dschabril (Gabriel).

40. In Monjat Ibn Chasîb sind sechs Kirchen, die Kirche el-Mo'allaca,
das ist die Kirche der Jungfrau, die Kirche des Petros und Paulus, die Kirche
des Michael, die Kirche des Bu Dschordsch, die Kirche des Anba Paula el-
Tamweihi und die Kirche der drei Jünglinge, nämlich Hananias, Azaria und
Misaël; diese waren Krieger zur Zeit des Bocht Nasr (Nebucad Nezar), welche
ins Geheim Gott verehrten; als sie entdeckt wurden, wollte Bocht Nasr sie
zur Verehrung der Götzen zurückbringen, und als sie sich dessen weigerten
liess er sie eine Zeit lang ins Gefängniss werfen, damit sie umkehrten; aber
sie wollten nicht, er liess sie desshalb herausführen und ins Feuer werfen,
welches sie indess nicht verbrannte. Die Christen halten sie sehr in Ehren,
obgleich sie lange Zeit vor dem Messias lebten.

41. Die Kirche in der Gegend von Teha unter dem Namen der Schüler Christi, welche von ihnen Apostel genannt werden. — 42. Die Kirche
der Maria ebenfalls in der Gegend von Teha.

43. Die Kirche der beiden Weisen in der Gegend von Menheri
feiert ein grosses Fest im Monat Baschnas, bei welchem der Bischof zugegen
ist, und an dem Feste wird ein grosser Markt abgehalten. Diese beiden
Weisen sind Cosmas und Damian, die beiden Mönche.

44. Die Kirche der Jungfrau in der Gegend von Bu Carcâs ist
alt, gross. — 45. In der Gegend von Mallewi ist die Kirche der Apostel,
und zwei zerstörte Kirchen, die eine unter dem Namen des Abu Dschordsch

und die andere unter dem Namen des Engels Michael. — 46. In der Gegend von Deldschih waren viele Kirchen, von denen nur noch drei übrig sind:
die Kirche der Jungfrau, welche gross ist, die Kirche des Schanuda und die
Kirche des Mercura; sie (die anderen) sind sämmtlich vernichtet.

47. In der Gegend von Sanabu ist die Kirche des Anba Paula und
die Kirche des Bu Dschordsch; Sanabu zählt viele Christen. — 48. In der
Gegend von Biblau nördlich von Sanabu ist eine alte Kirche auf der Westseite der Stadt unter dem Namen des Dschordschus; dort sind viele Christen,
die Ackerbau treiben. — 49. In der Gegend von Darut ist eine Kirche vor
dem Orte, einem Kloster ähnlich, unter dem Namen des Mönches Serapion,
welcher zur Zeit des Schanuda lebte und zum Bischof erwählt wurde; es wird
viel von ihm erzählt. — 50. In der Gegend von Bâ-Beni Zeid ist eine grosse
Kirche unter dem Namen der Apostel, in der ein Fest gefeiert wird.

51. In der Provinz Cus ist die Kirche der Maria und die Kirche des
Gabriel. — 52. In der Gegend von Demschir ist die Kirche des Märtyrers
Mercurius; sie ist alt und darin sind viele Christen. — 53. In der Gegend
von Omm el-Cosûr ist die Kirche des Bu Johannes el-Casîr, sie ist alt. —
54. In der Gegend von Ballût auf der Gränze des Gebietes von Manfelût ist
die Kirche des Michael, sie ist klein. — 55. In der Gegend von el-Belâgeret
auf der Gränze von Manfelût ist eine kleine Kirche, welche von dem Bischof
mit seiner Familie bewohnt wird. — 56. In der Gegend von Schacalqîl sind
drei grosse, alte Kirchen, die eine unter dem Namen der Apostel, die andere
dem Michael und die dritte dem Abu Mina heilig. — 57. In der Gegend
von Menschaat el-Nasâra ist eine Kirche des Michael. — 58. In der Stadt
Sojut ist die Kirche des Bu Sadra und die Kirche der Apostel, und vor der
Stadt die Kirche des Mina.

59. In der Gegend von Odronkeh ist eine sehr alte Kirche unter dem
Namen der drei Jünglinge Hanania, Azaria und Misaël; sie ist eine Schule
für arme Christen. Die Einwohner von Doronkeh gehören zu den Christen,
welche die coptische Sprache verstehen, sie ist für Kinder und Erwachsene
die Umgangssprache und sie erklären sie durch das Arabische.

60. In der Gegend von Rifeh el-garbi ist die Kirche des Bu Colteh,
welcher Arzt und Mönch war und wunderbare Heilungen von Augenentzün-

dungen an Menschen ausgeführt hat; ihm zu Ehren wird in dieser Kirche
P. 61. ein Fest gefeiert. Dort ist auch eine Kirche des Michael. Bereits haben die
Würmer eine Seite von Rîfah el-garbi zernagt.

61. In der Gegend von Muscha ist eine Kirche mit einem Bade verbunden ; unter dem Namen des Märtyrers Boctor, sie ist zur Zeit des Constantin, des Sohnes der Helena, erbaut und hat eine Grundmauer, deren
Breite zehn Ellen, und drei Thürme, von denen jeder gegen achtzig Ellen
hoch ist und die ganz von weissen Steinen erbaut sind; die westliche Hälfte
ist indess schon eingestürzt. Man sagt, diese Kirche stehe über einem Schatze,
der unter ihr liegt, und es soll von Sojut bis hier nach Muscha ein Gang
unter der Erde gewesen sein.

62. In der Gegend von Bocur an der Gränze von Butidsch ist eine alte
Kirche dem Märtyrer Claudius geweiht, welcher bei ihnen mit Mercurius,
Georgius d. i. Bu Dschordsch, dem Feldherrn Theodorus und Minâus in
gleichem Range steht. Claudius Vater war einer der Präfecte des Diocletianus und er selbst durch seine Tapferkeit berühmt; als er Christ wurde, liess
ihn der Kaiser fest nehmen und foltern, damit er zur Verehrung der Götzen
zurückkehren sollte, aber er blieb standhaft, bis er getödtet wurde; von ihm
wird viel erzählt.

63. In der Gegend von el-Cati'a ist eine Kirche unter dem Namen der
Jungfrau, darin war ein Bischof mit Namen Alduin, welcher mit den Sei-
nigen Streit hatte, so dass sie ihn lebendig begruben; sie gehören zu den
schlechtesten Christen und sind durch ihre Schlechtigkeit bekannt. Es war
unter ihnen ein Christ Namens Dschordschus, Sohn der Nonne, welcher alle
Gränzen überschritt, desshalb liess ihm der Emir Haushofmeister Dschemâl
ed-Dîn Jusuf den Kopf abschlagen unter der Regierung des Melik el-Nâsir
Faradsch Ben Bercûc.

64. In der Gegend von Bûtîdsch sind viele zerstörte Kirchen; die Christen pflegen in einem ihrer Häuser heimlich ihre Gebete zu halten, und wenn
der Tag anbricht, gehen sie zu den Trümmern einer Kirche hinaus, errichten darauf einen Altar von Palmruthen nach Art eines Käfigs und verrichten
ihre Andacht. — 65. In der Gegend von Bu Macrufa ist eine alte Kirche
dem Michael geweiht, wo jährlich zwei Feste gefeiert werden. Die Be-

wohner jener Gegend sind Christen, grössten Theils Hirten und kümmerliche, erbärmliche Leute.

66. In der Gegend von Doweina ist eine Kirche unter dem Namen des Bu Johannes el-Casîr, die bei ihnen in grossem Ansehen steht; dort lebte ein Mann Namens Jonas, welcher zum Bischof erwählt wurde und durch seine Kenntnisse in verschiedenen Wissenschaften berühmt war; aus Neid über seine Kenntnisse wurden sie gegen ihn aufgebracht und begruben ihn lebendig, doch war sein Körper schon gen Himmel gestiegen.

67. In el-Merâget (dem Viehstalle), zwischen Tahta und Timâ, ist eine Kirche und in der Gegend von Qilfau eine grosse Kirche. Die Christen dieses Ortes sind bekannt durch ihre Kenntnisse in der Magie und anderen Wissenschaften und es war dort unter der Regierung des Melik el-Dâhir Bercûc ein Mönch mit Namen Basilides, welcher darin eine grosse Geschicklichkeit besass, und es werden von ihm Geschichten erzählt, die ich wegen ihrer Sonderbarkeit nicht wiederholen mag.

68. In der Gegend von Farschut ist eine Kirche des Michael und eine Kirche der heil. Jungfrau Maria. — 69. In der Stadt Howw ist eine Kirche der Jungfrau und eine Kirche des Bu Mina. — 70. In der Gegend von Bahdschureh ist eine Kirche der Apostel und zu Esna eine Kirche der Maria, eine Kirche des Michael und eine Kirche Johannes des Täufers d. i. Jahja Ben Zakerija.

71. Zu Nacâda ist eine Kirche der Jungfrau, eine Kirche Johannes des Täufers, eine Kirche des Gabriel und eine Kirche Johannes des Barmherzigen. Dieser war ein reicher Mann zu Antiochien, welcher Mönch wurde, sein ganzes Vermögen unter die Armen vertheilte und die Länder durchreiste; er bekannte sich nämlich zur christlichen Religion. Sein Vater suchte sich über ihn zu trösten, und man glaubte, dass er bereits gestorben sei. Darauf kam er nach Antiochien zurück, in einem Zustande, in welchem ihn niemand erkannte; er lebte in einer Celle auf einer Mistgrube und fristete sein Leben von dem, was in diese Mistgrube geworfen wurde, bis er starb. Als sein Leichenbegängniss stattfand, war sein Vater unter den Anwesenden und erkannte bei ihm die Kapsel seines Evangeliums und als er ihn dann näher untersuchte, fand er, dass es sein Sohn war; er begrub ihn nun und baute

über ihm die Kirche von Antiochien und die Kirche der Jungfrau in der Stadt Qift.

P. 62.   72. Zu Asfûn waren mehrere Kirchen, welche mit der Stadt zerstört wurden, auch in der Stadt Cûs waren viele Klöster und Kirchen, welche mit der Stadt zerstört wurden, so dass dort nur eine Kirche der Jungfrau noch vorhanden ist.

Ausser den bisher von uns erwähnten Kirchen ist auf der Südseite keine mehr vorhanden; was die Nordseite betrifft, so ist zu Monjat Sorad im Gebiete von el-Câhira eine Kirche der Jungfrau Maria, welche bei ihnen berühmt ist; in der Gegend von Sendoweh eine neue Kirche unter dem Namen des Bu Dschordsch; zu Marsafa eine restaurirte Kirche ebenfalls unter dem Namen des Bu Dschordsch; zu Semnud eine Kirche unter dem Namen der Apostel, sie ist in einem Hause eingerichtet; zu Sonbât eine bei ihnen berühmte Kirche unter dem Namen der Apostel; zu Sandafa eine bei ihnen geachtete Kirche unter dem Namen des Bu Dschordsch; zu el-Reidanijja eine Kirche der Jungfrau, welche bei ihnen in hohem Ansehen steht. In Dimiat sind vier Kirchen, die der Jungfrau, des Michael, Johannes des Täufers und St. Georg, welche bei ihnen berühmt ist. In der Gegend von Sobk el-'Abîd ist eine Kirche in einem verborgenen Hause unter dem Namen der Jungfrau; zu el-Nahrâria ist eine neue Kirche in einem verborgenen Hause; zu Locâna ist eine Kirche des Bu Johannes el-Casîr; zu Damenhur ist eine neue Kirche in einem verborgenen Hause unter dem Namen des Michael. Zu Alexandrien ist die Kirche el-Mo'allaca unter dem Namen der Jungfrau, die Kirche des Bu Dschordsch, die Kirche Johannes des Täufers und die Kirche der Apostel.

Dies sind die Kirchen der Jacobiten in Ägyptenland; sie haben dann zu Gaza eine Kirche der Maria und zu Jerusalem die Comâma und die Zions-Kirche.

Was die Melikiten betrifft, so besitzen sie zu el-Câhira die Kirche St. Nicolaus bei den Bogenschützen und zu Misr die Kirche des Engels Gabriel auf der Strasse Casr el-Schem', in welcher die Celle ihres Patriarchen ist, die Kirche der Jungfrau gleichfalls auf der Casr el-Schem', die Kirche des Engels Michael in der Nähe der Barbara-Kirche zu Misr und die Kirche Mar Johanna auf der Strasse des Klosters el-Tin.

www.ingramcontent.com/pod-product-compliance
Lightning Source LLC
LaVergne TN
LVHW011227190726
843642LV00004B/1350

أخبار قبط مصر

ماخوذة من

كتاب المواعظ والاعتبار فى ذكر الخطط والاثار

تصنيف

الشيخ الامام ابى العباس احمد بن على

تقى الدين المقريزى

ذكر قبط مصر وديانتهم القديمة

وكيف تنصروا ثم صاروا ذمة للمسلمين وما كان لهم فى ذلك من القصص والانبياه

وذكر الخبر عن كنايسهم وديارتهم وكيف كان ابتدأوها ومصير امرها ۞

اعلم ان جميع اهل الشرايع اتباع الانبياه عليهم السلام من المسلمين واليهود والنصارى قد اجتمعوا على ان نوحًا عليه السلام هو الاب الثانى للبشر وان العقب من آدم عليه السلام قد انحصر فيه ومنه ذرا الله تعالى جميع اولاد آدم فليس احد من بنى آدم الّا وهو من اولاد نوح وخالفت النبط والمجوس واهل الهند والصين ذلك فانكروا الطوفان وزعم بعضهم ان الطوفان اتّما حدث فى اقليم بابل وما وراه من البلاد الغربية فقط وان اولاد كيومرت الذى هو عندهم الانسان الاول كانوا بالبلاد الشرقية من بابل فلم يصل الطوفان اليهم ولا الى الهند والصين وللحقّ ما عليه اهل الشرايع ان نوحًا عليه السلام لمّا انجاه الله ومن معه بالسفينة نزل بهم وهم ثمانون رجلًا سوى اولاده فانوا بعد ذلك ولم يعقبوا وصار العقب من نوح فى اولاده الثلاثة ويويّد هذا قول الله تعالى عن نوح وَجَعَلْنَا ذُرِّيَّتَهُ هُمُ ٱلْبَاقِينَ ۰ وكان من خبر ذلك ان اولاد نوح الثلاثة وهم سام وحام ويافث اقتسموا الارض فصار لبنى سام بن نوح ارض العراق وفارس الى الهند ثم الى حضرموت وعمان والبحرين وعلج ويبرين وويار والدو والدهناء وجميع ارض اليمن وارض الحجاز وصار لبنى حام ابن نوح جنوب الارض ممّا يلى ارض مغربًا الى بلاد المغرب الاقصى وصار لبنى يافث بن نوح بحر الخزر مشرقًا الى الصين ۰ فكان من ذرية سام بن نوح القصاعبيون والفرس والسريانيون والعبرانيون والعرب والمستعرب والنبط وعاد وثمود والامورانيون والعماليق وامم الهند واهل السند وعتّة امم قد بادت وكانت ذرية حام بن نوح من اربعة اولاده الذين هم كوش ومصرايم وفوط وكنعان فن كوش الحبشة والزنج ومن مصرايم قبط مصر والنوبة ومن فوط الافارقة اهل افريقية ومن جاوزهم الى المغرب الاقصى ومن كنعان امم كانت بارض الشام حاربهم موسى بن عمران عليه السلام وقومه من بنى اسرايل ومنهم اجناس عديدة من البربر درجواء وكانت مساكن بنى حام من صَيْدَا الى ارض مصر ثم الى اخر افريقية نحو البحر المحيط وانتشروا فيما بين ذلك الى الجنوب وهم ثلاثون جنسًا وكان من ذرية يافث بن نوح الصقلب والفرنجة والغالكيون من قبايل الروم والفوط واهل الصين وقوم عرفوا بالمادبين واليونانيون والروم والغريقيون وقبايل الاتراك وهاجوج وماجوج واهل قبرس ورودس وعدّة ينى يافث خمسة عشر جنسًا سكنوا القطر الشمالى الى البحر المحيط فضاقت بهم بلادهم ولم تسعهم لكثرتهم فخرجوا منها وتغلبوا على كثير من بلاد بنى حام ابن نوح ۞

وذكر الاستاذ ابراهيم بن وصيف شاه الكاتب ان القبط تنسب الى قبطيم بن مصريم بن مصر
بن حام بن نوح وقبطيم اول من عمل العجايب بمصر واثارها بها المعادن وشقّ الانهار لمّا ولّى راص
مصر بعد ابيه مصرايم وانه لحق بليلة الالسن وخرج منها وهو يعرف اللغة القبطية وانه ملك
مدّة ثمانين سنة ومات فلمّا لموته بنوه واهله ودفنوه فى الجانب الشرقى من النيل بشرّب تحت
الجبل الكبير فقام فى ملك مصر بعده ابنه قفطريم بن قبطيم وزعم بعض النسّابة ان مصر بن
حام بن نوح ويقال له مصريم وقيل بل مصريم بن هرمس بن هردوس جدّ الاسكندر وقيل بل
فوط بن حام بن نوح نكح بخت بنت بتساويل بن ترس بن يافث بن نوح فولدت له بوقير ابا
القبط٤ قال ابن اسحاق ومن علماءنا قالوا ان مصر ابن حسام وانّما هو مصر بن هرمس بن
هردوس بن ميطون بن رومى بن ليطى بن يونان ويه سميت مصر فهى مقدونية وقيل القبط
من ولد قبط بن مصر بن فوط بن حام بن نوح وبمصر هذا سميت مصر والله اعلم ۞

ذكر ديانة القبط قبل تنصّرهم

اعلم ان قبط مصر كانوا فى غابر الدهر اهل شرك بالله يعبدون الكواكب ويقرّبون لها قرابينهم
ويقيمون على اسماّها التماثيل كما فى افعال الصابية وذكر ابن وصيف شاه ان عبادة الاصنام
اول ما عرفت بمصر ايّام قفطريم بن قبطيم بن مصرايم بن بيصر بن حام بن نوح وذلك ان
ابليس اثار الاصنام لمّا غرّقها الطوفان وزين للقبط عبادتها وان البودشير بن قفطريم اول من
تكهّن وعمل بالسحر وان مناوش بن منقاوس اول من عبد البقر من اهل مصر٤
وذكر الموفق احمد بن ابى القاسم بن خليفة المعروف بابن ابى اصيبعة انه كان للقبط مذهب
مشهور من مذاهب الصابية ولهم هياكل على اسماء الكواكب يحجّ اليها الناس من اقطار الارض
وكانت للحكماء والفلاسفة عن سواّم تتنهافت عليهم وتريد التقرّب منهم لما كان عندهم من علوم
السحر والطلسمات والهندسة والنجوم والطبّ والحساب والكيميا ولهم فى ذلك اخبار كثيرة
وكانت لهم لغة يختصّون بها وكانت خطوطهم ثلاثة اصناف خطّ العامّة وخطّ الخاصّة وهو
خطّ الكهنة المختصّ وخطّ الملوك٤

وقل ابن وصيف شاه كانت كهنة مصر اعظم الكهّان قدرًا واجلّهم علمًا بالكهانة وكانت حكماء
اليونانيين تصفهم بذلك وتشهد لهم به وتستشهد بهم فيقولون اختبرنا حكماء مصر بسكذا
وكذا وكانوا يأخون بكهانتهم نحو الكواكب ويزعمون انها فى ذلك تفيض عليهم العلوم وتخبيرهم
بالغيوب وفى ذلك تعلمهم اسرار الطوالع وصفة الطلاسم وتدلّهم على العلوم المكتومة والاسماء الجليلة
المخزونة فعملوا الطلسمات المشهورة والنواميس الجليلة وولدوا الاشكال الناطقة وصوروا الصور
المتحركة وبنوا العالى من البنيان وزبروا علومهم فى الحجارة وعملوا من الطلسمات ما دفعوا به
الاعداء عن بلادهم فحكمهم باهرة وعجايبهم ظاهرة٤

وكانت ارض مصر خمسًا وثمانين كورة منها اسفل للارض خمسة واربعون كورة ومنها بالصعيد
اربعون كورة وكان فى كل كورة رئيس من الكهنة وهم السحرة وكان الذى يتعبّد منهم الكواكب
السبعة السيارة سبع سنين يسمّونه باهر والذى يتعبّد منهم لها تسعًا واربعين سنة تلـل
كوكب سبع سنين يسمّونه قاطر وهذا يقوم الملك له اجلالًا ويجلسه معه الى جانبه ولا يتصرّف
الّا برايه وتدخل الكهنة ومعهم اصحاب الصنايع فيقفون حذا القاطر وكان كل كاهن منهم يفرد
بخدمة كوكب من الكواكب السبعة السيارة لا يتعدّاه الى سواه ويدعى بعبد ذلك السكوكب
فيقال عبد القمر عبد عطارد عبد الزهرة عبد الشمس عبد المريخ عبد المشترى عبد زحل
فاذا وقفوا جميعًا قال القاطر لاحدهم اين صاحبك فيقول فى برج كذا ودرجة كذا ودقيقة كذا
ثم يقول للاخر كذلك فيجيبه حتى ياتى على جميعهم ويعرف اماكن الكواكب من فلك البروج
ثم يقول للملك ينبغى ان تعمل اليوم كذا وتاكل كذا وتجامع فى وقت كذا وتركب فى وقت
كذا الى اخر ما يحتاج اليه والكاتب قايم بين يديه يكتب ما يقول ثم يلتفت القاطر الى اهـل
الصناعات ويخرجهم الى دار للحكمة فيصعون ايديهم فى الاعمال لله يصلح عملها فى ذلك اليوم ثم
يورّخ ما جرى فى ذلك اليوم فى صحيفة وتخزن فى خوابس الملك وكان الملك اذا هّم ام جمـع
الكهان خارج مدينة منف وقد اصطفّ الناس لهم بشارع المدينة ثم تدخل الكهان ركبانًا
على قدر مراتبهم والطبل بين ايديهم وما منهم الّا من ظهر باعجوبة قد عملها فنهم من يعلوا
وجهه نور كهيئة نور الشمس لا يقدر احد على النظر اليه ومنهم من على بدنه جواهر مختلفة
الالوان قد نسجمع على ثوب ومنهم من يتوشّح بحيات عظيمة ومنهم من يعقد فوقه قبة
من نور الى غير هذا من بديع اعمالهم ويصيرون كذلك الى حضرة الملك فيخبرهم بما نزل بـه
فيميلون رايهم حتى يتفقوا على ما يصرفونه به ؛
وهذا اعزّك الله من خبرهم لمّا كان الملك فيهم فلمّا استولت العماليق على ملك مصر وملكتنهـا
الفراعنة ثم تداولها من بعدهم اجناس اخر تنــاقصت علوم القبط شيئًا بعـد شيء الى ان
تنصّروا فعــادوا عوايد اهل الشرك واتبعوا ما امروا به من دين النصرانية كمــا ستلف عليه
تلوا هذا ان شاء الله تعالى ؛؛

ذكر دخول قبط مصر في دين النصرانية

اعلم ان النصارى اتباع نبى الله عيسى بن مريم عليه السلام سمّوا نصارى لانهم ينتسبون الى
قرية الناصرة من جبل الجليل بالجيم ويعرف هذا الجبل بجبل كنعان وهو الآن فى زمننا من
جملة معاملة صفد والاصل فى تسميتهم نصارى ان عيسى بن مريم عليه السلام لمّا ولدته امّه
مريم ابنة عمران ببيت لحم خارج مدينة بيت المقدس ثم سارت به الى ارض مصر وسكنتها
زمانا ثم عادت به الى ارض بنى اسرائيل فنومها نزلت قرية الناصرة فنشا عيسى عم بهـا وقيل له
يسوع الناصرى فلمّا بعثه الله تعالى رسولًا الى بنى اسرائيل وكان من شانه ما شتراه حتى رفعه الله
اليه . تفرّق الحواريون وهم الذين امنوا به فى اقطار الارض يدعون الناس الى دينه فتنسبوا الى
ما نسب اليه نبيهم عيسى بن مريم وقيل لهم الناصرية ثم تلاعبت العرب بهذه الكلمة وقالوا
نصارى قال ابن سيدة ونصرى وناصرى ونصورية قرية فى الشام والنصارى منسوبون اليها هذا
قول اهل اللغة وهو ضعيف ألا ان نادر النسب بسيفه وامّا سيبويه فقال امّا النصارى فذهب
الخليل الى انه جمع نصرى ونصران كما قالوا ندمان وندامى ولكنهم حذفوا احدى الياءين
كما حذفوا من اثفية وابدلوا مكانها الفّا قال وامّا الذى نوجهه نحن عليه فانه جمـاء على
نصران لانه قد تكلم به فانك جمعت وقلت نصارى كما قلت ندامى فهذا اقيـس والاول
مذهب وانما كان اقيس لاننـا لم نسمعهم قالوا نصرى، والتنصّر الدخول فى دين النصرانية
ونصّره جعله كذلك والانصر الاقلف وهو من ذلك لان النصارى قلف، وفى شرح الانجيل ان
معنى قرية ناصرة الجديدة والنصرانية النجدد والنصارى المجدد وقيل نسبوا الى نصران وهو
من ابنية المبالغة ومعناه ان هذا الدين فى غير اهل عصابة صاحبه فهو دين من ينصره من
اتباعه، واذا تقرر هذا فلعلم ان المسيح روح الله وكلمته القاها الى مريم هو عيسى واصل اسمه
بالعبرانية التى لغة امّه وابائها امّا هو يشوع وسمّته النصارى يشوع وسمّاه الله تعالى وهو اصدق
القايلين عيسى ومعنى يشوع فى اللغة السريانية المخلص قاله فى شرح الانجيل ونعته بالمسيح
وهو الصديق وقيل لانه كن لا يمسح بيده صاحب عاهة الّا برا وقيل لانه كان يمسح روس
اليتامى وقيل لانه خرج من بطن امّه مسوحًا بالدهن وقيل لان جبريل عليه السلام مسحه
بجناحه عند ولادته صونا له من مسّ الشيطان وقيل المسيح اسمر مشتق من المسيح اى
الدهن لان الروح القدس قام لجسد عيسى مقام الدهن الذى كن عند بنى اسرائيل يمسح
به الملك ويمسح به الكهنوت وقيل لانه مسح بالبركة وقيل لانه امسح الرجلين ليس لرجليه
اخمص وقيل لانه يمسح الارض بسياحته لا يستوطن مكانًا وقيل فى كلمة عبرانية اصلها ماشيح
فتلاعبت بها العرب وقلت مسيح ۞

وكان من خبره عليه السلام ان مريم ابنة عمران بينما هى فى محرابها اذ بشّرها الله تعالى بعيسى فخرجت من بيت المقدس وقد اغتسلت من المحيض فتمثّل لها الملك بشرا فى صورة يوسف بن يعقوب النجار احد خدام القدس فنفخ فى جيبها فسرت النفخة الى جوفها فحملت بعيسى كما تحمل النساء من غير ذكر بل حلّت نفخة الملك منها محلّ الالقاح ثم وضعت بعد تسعة اشهر وقيل بل وضعت فى يوم حملها بقرية بيت لحم من عمل مدينة القدس فى يوم الاربعا خامس عشرين كانون الاول وتاسع عشرين كيهك سنة تسع عشرة وثلاثمائة للاسكندر فقدمت رسل ملك فارس فى طلبه ومعهم هدية له فيها ذهب ومرّ ولبان فطلبه هيرودس ملك اليهود بالقدس ليقتله وقد انذر به فسارت به مريم وعمره سنتان على حمار ومعهما يوسف النجار حتى قدموا ارض مصر فسكنوها مدة اربع سنين ثم عادوا وعمر عيسى ست سنين فنزلت به مريم قرية الناصرة من جبل الجليل فاستوطنتها فنشا بها عيسى حتى بلغ ثلاثين سنة فسار هو وابن خالته يحيى بن زكريا عليهما السلام الى نهر الاردن فاغتسل عيسى فيه فحلّت عليه النبوة فمضى الى البرية واقام بها اربعين يوما لا يتناول طعاما ولا شرابا فاوحى الله اليه بان يدعو بنى اسرائيل الى عبادة الله تعالى فطاف القرى ودعى الناس الى الله تعالى وابرا الاكمه والابرص واحيى الموتى باذن الله وبكت اليهود وامرهم بالزهد فى الدنيا والتوبة من المعاصى فامن به الحوريون وكانوا قوما صيادين وقيل قصارين وقيل ملاحين وعددهم اثنا عشر رجلا وصدّقوا بالانجيل الذى انزل الله تعالى عليه وكذبه عامة اليهود وضللوه واتهموه بما هو برى منه فكانت له ولهم عدة مناظرات انت بهم الى ان اتفق احبارهم على قتله وطرقوه ليلة الجمعة فقيل انه رفع عند ذلك وقيل بل اخذوه واتوا به الى بلاطس البنطى شحنة القدس من قبل الملك طيباريوس قيصر وارادوا على قتله وهو يدافعهم عنه حتى غلبوه على رايهم بان دينهم اقتضى قتله فامكنهم منه وعند ما ادنوه من الخشبة ليصلبوه رفعه الله اليه وذلك فى الساعة السادسة من يوم الجمعة خامس عشر شهر نيسن وتاسع عشرى شهر برمهات وخامس عشر ادار وسابع عشر ذى القعدة وله من العمر ثلاث وثلاثون سنة وثلاثة اشهر فصلبوا الذى شبه لهم وصلبوا معه لصين وبمروهم بمسامير للحديد واقتسم الجند ثياب المصلوب فغشيت الارض ظلمة اقامت ثلاث سلطت حتى صار النهار شبه الليل وروئيت النجوم وكان مع ذلك عدّة وزلزلة ثم انزل المصلوب عن الخشبة بكرة يوم السبت ودفن تحت صخرة فى قبر جديد ووكل بالقبر من يحرسه لئلا ياخذ المقبور اصحابه فزعم النصارى ان المقبور قام من قبره ليلة الاحد سحرا ودخل عشية ذلك اليوم على الحواريين وحادثهم ووصاهم ثم بعد الاربعين يوما من قيامته صعد الى السماء والحواريون يشاهدونه فاجتمعوا بعد رفعه بعشرة ايام فى علية صيون التى يقال لها اليوم صهيون خارج القدس فظهرت لهم حوارى فتكلموا بجميع الالسن فامن بهم فيما يذكر عند ذلك زيادة على ثلاثة

الاف انسان فاخذهم اليهود وحبسوهم فظهرت كرامتهم وفتح الله لهم باب السجن ليلًا فخرجوا الى الهيكل وطفقوا يدعون الناس فهمّت اليهود بقتلهم وقد امن بهم نحو لخمسة الاف نفس فلم يتمكنوا من قتلهم، فتفرّق لحواريون فى اقطار الارض يدعون الى دين المسيح فسار بطرس راس لحواريين ومعه شمعون الصفا الى انطاكية ورومية فاستجاب له بشر كثير وقتل فى خامس ابيب وهو عيد القصرية وسار اندرالس اخوه الى نيقية وما حولها فامن به كثير ومات فى برنطية فى رابع كيهك وسار يعقوب ابن زبدى اخو يوحنا الانجيلى الى مدينة ابدينة فتبعه جماعة وقتل فى سابع هشر برمودة وسار يوحنا الانجيلى الى بلد اسيا وافسيس وكتب انجيله بالبونانى بعد ما كتب متى ومرقص ولوقا انجيلهم فوجدهم قد قصروا فى امور فتكلّم عليها وكان ذلك بعد رفع المسيح بثلاثين سنة وكتب ثلاث رسايل ومات وقد اناف على مايةسنة وسار فيلبس الى قيسارية وما حولها وقتل بها فى ثلث هتور وقد اتبعه جماعات من الناس وسار برتولوملوس الى ارمينية وبلاد البربر وواحات مصر فامن به كثير وقتل وسار توما الى الهند فقتل هناك وسار متى العشار الى فلسطين وصور وصيدا ومدينة بصرى وكتب انجيله بالعبرانى بعد رفع المسيح بتسع سنين ونقله يوحنا الى اللغة الرومية وقتل متى بقرطاجنة فى ثمن عشر بابه بعد ما استجاب له بشر كثير وسار يعقوب بن خلفا الى بلاد الهند ورجع الى القدس وقتل فى عشر امشير وسار يهودا بن يعقوب من انطاكية الى لجزيرة فامن به كثير من الناس ومات فى ثلث ابيب وسار شمعون الى سميساط وحلب ومنبج وبرنطية وقتل فى تلسع ابيب وسار متياس الى بلاد الشراة فقتل فى ثامن عشر برمهات وسار بولس الطرسوسى الى دمشق وبلاد الروم ورومية فقتل فى خامس ابيب، وتفرّق ايضًا سبعون رسولًا اخر فى البلاد فامن بهم لخلايق ومن هولاه السبعين مرقص الانجيلى وكان اوّلًا اسمه يوحنا فعرف ثلاثة السن الافرنجى والعبرانى واليونانى ومضى الى بطرس برومية وصحبه وكتب الانجيل عنده بالفرنجية بعد رفع المسيح باثنى عشرة سنة ودعا الناس برومية ومصر ولحبشة والنوبة واقام حنانيا اسقفًا على الاسكندرية وخرج الى برقة فكثرت النصارى فى ايامه وقتل فى ثلث عيد الفسيح بسكندرية، ومن السبعين ايضًا لوقا الانجيلى الطبيب تلميذ بولس كتب الانجيل باليونانية عن بولس بلاسكندرية بعد رفع للمسيح بعشرين سنة وقيل باثنى وعشرين سنة، ولمّا فرّ بطرس راس لحواريين من حبس رومية ونزل بلنطاكية اقام بها لداريوس بطركًا ولنطاكية احد الكراسى الاربعة التى للنصارى وهى رومية والاسكندرية والقدس وانطاكية فاقام داريوس بطرك انطاكية سبعًا وعشرين سنة وهو اول بطاركتها وتوارث من بعده البطاركة بها البطركية واحد بعد واحد، ودعى شمعون الصفا برومية خمسًا وعشرين سنة فظفرنبت به بطركية وسارت الى القدس وكشفت عن خشبات الصليب وسلمتها الى يعقوب بن يوسف الاسقف وبنت هناك كنيسة وعادت الى رومية وقد اشتدت على دين النصرانية فامن معها عدة من اهلها

واجتمع الرسل بمدينة رومية ووضعوا القوانين وأرسلوها على يد اكليموس تلميذ بطرس فكتبوا
فيها عدد الكتب التي يجب قبولها من العتيقة والحديثة فاما العتيقة فالتوراة وكتاب يوشع
ابن نون وكتاب القضاة وكتاب راعوت وكتاب يهوديت وسير الملوك وسفر بنيامين وكتب
المقابيين وكتاب عزرة وكتاب استير وقصة هامان وكتاب أيوب وكتاب مزامير داوود وكتب
سليمان بن داوود وكتب الانبياء وهي سنة عشر كتاباً وكتاب يوشع بن سيراخ واما الكتب
الحديثة فالاناجيل الاربعة وكتابة القاتوليقون وكتاب بولس وكتاب الابركسيس وهو قصص
الحواريين وكتاب اقليموس وفيه ما امر به الحواريون وما نهوا عنه، ولما قتل الملك نيرون قيصر
بطرس رأس الحواريين برومية اقيم من بعده اريوس بطركك رومية وهو اول بطركك صار على رومية
فاقام في البطركية اثنتي عشرة سنة وقام من بعده البطاركة بها واحد بعد واحد الى يومنا
هذا الذي نحن فيه، ولما قتل يعقوب اسقف القدس على يد اليهود هدموا بعده البيعة
واخذوا خشبة الصليب والخشبتين معها والقوا على موضعها تراباً كثيراً فصار كوماً عظيماً
حتى اخرجتها هيلانة ام قسطنطين كما ستراه ان شاء الله تعالى قريباً واقيم بعد قتل يعقوب
سمعان ابن عمه اسقف القدس فكث اثنتين واربعين سنة اسقفا وماتت فتداول الاساقفة بعده
الاسقفية بالقدس واحد بعد واحد.

ولما اقلم مرقص حنانيا ويقال اقانيا بطركك الاسكندرية جعل معه اثنى عشر قسّا وامرهم اذا مات
البطركك ان يجعلوا عوضه واحداً منهم ويقيمون بدل ذلك القس واحداً من النصارى حتى لا
يزالون اثنى عشر قسّا فلم تزل البطاركة تعمل من القسوس الى ان اجتمع الثلاثمائة وثمانية
عشر. كما ستراه ان شاء الله تعالى وكان بطركك الاسكندرية يقال له البابا من عهد حنانيا هذا
اول بطاركة الاسكندرية الى ان اقيم ديمتريوس وهو الحادى عشر من بطاركة الاسكندرية ولم
يكن بارض مصر اساقفة فنصب الاساقفة بها وكثروا بقراها في بطركية هرقل وصار الاساقفة
يسمون البطركك الاب والقسوس وساير النصارى يسمون الاسقف الاب ويجعلون لفظة البابا
تختص ببطركك الاسكندرية ومعناها اب الاباء ثم انتقل هذا الاسم عن كرسى الاسكندرية الى
كرسى رومية من اجل انه كرسى بطرس رأس الحواريين فصار بطركك رومية يقال له البابا واستمر
على ذلك الى زماننا الذى نحن فيه، واقلم انانيو وهو حنانيا في بطركية الاسكندرية اثنين
وعشرين سنة وماتت في عشرين هاتور سنة سبع وثمانين لظهور المسيح فاقيم بعده مينيو فاقام
اثنتى عشرة سنة وتسعة اشهر وماتت، وفي اثناء ذلك ثار اليهود على النصارى واخرجوهم من
القدس فعبروا الاردن وسكنوا تلك الاماكن فكان بعد هذا بقليل خراب القدس وجلوة اليهود
وقتلهم على يد طيطش بعد رفع المسيح بنحو اربع واربعين سنة فكثرت النصارى في ايام
بطركية مينيو وعاد كثير منهم الى القدس بعد تخريب طيطش لها وبنوا بها كنيسة واقاموا
عليها سمعان اسقفا ثم اقيم بعد مينيو بالاسكندرية بالبطركية كرتيانو وفي ايام الملك

لادريانوس قيصر اصعب للنصارى منه بلاءٍ كثيرًا وقتل منهم جماعة كثيرة واستعبد باقيهم
فنزل بهمْ بلاءٌ لا يوصف فى العبودية حتى رحمهم الوزراد واكابر الروم وشفعوا فيهم فنّ عليهم
قيصر واعتقهم. ومات كرشينانو بطرك الاسكندرية فى حادى عشر برمودة بعد ما دبر الكرسى
احدى عشرة سنة وكان جيّد السيرة فتقدم بعده ابريمو فاقام ثنتى عشرة سنة ومات فى ثالث
مسرى ولشتدّ الامر على النصارى فى ايّام الملك ادريانوس قيصر وقتل منهم خـــلايق لا يحصى
عددم. وقدم مصر فلفنى من بهسيا من النصارى وخرب ما بنى فى مدينة القدس من كنيـــسة
النصارى ومنعهم من الترددد اليها وانزل عوضهم بالقدس اليونانيين وسمّى القدس ايليا فلم
ينجتـاسر نهرانى يدخوا من القدس. واقيم بعد موت ابريمو بطرك الاسكندرية يسطس فاقام
احدى عشرة سنة ومات ثانى عشر بوّنة فخلفت بعده اوماثيو فاقام عشر سنين واربعة اشهر ومات
فى عاشر بابة فاقيم بعده مرقيـانو بطرك الاسكندرية واقام تسع سنين وستّة اشهر. ومات فى سادس
طوبة فتقدم بعده على الاسكندرية كلوثيانو فاقام اربع عشرة سنة ومات فى تاسع ابيب، وفى ايّامه
اشتدّ الملك اورالبيانوس قيصر على النصارى وقتل منهم خلقًا كثيرًا وقدم على كرسى الاسكندرية
بعد كلوثيانو اغربينو بطرك فاقام ثنتى عشرة سنة ومات فى خامس امشير وفى ايّام بطركيته اتفق
راى البطاركة بجميع الامصار على حساب فصح النصارى ووقت صومهم ورتّبوا كيف يستخرج
ووضعوا للحساب القبطى وبه يستخرجون معرفة وقت صومهم وفصحهم واستمرّوا على ما رتّبوه
فيما بعد وكانوا قبل ذلك يصومون بعد الغطاس اربعين يومًا كما صـــام المسيح عليه السلام
ويفطرون وفى عيد الفسح يعملون الفسح مع اليهود فنقل هولاء البطاركة الصوم واوصلوه بعيد
الفسح لان عيد الفسح كلنى فيه قيامة المسيح من الاموات بزعمهم وكان الحواريون قد امروا ان
لا يغيّر عن وقتنه وأن يعملوه كلّ سنة فى ذلك الوقت. ثم اقيم بكرسى الاسكندرية بعد اغربينو
فى البطركية يوليبانوس فاقام عشر سنين ومات فى ثامن برمهـات واستخلف بعده ديمتريوس فاقام
بعده ثلاثا وثلاثين سنة فى البطركية ومات وكان فلّاحًا أميًا وله زوجة. ذكر عنه انه لم يجا معها
قط، وفى ايّامه اثار الملك سورريانوس قيصر على النصارى بلاءً كبيرًا فى جميع علكتنه وقتل منهم
خلقًا كثيرًا. وقدم مصر وقتل جميع من فيها من النصارى وهدم كنـــايسهم وبنى بالاسكندرية
هيكلًا لاصنامه، ثم اقيم بعده فى بطركية الاسكندرية تاوكلا فاقام ستّ عشرة سنة ومات فى
ثامن كيهك فلقى النصارى من الملك مكسيموس قيصر شدّة عظيمة وقتل منهم خلقًا كثيرًا
فلمّا ملك فيلبس قيصر اكرم النصارى، وقدم على بطركية الاسكندرية ديونيسيوس فاقام تسع
عشرة سنة ومات فى ثلث توت وفى ايّامه كان الراهب انطونيوس المصرى وهو اول من ابتـــدا
بلبس الصوف. وابتدا بعمارة الديارات فى البرارى وانزل بها الرهبان، لقى النصارى من الملك
داقيوس قيصر شدّة فانه امرهم ان يسجدوا لاصنـــامه فابوا من السجود لها فقتلهم ابرح قتل
وفرّ منه الفتية اصحاب الكهف من مدينة افسس ولختفوا بمغارة فى جبل شرق المدينة ونامـــوا

فضرب الله على الذانهم فلمر يزالوا فايمين ثلاثمسماية سنين وازدادوا تسعًا فقام من بعده فى
الاسكندرية مكسيموس واقام بطرّكًا اثنتى عشرة سنة ومات فى رابع عشر برمودة فاقيم بعده تأوفا
بطرّكا مدّة سبع سنين وتسعة اشهر ومات وكانت النصارى قبله تصلّى بالاسكندرية خفية مِن
الروم خوفًا من القتل فلاطف تأوفا الروم واهدى اليهم تحفًا جليلة حتى بنى كنيسة مرهم
بالاسكندرية فصلّى بها النصارى جهرًا فاشتدّ الامر على النصارى فى ايّام الملك طيبساريوس
قيصر وقتل منهم خلقًا كثيرًا فلمّا كانت ايّام دقلطيسلنوس قيصر خمالف عليه اهل مصر
والاسكندرية فقتل منهم خلقًا كثيرًا وكتب بغلق كنايس النصارى وامر بعيادة الاصنام وقتل
من امتنع منها فلستشهد خلايق كثيرة جدًا. واقام فى البطركية بعد تأوفا بطرس فاقام
احدى عشرة سنة وقتل فى الاسكندرية بالسيف وقتلت معه امرأته وابنتساه لامتناعهم عن
السجود للاصنام فقام بعده تلميذه لرسلاوس فاقام ستة اشهر ومات، ودقلطيانوس هذا وقتله
لنصارى مصر تورّخ قبط مصر الى يومنا هذا كما قد ذكرنله فى تلريخ القبط عند ذكر التواريخ
من هذا الكتاب فراجعه» ثمّ قلم من بعده مكسيمانوس قيصر فاشتدّ على النصارى وقتل
منهم خلقًا كثيرًا حتى كانت القتلى منهم تحمل على العجل وترمى فى البحر، ثمّ قلم بعد
ارسلاوس فى بطركية الاسكندرية اسكندروس تلميذ بطرس الشهيد فاقام ثلاثًا وعشرين سنة
ومات فى ثانى عشرين برمودة وفى بطركيته كان مجمع النصارى بمدينة نيقلية وفى ايّامه كتب
النصارى وغيرهم من اهل رومية الى قسطنطين وكان على مدينة برنطية بحثّونه على ان ينقذهم
من جور مكسيمانوس وشكوا اليه عتوّه فلجمع على المسير لذلك وكانت امّه هيلانة من اهل
قرى مدينة الرها قد تنصّرت على يد اسقف الرها وتعلّمت الكتب فلمّا مّ بقريتها قسطس
صاحب شرطة دقلطيانوس رآها فاعجبته فتزوّجها وحملها الى برنطية مدينته فولدت له قسطنطين
وكان جميلًا فانذر دقلطيانوس ماحموه بان هذا الغلام سيملك الروم ويبدّل دينهم فاراد قتله
ففرّ منه الى الرها وتعلّم بها لحكمة اليونانية حتى مات دقلطيانوس عاد الى برنطية فسلّمها له ابوه
قسطس ومات فقلام بامرها بعد ابيه الى ان استدعاه اهل رومية فاخذ يدبّر فى مسيره فرأى فى
منامه كواكب فى السماء على هيئة الصليب وصوت من السماء يقول له احمل هذه العلامة تنتصر
على عدوّك فقص رويباه على اعوانه وعمل شكل الصليب على اعلامه وبنوده وسار لحرب
مكسيمانوس برومية فبرز اليه وحساربه فانتصر قسطنطين عليه وملك وتحوّل منها فجعل دار
ملكه قسطنطينية وكان هذا ابتدا رفع الصليب وظهوره فى الناس فاتخذه من حينئذ النصارى
وعظموه حتى عبدوه واكرم قسطنطين النصارى ودخل فى دينهم بمدينة نيقومدیا فى السنة
الثانية عشر من ملكه على الروم وامر ببناه الكنايس فى جميع ممالكه وكسر الاصنام وهدم بيوتها
وعمل المجمع بمدينة نيقية وسببه ان الاسكندروس بطرك الاسكندرية منع اريوس من دخول
الكنيسة واحرمه لمقالته ونقل عن بطرس الشهيد بطرك سكندرية انه قال عن اريوس ان ايمانه

فلمّا وكتب بذلك الى جميع البطاركة قضى اريوس الى الملك قسطنطين ومعه اسقفان
فلستغاثوا به وشكوا الاسكندروس فقام باحضاره من الاسكندرية لمحضر هو واريوس وجميع له
الاعيان من النصارى ليغاطروه وقال اريوس كان الاب اذا لم يكن له الابن ثم احدث الابن فصار
كلمة له فهو محدث بمخلوق فوض الهه الاب كل شيء لخلق الابن المسمى بكلمته كل شيء من
السموات والارض وما فيهما وكان هو الخالق بما اعطاه الاب ثم ان تلك الكلمة تجسدت من مريم
ومن روح القدس فصار ذلك مسيحًا فاذا المسيح معنيان كلمة وجسد وها جميعًا مخلوقان ،
فقال الاسكندروس ايما اوجب عبادة من خلقنا او عبادة من لم يخلقنا فقال اريوس بل عبادة
من خلقنا اوجب فقال الاسكندروس فان كان الابن خلقنا كما وضعت وهو مخلوق فعبادته
اوجب من عبادة الاب الذى ليس بمخلوق بل يكون عبادة للخالق كفرًا وعبادة المخلوق ايمانًا
وهذا اقبح القبيح ، فلستحسن الملك قسطنطين كلام اسكندروس وامره ان يحقّره اريوس
فلحرمه، وسال الاسكندروس الملك ان يحضر الاساقفة فامر بهم فاتوه من جميع ممالكه واجتمعوا
بعد ستة اشهر بمدينة نيقية وعدّتهم الفان وثلاثمائة واربعون اسقفًا مختلفين فى المسيح فنهم
من يقول الابن من الاب بمنزلة شعلة نار تعلقت بشعلة اخرى فلم تنقص الاولى بانفصال
الثانية منها وهذه مقالة سبليوس الصعيدى ومن تبعه، ومنهم من قال ان مريم لم تحمل
بالمسيح تسعة اشهر بل مرّ باحشائها كمرور الماء فى الميزاب وهذا قول اليان ومن تبعه، ومنهم
من قال المسيح بشر مخلوق وابتدا الابن من مريم ثم لنه اصطفى فصحبته النعمة الالهية بالحينة
والمشيئة ولذلك يسمى ابن الله تعالى عن ذلك ومع هذا فالله واحد قيوم واحد وانكر هولا
الكلمة والروح ولم يومنوا بها وهذا قول بولص السميساطى بطرك انطاكية واصحابه، ومنهم من
قال الالهة ثلاثة صالح وطالح وعدل بينهما وهذا قول مرقيون واتباعه، ومنهم من قال المسيح وامّه
الاهين من دون الله وهذا قول المرايمة من فرق النصارى، ومنهم من قال بل الله خلق الابن
وهو الكلمة فى الازل كما خلق الملائكة روحًا طاهرة مقدّسة بسيطة مجردة عن المادة ثم خلق
المسيح فى اخر الزمان من احشاء مريم البتول الطاهرة فاتخذ الابن الكلمة المخلوقة فى الازل
بانسان المسيح فصارا واحدًا، ومنهم من قال الابن مولود من الاب قبل كل الدهور غير مخلوق
وهو من جوهره ونور من نوره وان الابن اتخذ بالانسان الماخوذ من مريم فصارا واحدًا وهو
المسيح وهذا قول الثلاثمائة وثمانية عشر، فتحيّر قسطنطين فى اختلافهم وكثر تعجبه من ذلك
وامر بهم فانزلوا فى اماكن واجزى لهم الارزاق وامر لهم ان يتناظروا حتى يتبين له صوابهم فثبتت
الثلاثمائة وثمانية عشر على قولهم المذكور واختلف باقيهم فمال قسطنطين الى قول الاكثر واعرض
عمّا سواه واقبل على الثلاثمائة وثمانية عشر وامر لهم بكراسى واجلسهم عليها ودفع اليهم سيفه
وخاتمه وبسط ايديهم فى جميع مملكته فباركوا عليه ووضعوا له كتاب قوانين الملوك وقوانين
الكنيسة وفيه ما يتعلق بالمعاملات والمناكحات وكتبوا بذلك الى ساير المماليك وكان رئيس هذا

المجمع الاسكندروس بطرك الاسكندرية واسطاس بطريكه انطاكية ومقاريوس اسقف القدس ووجّه سلطوس بطرك رومية بقسيسين اتفقد معهم على حرم اريوس غاجرموه ونفوه، ووضع الثلاثمائة وثمانية عشر للامانة المشهورة عندهم واوجبوا ان يكون الصوم متصلاً بعيد الفصح على ما رتبه البطاركة فى ايّام الملك اورالبيانوس قيصر كما تقدّم ومنعوا ان يكون للاسقف زوجة وكن للاساقفة قبل ذلك اذا كان مع احدهم زوجة لا يمنع منها اذا عمل اسقفًا بخلاف البطرك فانه لا يكون له امراة البتّة وانصرفوا من مجلس قسطنطين بكرامة جليلة، والاسكندروس هذا هو الذى كسر للصنم الحماس الذى كان فى هيكل زحل بالاسكندرية وكانوا يعبدونه ويجعلون له عيدًا فى ثمن عشر هاتور ويذبحون له الذبايح العظيمة، فاراد الاسكندروس كسر هذا الصمم فمنعه اهل الاسكندرية فاحتال عليهم وتلطّف فى حيلته الى ان قرب العيد لجميع الناس ووعظهم وقبّح عندهم عبادة الصنم وحثّهم على تركه وان يجعل هذا العيد لميكايل رئيس الملائكة الذى يشفع فيهم عند الاله فان ذلك خير من عمل العيد للصنم فلا يتغيّر عمل العيد الذى جرت عادة اهل البلد عله ولا تبطل ذبايحهم فيه فرضى الناس بهذا ووافقوه على كسر الصنم فكسره واحرقه وعمل بيته كنيسة على اسم ميكايل فلم تزل هذه الكنيسة بالاسكندرية الى ان حرقهـا جيوش الامام المعز لدين الله ابى تميم معد لمّا قدموا فى سنة ثمان وخمسين وثلاثمائة واستمر عيد ميكايل عند النصارى بخبار مصر باقيا يعمل فى كل سنة ۞

وفى السنة الثانية والعشرين من ملك قسطنطين سارت أمّه هيلاني الى القدس وبنت بها كنايس للنصارى فدلّها مقاريوس الاسقف على الصليب وعرّفها ما عملته اليهود فساقت كهنة اليهود حتى دلّوها على الموضع لحفرته فاذا قبر وثلاث خشبـات زعموا انهم لم يعرفوا الصليب المطلوب من الخشبات الثلاث الّا بان وضعت كلّ واحدة منهـا على ميبت قد بلى فقام حيّـا عند ما وضعت عليه خشبة منهـا فعلوا لذلك عيدًا مدة ثلاثة ايّم عرف عندهم بعيـد الصليب ومن حينئذ عبد النصارى الصليب وعملت له هيلاني غلافًا من ذهب وبنت كنيسة القيـامة التى تعرف اليوم بكنيسة قمامة واقامت مقاريوس الاسقف على بنـاه بقيـة الكنايس وعادت الى بلادها وكانت مدّة ما بين ولادة المسيح وظهور الصليب ثلاثمائة وثمـان وعشرين سنة ۞

ثر قام فى بطركية الاسكندرية بعد الاسكندروس تلميذه اثناسيوس الرسولى فاقام ستًا واربعين سنة ومات بعد ما ابتلى بشدايد وغاب عن كرسيه ثلاث مرّات، وفى ايّامه جرت مناظرات طويلة مع اوسابيوس الاسقف الى ضربه وفراره فانه تعصّب لاريوس وقال انه لم يقبل ان المسيح خلق الاشياء وانّما قال به خلق كلّ شىء لانه كلمة الله لله بها خلق السماء والارض وانّما خلق الله تعالى جميع الاشياء بكلمته فالاشياد به كوّنت لا انه كوّنها وانّما الثلاثمائة وثمانية عشر تعدّوا عليه، وفى ايّامه تنصّر جماعة من اليهود وطعن بعضهم فى التورات لله بايدى اليهود

وانهم نقصوا منها وان الصحيحة هى للّتى فسّرها السبعون فامر قسطنطين باحضارها وعاقبهم
على ذلك حتى دلّوها على موضعها بمصر فكتب باحضارها فحملت اليه فاذا بينها وبين توراة
اليهود الف وثلاثمائة وتسع وستّين سنة زعموا انهم نقصوها من مواليد من ذكر فيها لاجل
المسيح، وفى ايّامه بعثت هيلانى بمال عظيم الى مدينة الرها فبنى به كنايسها العظيمة وامر
قسطنطين باخراج اليهود من القدس والزامهم بالدخول فى دين النصرانية ومن امتنع منهم
قتل فتنصّر كثير منهم وامتنع اكثرهم فقتلوا ثم امتحن من تنصّر منهم بان جمعهم يوم الفصح
فى الكنيسة وامرهم باكل لحم الخنزير فانى اكثرهم ان ياكل منه فقتل منهم فى ذلك اليوم خلائق
كثيرة جدًّا ☙

ولمّا قام قسطنطين بن قسطنطين فى الملك بعد ابيه غلبت مقالة اريوس على القسطنطينية
وانطاكية والاسكندرية وصار اكثر اهل مصر وارض الاسكندرية اريوسيين ومغسانيين واستولوا
على ما بها من الكنايس ومال الملك الى رايهم وحمل الناس عليه ثم رجع عنه، وزعم كيرلس
اسقف القدس انه ظهر من السماء على القبر الذى بكنيسة القيامة شبه صليب من نور فى
يوم عيد العنصرة لعشرة ايّام من شهر ايّار فى الساعة الثالثة من النهار حتى غلب نوره على
نور الشمس ورأه جميع اهل القدس عيانًا فاقام فوق القبر عدّة ساعات والناس تشاهده فامن
يومئذ من اليهود وغيرهم عدّة الاف كثيرة ☙

ثم لمّا ملك يوليانوس بن عمّ قسطنطين اشتدّت نكايته للنصارى وقتل منهم خلقًا كثيرًا
ومنعهم من النظر فى شىء من الكتب واخذ اوانى الكنايس والديارات ونصب مائدة كبيرة
عليها اطعمة ممّا ذبح لاصنامه ونادى من اراد المال فليضع البخور على النار وليأكل من نبايح
الحنفاء ويأخذ ما يريد من المال فامتنع كثير من الروم وقالوا نحن نصارى فقتل منهم خلائق
ومحا الصليب من اعلامه وبنوده وفى ايّامه سكن المقدس الاريون بريّة الاردن وبنا بها الديارات
وهو اول من سكن بريّة الاردن من النصارى ☙

فلمّا ملك يوبيانوس على الروم وكان متنصّرا اعاد كل من قرّ من الاساقفة الى كرسيه وكتب
الى اثناسيوس بطرك الاسكندرية ان يشرح له الامانة المستقيمة فجمع الاساقفة وكتبوا له ان
يلزم امانة الثلاثمائة وثمانية عشر فثار اهل الاسكندرية على اثناسيوس ليقتلوه فقاموا بدله
لوقيوس وكان اريوسيًّا فاجتمع الاساقفة بعد خمسة اشهر وحرموه ونفوه واعادوا اثناسيوس الى
كرسيه فاقام بطركًا الى ان مات مخلفه بطرس ثم وثب الاريوسيون عليه بعد سنتين فقرّ منهم
واعادوا لوقيوس فاقام ثلاث سنين ووثب عليه اعداوه فقرّ منهم فردّوا بطرس فى العشرين من
امشير فاقام سنة، وقدم فى ايام واليس ملك الروم اريوس اسقف انطاكية الى الاسكندرية باذن
الملك واخرج منها جماعة من الروم وحنس بطرس ونصب بدله اريوس السميساطى
فقرّ بطرس من الحبس الى رومية واستجار بطركها وكان واليس اريوسيًّا فسار الى زيارة كنيسة

مار توما بمدينة الرها ونفى اسقفها وجماعة معه الى جزيرة رودس ونفى ساير الاساقفة لمخالفتهم لرأيه ما عدا اثنين ٭

وقام فى بطركية الاسكندرية طيماثاوس فاقام سبع سنين ومات، وفى ايامه كان المجمع الشرقى من مجامع النصارى بقسطنطينية فى سنة اثنى عشرة ومايتة لمخلطيانوس فاجتمع مايتة وخمسون اسقف واحرموا مقدنيوس عدوّ روح القدس وكلّ من قال بقوله وسبب ذلسك انه قال بان روح القدس مخلوق واحرموا معه غير واحد لعقايد شنيعة تظاهروا بها فى المسيح وزاد الاساقفة فى الامانة التى رتّبها الثلاثمايه وثمانية عشر ونوّون بالروح القدس الرب المحيى المنبثق من الاب، قلت تعالى الله عمّا يقولون علوًا كبيرًا، وحرموا ان يزاد فيها بعد ذلك شى؟ او ينقص منها شى؟ وكان هذا المجمع بعد مجمع نيقية بثمان وخمسين سنة، وفى ايامه بنيت عدّة كنايس بالاسكندرية واستتيب جماعة كثيرة من مقالة اريوس، وفى ايامه اطلق الاساقفة والرهبان اكل اللحم يوم الفسح لمخالفوا الطايفة المنانية فانهم كانوا يحرمون اكل اللحم مطلقًا، وردّ الملك اغرادجانوس كلّ من نفاه واليس من الاساقفة وامر ان يلزم كلّ واحد دينه ما خلا المنانية ٭

ثم اقيم بكرسى الاسكندرية تاوفيلا فاقام سبعًا وعشرين سنة ومات فى ثلث عشر بابه، وفى ايامه ظهر الفتية اهل الكهف وكان تاوداسيوس اذ ذاك ملكًا على الروم فبنى عليهم كنيسة وجعل لهم عيدًا فى كل سنة، واشتدّ الملك تاوداسيوس على الاريوسيين وضيّق عليهم وامر فاخذت منهم كنايس النصارى بعد ما حكموها نحو اربعين سنة واسقط من جيشه من كان اريوسيًا وطرد من كان فى ديوانه وخدمه منهم وقتل من لخلفله كثيرًا وهدم بيوت الاصنام بكلّ موضع، وفى ايامه بنيت كنيسة مريم بالقدس، وفى ايام الملك ارغاديوس بنى دير القصير المعروف الان بدير البغل فى جبل المقطّم شرق طرا خارج مدينة فسطاط مصر ٭

ثم اقيم فى بطركية الاسكندرية كيرلص فاقام اثنتين وثلاثين سنة ومات فى ثالث ابيب وهو اول من اقام القومة فى كنايس الاسكندرية وارض مصر وفى ايامه كان المجمع الثالث من مجامع النصارى بسبب نسطوريوس بطرك قسطنطينية فانه منع ان تكون مريم ام عيسى وقال انما ولدت مريم انسانًا اتحد بمشية الاله يعنى عيسى فصار الاتحاد بالمشية خاصّة لا بالذات وان اطلاق الاله على عيسى ليس هو بالحقيقة بل بالهبة والكرامة وقال ان المسيح حلّ فيه الابن الازلى ولذى اعبده لان الاله حلّ فيه وانه جوهرين وقنومين ومشية واحدة وقال فى خطبته يوم الميلاد ان مريم ولدت انسانًا لا اعتقد فى ابن شهرين وثلاثة الالهية ولا اسجد له سجودى لسلاله وكان هذا هو اعتقاد تاودرس وديودارس الاسقفين وكان من قولهما لن المولود من مريم هو المسيح والمولود من الاب هو الابن الازلى وانه حلّ فى المسيح فسمّى ابن الله بالموهبة والكرامة وان الاتحاد بالمشية والارادة واثبتوا لله تعالى من قولهم ولذين احدهما بالجوهر والاخر بالنعمة، فلمّا بلغ كيرلص بطرك الاسكندرية مقالة نسطورس كتب اليه يرجعه عنها فلم يرجع فكستب الى

اكليمس بطرك رومية والى يوحنا بطرك انطاكية والى يوبناليوس اسقف القدس يعرّفهم بذلك
فكتبوا باجمعهم الى نسطورس ليرجع عن مقالته فلم يرجع فتواعد البطاركة على الاجتماع
بمدينة افسس فاجتمع بها مائتا اسقف ولم يحضر يوحنا بطرك انطاكية وامتنع نسطورس من
المجى اليهم بعد ما كرّروا الارسال فى طلبه غير مرّة فنظروا فى مقالته واحرموه ونفوه فحضر بعد
ذلك يوحنا فعزّ عليه فصل الامر قبل قدّومه وانتصر لنسطور وقال قد احرموه بغير حقّ وتفرّقوا
من افسس على شرّ ثم اصطلحوا وكتب المشرقيون صحيفة بماناتهم وتكرم نسطور وبعثوا
بها الى كيرلص فقبلها وكتب اليهم بان امانته على ما كتبوا وكان بين المجمع الثانى وبين هذا
المجمع خمسين وقيل خمس وخمسين سنة، وامّا نسطورس فانه نفى الى صعيد مصر فسكن
مدينة اخميم واقام بها سبع سنين ومات فدفن بها وظهرت مقالته فقبلها برصوما اسقف
نصيبين ودان بها نصارى ارض فارس والعراق والموصل والجزيرة الى الفرات وعرفوا الى اليوم
بالنسطورية ۞

ثم قدم تاوداسيوس ملك الروم فى الثانية من ملكه ديسقورس بطركا بالاسكندرية فظهر فى
ايّامه مذهب اوطاخى احد القسوس بالقسطنطينية وزعم ان جسد المسيح لطيف غير
مساو لاجسادنا وان الابن لم ياخذ من مريم شيئًا فاجتمع عليه مائة وثلاثون اسقفًا واحرموه،
واجتمع بالاسكندرية كثير من اليهود فى يوم الفصح وصلبوا صنمًا على مثال المسيح وعبثوا
به فثار بينهم وبين النصارى شرّ قتل فيه من الفريقين خلق كثير فبعث اليهم ملك الروم
جيشًا قتل اكثر يهود الاسكندرية، وكان المجمع الرابع من مجامع النصارى بمدينة خلقدونية
وسببه ان ديسقورس بطرك الاسكندرية قال ان المسيح جوهر من جوهرين وقنوم من قنومين
وطبيعة من طبيعتين ومشية من مشيتين وكان راى مرقيان ملك الروم حينئذ واهل علكته
انه جوهران وطبيعتان ومشيتان وقنوم واحد، فلمّا راى الاساقفة ان هذا راى الملك خافوه
فوافقوه على رايه ما خلا ديسقورس وستّة اساقفة فانهم لم يوافقوا الملك، وكتب من عداهم من
الاساقفة خطوطهم بما اتّفقوا عليه فبعث ديسقورس بطلب منهم الكتاب ليكتب فيه فلمّا وصل
اليه كتابهم كتب فيه امانته هو واحرمهم وكلّ من يخرج عنها فغضب الملك مرقيون وهمّ
بقتله فاشير عليه باحصاره ومناظرته فامر به فحضر وحضر ستمائة واربعا وثلاثون اسقف فاشار
الاساقفة والبطاركة على ديسقورس بموافقة راى الملك واستمراره على رياسته فقدما للملك وقال
لهم الملك لا يلزمه البحث فى الامور الدقيقة بل ينبغى له ان يشتنغل بامور علكته وتدبيرها
ويدع الكهنة يبحثون عن الامانة المستقيمة فانهم يعرفون الكتب ولا يكون له هوى مع احد
ويتبع الحق، فنالت بلخارية زوجة الملك مرقيون وكانت جالسة بازائه با ديسقورس قد كان
فى ايّام امّى امّى انسان قوى الراس مثلك واحرموه ونفوه عن كرسيه يعنى يوحنا فم الذهب
بطرك قسطنطينية فقال لها قد علمت ما جرا لامّك وكيف ابتليت بالمرض الذى تعرّفيه الى

ان مضى الى جسد يوحنا فمر الذهب واستغفرت فعوفيت تحنقت من قوله ولكمنه فانقلع
له ضرسان وتناولته ايدى الرجال فنتفوا اكثر لحيته وامر الملك بكرمه ونفيه عن كرسيه
فاجتمعوا عليه واحرموه ونفوه واقيم عوضه برطارس، ومن هذا المجمع افترق النصارى وصاروا
ملكية على مذهب مرقيان الملك ويعقوبية على راى ديسقورس وذلك فى سنة ثلاث وتسعين
ومائة لدقلطيانوس وكتب مرقيسان الى جميع مملكته ان كلّ من لا يقول بقوله يقتل وكان بين
المجمع الثالث وبين هذا المجمع احدى وعشرين سنة، واما ديسقورس فانه اخذ ضرسيه وشعر
لحيته وارسلها الى الاسكندرية وقال هذه ثمرة يعنى عن الامانة فتبعه اهل الاسكندرية ومصر
فتوجّه فى نفيه فعبر على القدس وفلسطين وعرّفهم مقالته فتبعوه وقالوا بقوله وقدم عدة
اساقفة يعقوبية ومات وهو منفى فى رابع توت فكانت مدّة بطركيته اربع عشرة سنة وبقى
كرسى الاسكندرية بغير بطرك مدّة مملكة مرقيان وقيل بل قدم برطارس ۩

وقد اختلف فى تسمية اليعقوبية بهذا فقيل ان ديسقورس كان يسمّى قبل بطركيته يعقوب
وانه كان يكتب وهو منفى الى اصحابه بان يثبتوا على امانة المسكين المنفى يعقوب وقيل بل كان
له تلميذ اسمه يعقوب وكان يرسله وهو منفى الى اصحابه فنسبوا اليه وقيل بل كان يعقوب تلميذ
ساويرس بطرك انطاكية وكان على راى ديسقورس وكان ساويرس يبعث بيعقوب الى النصارى
ويثبتهم على امانة ديسقورس فنسبوا اليه وقيل كان يعقوب كثير العبادة والزهد يلبس
خروف البرادع فسمّى يعقوب البرادعى من اجل ذلك وانه كان يطوف البلاد ويرد الناس الى
مقالة ديسقورس فنسب من تبع رايه اليه وسمّوا يعقوبية وبقسطال ليعقوب ايضا يعسقوب
السروجى، وفى ايام مرقيان كان سمعان الحبيس صاحب العمود وهو اول راهب سكن صومعة
وكان مقامه بمغارة فى جبل انطاكية ۩

ولما مات مرقيان وثب اهل الاسكندرية على برطارس البطرك وقتلوه فى الكنيسة وحملوا جسده
الى الملعب الذى بناه بطلميوس واحرقوه بالنار من اجل انه ملكى الاعتقاد وكانت مدّته
ست سنين واقاموا عوضه طيماثاوس وكان يعقوبيا فاقام ثلاث سنين وقدم قايد من قسطنطينية
فنفاه واقام عوضه ساويرس وكان ملكيا فاقام اثنتين وعشرين سنة ومات فى سابع مسرى ۩

فلمّا ملك زينون بن لاون الروم اكرم اليعقوبية واعزّهم لانه كان يعقوبيا وكان يحمل الى دير
بو مقار كلّ سنة ما يحتاج اليه اهله من القمح والزيت وهرب ساويرس من كرسى الاسكندرية
الى وادى هبيب ورجع طيماثاوس من نفيه فاقام بطركًا سنتين ومات فاقيم بعده بطرس فاقام
ثمان سنين وسبعة اشهر وستة ايام ومات فى رابع هنور، فاقيم بعده اثناسيوس فاقام سبع
سنين ومات فى العشرين من توت وفى ايامه احترق الملعب الذى بناه بطلميوس، واقيم يوحنا
فى بطركية الاسكندرية وكان يعقوبيا فاقام تسع سنين ومات فى رابع بشنس تخلا الكرسى
بعده سنة ۩

ثم اقيم يوحنا الحبيس فقام احدى وعشرين سنة ومات فى سابع عشرين بشنس، فاقيم بعده ديسقورس الجديد فقام سنتين وخمسة اشهر ومات فى سابع عشر بابه، وكتب ايليا بطرك القدس الى نسطاس ملك الروم بان يرجع عن مقالة اليعقوبية الى مقالة الملكية وبعث اليه جماعة من الرهبان بهدية سنية فقبل هديته واجاز الرهبان بجوايز جليلة وجهز له مالًا جزيلًا لعمارة الكنايس والديارات والصدقات فتوجّه ساويرس الى نسطاس وعرفه ان الحق هو اعتقاد اليعقوبية فامر ان يكتب الى جمع مملكته بقبول قول ديسقورس وترك المجمع الخلقدونى فبعث اليه بطرك انطاكية بان هذا الذى فعلته غير واجب وان المجمع الخلقدونى هو الحق فغضب الملك ونفاه واقام بدله فامر ايليا بطرك القدس بجمع الرهبان وروساء الديارات فاجتمع له منهم عشرة الاف نفس واحرموا نسطاس الملك ومن يقول بقوله فامر نسطاس فنفى ايليا الى مدينة ايلة فاجتمع بطاركة الملكية واساقفتهم واحرموا الملك نسطاس ومن يقول بقوله۞

وفى ايام يسطسانوس الملك الزم الحنفاء اهل حرّان وهم الصابية بالتنصر فتنصر كثير منهم وقتل اكثرهم على امتناعهم من دين النصرانية وردّ جميع من نفاه نسطاس من الملكية فانه كان ملكيًا، واقيم طيمساثاوس فى بطركية الاسكندرية وكان يعقوبيًا فاقام ثلاث سنين ونفى واقيم بدله ابوليناريوس وكان ملكيًا فجدّ فى رجوع النصارى بجمعهم الى راى الملكية ويذل جهده فى ذلك والزم نصارى مصر بقبول الامانة المحدثة فوافقوه رهبان ديارات بو مقار بوادى هبيب هذا ويعقوب البردعى يدور فى كل موضع ويثبت اصحابه على الامانة التى زعم انها مستقيمة، وامر الملك جميع الاساقفة بعمل الميلاد فى خامس عشرين كانون الاول وبعمل الغطاس لستين يخلوا من كانون الثانى وكان كثير منهم يعملون الميلاد والغطاس فى يوم واحد وهو سادس كانون الثانى وعلى هذا الراى الارمن الى يومنا۞

وفى هذه الايام ظهر يوحنا النحوى بالاسكندرية وزعم ان الاب والابن وروح القدس ثلاثة الهة وثلاثة طبايع وجوهر واحد، وظهر بوليان وزعم ان جسد المسيح نزل من السماه وانه لطيف روحانى لا يقبل الالام الّا عند مقارنة الخطية وان المسيح لم يقسارف خطية فلذلك لم يصلب حقيقة ولم يتلّم ولم يمت وانما ذلك كله خيسال، وامر الملك البطرك طيمساثاوس ان يرجع الى مذهب الملكية فلم يفعل فامر بقتله ثم شفع فيه ونفى، واقيم بدله بولص وكان ملكيًا فاقام سنتين فلم يرضه اليعاقبة وقيل انهم قتلوه وصيروا عوضه بطركًا ديلوس وكان ملكيًا فاقام خمس سنين فى شدّة من التعب وارادوا قتله فهرب واقام فى هربه خمس سنين ومات، فبلغ ملك الروم يوسطيسانوس ان اليعقوبية قد غلبوا على الاسكندرية ومصر وانهم لا يقبلوا بطساركته فبعث افوليناريوس احد قواده وضم اليه عسكرًا كثيرًا الى الاسكندرية فلمّا قدمها وقدمها ودخل الكنيسة نزع عنه ثياب الجند ولبس ثياب البطاركة وقدّس فلمّ ذلك الجمع برجمه فانصرف وجمع عسكره واظهر انه قد اتاه كتاب الملك ليقراه على الناس وضرب بالجرس فى الاسكندرية يوم الاحد

فاجتمع الناس الى الكنيسة حتى لم يبق احد فطلع المنبر وقال يا اهل الاسكندرية ان تركتم
مقالة اليعقوبية والّا اخاف ان يرسل الملك فيقتلكم ويستبيح اموالكم وحريمكم فهمّوا برجمه
فاشار الى الجند فوضعوا السيف فيهم فقتل من الناس ما لا يحصى عدده حتى خاض الجند فى
الدما وقيل ان الذى قتل يومئذ مايتا الف انسان وفرّ منهم خلق الى الديارات بوادى هبيب
واخذ الملكية كنايس اليعاقبة ومن يومئذ صار كرسى اليعقوبية فى دير بو مقار بوادى هبيب ۞
وفى آيامه ثارت السامرة على ارض فلسطين وهدموا كنايس النصارى واحرقوا ما فيها وقتلوا
جماعة من النصارى فبعث الملك جيشًا فقتلوا من السامرة خلقًا كثيرًا ووضع من خراج
فلسطين جملة وجدّد بناء الكنايس وانشا مارستانًا ببيت المقدس للمرضى ووسّع فى بناه
كنيسة ببيت لحم وبنا ديرًا بطور سينا وعمل فيه حصنا حوله عدّة قلالى ورتّب فيها حرسًا
لحفظ الرهبان ، وفى آيامه كان المجمع الخامس من مجامع النصارى وسببه ان اريجانس اسقف
مدينة منبج قال بتناسخ الارواح وقل كل من اسقف انقرة واسقف المصيصة واسقف الرها بان
جسد المسيح خيال لا حقيقى فحملوا الى القسطنطينية وجمع بينهم وبين بطركها اوطس
وناظرهم واوقع عليهم الحرم فامر الملك ان يجمع لهم مجمع وكتب باحضار البطاركة والاساقفة
فاجتمع ماية واربعون اسقف واحرموا الاساقفة ومن يقول بقولهم فكان بين المجمع الرابع
للخلقدونى وبين هذا المجمع ماية وثلاثا وستين سنة ۞

ولما مات القايد الذى عمل بطرك الاسكندرية بعد سبع عشرة سنة اقيم بعده يوحنا وكان
منانيا فاقام ثلاث سنين ومات، وقدم اليعاقبة بطرك اسمه ثاوداسيوس اقام مدة اثنتين وثلاثين
سنة وقدم الملكية بطرك اسمه داقيوس وكتب الملك الى متولى الاسكندرية ان يعرض على بطرك
اليعاقبة امانة المجمع للخلقدونى وان لم يقبلها اخرجه فعرض عليه ذلك فلم يقبله فاخرجه
واقام بدله بولص التنيسى فلم يقبله اهل الاسكندرية ومات فغلقت كنايس القبط اليعاقبة
واصابهم من الملكية شدايد كثيرة واستجدّ اليعاقبة بالاسكندرية كنيستين فى سنة ثمان
واربعين ومايتين لدقلطيسانوس ومات ثاوداسيوس فى ثامن عشرين بونة بعد اثنتين وثلاثين
سنة من بطركيته منها اربع سنين مدة نفيه فى صعيد مصر، واقيم بعده بطرس وكان
يعقوبيا فى خفية بدير الرجالج بالاسكندرية فقدمه ثلاثة اساقفة فاقام سنتين ومات فى خامس
عشرين بونة ۞

وفى سنة احدى وثمانين وثمانماية للاسكندرية اقيم دامبانوا بطرك بالاسكندرية وكان يعقوبيًا
فاقام ستًا وثلاثين سنة ومات فى ثامن عشر بونة، وفى آيامه خربت الديارات واقام الملكية لهم
بالاسكندرية بطرك منانيا اسمه اثناس فاقام خمس سنين ومات واقيم بعده يوحنا وكان منانيا
ولقب القايم بالحق فاقام خمسة اشهر ومات فاقيم بعده يوحنا القايم بالام وكان ملكيا فاقام
احدى عشرة سنة ومات ۞

وفي أيّام طيباريوس ملك الروم بنى النصارى بالمدائن مدائن كسرى هيكلًا وبنوا ايضا بمدينة واسط هيكلًا اخرى، وفي ايّام الملك موريق قيصر زعم راهب اسمه مارون ان المسيح عليه السلام طبيعتان ومشيئة واحدة وقنوم واحد فتبعه على رايه اهل حماة وقنسرين والعواصم وجماعة من الروم ودانوا بقوله فعرفوا بين النصارى بالمارونية فلمّا مات مارون بنوا على اسمه دير مارون بحماة ﴿

وفي ايام فوقا ملك الروم بعث كسرى ملك فارس جيوشه الى بلاد الشام ومصر فخرّبوا كنايس القدس وفلسطين وعامة بلاد الشام وقتلوا النصارى باجمعهم واتوا الى مصر في طلبهم فقتلوا منهم امّة كثيرة وسبوا منهم سبيًا لا يدخل تحت حصر وساعدوهم اليهود في محاربة النصارى وتخريب كنايسهم واقبلوا نحو الغرس من طبرية وجبل للجليل وقرية الناصرة ومدينة صور وبلاد القدس فنالوا من النصارى كل منال واعظموا النكاية فيهم وخرّبوا لهم كنيستين بالقدس وحرقوا اماكنهم واخذوا قطعة من عود الصليب واسروا بطرك القدس وكثيرًا من اصحابه ثم مضى كسرى بنفسه من العراق لغزو قسطنطينية تحت ملك الروم فحاصرها اربع عشرة سنة ﴿ وفي ايّام فوقا اقيم يوحنا الرحوم بطرك الاسكندرية على الملكية فدبّر ارض مصر كلّها عشر سنين ومات بقبرس وهو فارّ من الفرس فخلا كرسى سكندرية من البطرك سبع سنين لخلو ارض مصر والشام من الروم واختفى من بقى بها من النصارى خوفًا من الفرس، وقدم اليعاقبة نسطاسيوس بطركًا فاقام ثنتى عشرة سنة ومات في ثلثى عشرين كيهك سنة ثلاثين وثلاثمائة لدقلطيانوس فاسترّد ما كانت الملكية قد استولت عليه من كنايس اليعاقبة ورمّ ما شعثه الفرس منها وكانت اقامته بمدينة الاسكندرية فارسل اليه انطاسيوس بطرك انطاكية هدية سنية عدة كثيرة من الاساقفة ثم قدم عليه زابرًا فتلقاه وسرّ بقدومه وصارت لارض مصر في ايّامه جميعها يعاقبة لخلوها من الروم، فثارت اليهود في اثناء ذلك بمدينة صور وراسلوا بقيتهم في بلادهم وتواعدوا على الايقاع بالنصارى وقتلهم فكانت بينهم حروب اجتمع فيهما من اليهود نحو عشرين الفًا وهدموا كنايس النصارى خارج صور فقوى النصارى عليهم وكاثروهم فانهزم اليهود هزيمة قبيحة وقتل منهم خلق كثير ﴿

وكان هرقل قد ملك الروم بقسطنطينية وغلب الفرس بحيلة دبّرها على كسرى حتى رحل عنهم ثم سار من قسطنطينية ليعهد ممالك الشام ومصر ويجدّد ما خرّبه الفرس منها فخرج اليه اليهود من طبرية وغيرها وقدموا له الهدايا للجليلة وطلبوا منه ان يومنهم ويحلف لهم على ذلك فامنهم وحلف لهم، ثم دخل القدس وقد تلقاه النصارى بالاناجيل والصلبان والبخور والشموع المشعلة فوجد المدينة وكنايسها وقامة خرابًا فساءه ذلك وتوجع له فاعلمه النصارى بما كان من ثورة اليهود مع الفرس وايقاعهم بالنصارى وتخريبهم الكنايس وانهم كانوا اشدّ نكاية بهم من الفرس وقاموا قيامًا كثيرًا في قتلهم فحثوا هرقل على

الوقيعة بهم وحسّنوا له ذلك، فاحتمّ عليهم بما كان تأمينه لهم وحلفه فاقتاد رهبانهم وبطاركتهم وقسيسوهم بانه لا حرج عليه فى قتلهم فانهم عملوا عليه حيلة حتى امنهم من غير ان يعلم بما كان منهم، وانهم يقومون عنه بكفّارة يمينه بان يلتزموا ويلزموا النصارى بصوم جمعة فى كلّ سنة عند عمر الازمان والدهور قبالا الى قولهم واوقع باليهود وقيعة شنعة ابادهم جميعًا فيها حتى لم يبق فى ممالك الروم بمصر والشام منهم الّا من فرّ واختفى، فكتب البطاركة والاساقفة الى جميع البلاد بالزام النصارى بصوم اسبوع فى السنة فالزموا صومه الى اليوم وعرفت عندهم بجمعة هرقل ويقدم هرقل بعمارة الكنايس والديارات وانفق فيها مالًا كثيرًا، وفى ايامه اقيم ادراسلون بطرك اليعاقبة بالاسكندرية فاقام ستّ سنين ومات فى ثمانية طوبة لخربت الديارات فى مدّة بطركيته واقيم بعده على اليعاقبة بنيامين فعمر الدسير الذى يقال له دير ابو بشاى ودير سيدة ابو بشاى وهما فى وادى هبيب فاقام تسعًا وثلاثين سنة ملك الفرس منهـا مصر عشر سنين ثم قدم هرقل فقتل الفرس بمصر واقام قيرش بطـرك الاسكندرية وكان منائبًا وطلب بنيامين ليقتله فلم يقدر عليه لفراره منه وكان هرقل مارونيًا فظهر بمينا اخى بنيامين فحرقه بالنار عداوة لليعاقبة وعاد الى القسطنطينية ۞

فاظهر الله دين الاسلام فى ايامه وخرج ملك مصر والشام من يد النصارى وصار النصارى نمّـة للمسلمين وكانت مدّة النصارى منذ رفع المسيح الى ان فتحت مصر وصار النصارى من القبط نمّة للمسلمين ومنها مدّة كونهم تحت ايدى الروم يقتلونهم ابرح فتل بالصلب والتحريق بالنار والرجم بالحجارة وتقطيع الاعضاه ومنها مدّة استيلائهم يتنصر الملوك ۞

ذكر دخول النصارى من قبط مصر فى طاعة المسلمين

واداءهم للجزية واتحادهم نمّة لهم وما كان فى ذلك من الحوادث والانباء،

اعلم ان ارض مصر لمّا دخلها المسلمون كانت باجمعها مشحونة بالنصارى وهم على قسمين متباينين فى اجناسهم وعقـايدهم احدهـا اهل الدولة وكلّهم روم من جند صاحب القسطنطينية ملك الروم ورأيهم ودياناتهم باجمعهم ديانة الملكية وكانت عدّتهم تزيـد على ثلاثماية الف رومى والقسم الاخر عامّة اهل مصر باسرها ويقال لهم القبط وانسابهم مختلطة لا يكاد يتميّز منهم القبطى من الحبشى من النوبى من الاسرايلى الاصل من غيره وكلّهم يعاقبة فنهم كتّاب المملكة ومنهم التجار والباعة ومنهم الاساقفة والقسوس وحكوم ومنهم اهل الفلاحة والزرع ومنهم اهل للخدمة والمهنة وبينهم وبين الملكية اهل الدولة من العداوة ما يمنع منساكنتهم ويوجب قتل بعضهم بعضًا ومبلغ عددهم عشرات الالف كثيرة جدًا فانهم فى للحقيقة اهل ارض مصر اعلاها واسفلها، فلمّا قدم عمرو بن العاصى بجيوش المسلمين معه الى مصر قاتلهم الروم حماية لملكهم ودفع لهم عن بلادهم وقاتلهم المسلمون

وغلبوا على الحصن كما تقدّم ذكره، فطلب القبط من عمرو المصالحة على الجزية فصالحهم عليها
واقرّهم على ما بايديهم من الاراضى وغيرها وصاروا معه عونًا للمسلمين على الروم حتى هزمهم
الله تعالى واخرجهم من ارض مصر. وكتب عمرو لبنيامين بطرك اليعاقبة امانًا فى سنة
عشرين من الهجرة فسرّة ذلك وقدم على عمرو وجلس على كرسى بطركيته بعد ما غاب عنه
ثلاث عشرة سنة منها فى ملك فارس لمصر عشر سنين وباقيها بعد قدوم هرقل الى مصر فغلبت
اليعاقبة على كنايس مصر وديّاراتها كلها فانفردوا بها دون الملكية.

ويذكر علماء الاخبار من النصارى ان امير المومنين عمر بن الخطاب رضى الله عنه لمّا فتح مدينة
القدس كتب للنصارى امانًا على انفسهم واولادهم ونسائهم واموالهم وجميع كنايسهم لا تهدم ولا
تسكن وانه جلس وسط صحن كنيسة القيامة ولمّا حان وقت الصلاة خرج وصلّى خارج
الكنيسة على الدرجة لئلا على بابها يصلّى بمفرده ثم جلس وقال للبطرك لو صلّيت داخل الكنيسة
لاخذها المسلمون من بعدى وقالوا هنا صلّى عمر، وكتب كتابًا يتضمّن انه لا يصلى احد من
المسلمين على الدرجة الّا واحدًا واحدًا ولا يجتمع المسلمون بها للصلاة فيها ولا يوذنوا عليها،
وانه اشار عليه البطرك باتخاذ موضع الصخرة مسجدًا وكان فوقها تراب كثير فتناول عمر رضى
الله عنه من التراب فى ثوبه فتبادر المسلمون لرفعه حتى لم يبق منه شىء وعمر المسجد الاقصى
امام الصخرة فلمّا كانت ايّام عبد الملك بن مروان ادخل الصخرة فى حرم الاقصى وذلك سنة
خمس وستّين من الهجرة، ثم ان عمر رضى الله عنه اتى بيت لحم وصلّى فى كنيسة عنـد
الحنية التى ولد فيها المسيح وكتب سجلًّا بايدى النصارى ان لا يصلّى فى هذا الموضع احد
من المسلمين الّا رجل بعد رجل ولا يجتمعوا فيه للصلاة ولا يوذنوا عليه.

ولمّا مات البطرك بنيامين فى سنة تسع وثلاثين من الهجرة بالاسكندرية فى امارة عمرو الثانية
قدم اليعاقبة بعده اغاثون فاقام سبع عشرة سنة ومات سنة سبع وخمسين وهو الـذى بنى
كنيسة مرقص بالاسكندرية فلم تزل الى ان هدمت فى سلطنة الملك العادل ابى بكر بن ايوب
وكان فى ايامه الغلاء مدة ثلاث سنين وكان يهتمّ بالضعفاء، فاقيم بعده ابساك وكان يعقوبيا
فاقام سنتين واحد عشر شهرًا ومات فقدم اليعاقبة بعده سيمون السريانى فاقام سبع سنين
ونصف ومات وفى ايامه قدم رسول اهل الهند فى طلب اسقف يقيمه لهم فامتنع من ذلك حتى
اذن له السلطان باقامة غيره، وخلا بعد موته كرسى الاسكندرية ثلاث سنين بغير بطرك، ثم
قدم اليعاقبة فى سنة احدى وثمانين الاسكندروس فاقام اربعًا وعشرين سنة ونصف وقيل
خمسا وعشرين سنة ومات سنة ست وماية ومرّت به شدايد صودر فيها مرّتين اخذ منه فيهما
ستة الاف دينار وفى ايامه امر عبد العزيز بن مروان امير مصر باحصا الرهبان فاحصوا واخذت
منهم للجزية من كل راهب دينار وفى اول جزية اخذت من الرهبان ولمّا ولى مصر عبد الله بن
عبد الملك بن مروان اشتدّ على النصارى واقتدى به قرّة بن شريك ايضًا فى ولايته على مصر

وأنزل بالنصارى شدايد لم يبتلوا قبلها بمثلها وكان عبيد الله بن الحجاب متولّى للخراج قد زاد
على القبط قيراطًا فى كلّ دينار فانتقص علّة للجوف الشرق من القبط لمحاربهم المسلمون وقتلوا
منهم عدّة وافرة فى سنة سبع وماية واشتدّ ايضا أسامة بن زيد التنوخى متولّى للخراج على
النصارى واوقع بهم واخذ اموالهم وسم ايدى الرهبان بحلقة حديد فيها اسم الراهب
واسم ديره وتاريخه فكان من وجده من وجده بغير وسم قطع يده وكتب الى الاعمال بان من وجد
من النصارى وليس معه منشور ان يوخذ منه عشرة دنانير ثم كبس الديارات وقبض عدّة
رهبان بغير وسم فضرب اعناق بعضهم وضرب باقيهم حتى ماتوا تحت الضرب ثم هدمت
الكنايس وكسرت الصلبان ومحيت التماثيل وكسرت الاصنام بأجمعها وكانت كثيرة فى سنة
اربع وماية وللخليفة يومئذ يزيد بن عبد الملك، فلمّا قام هشام بن عبد الملك فى الخلافة كتب
الى مصر بان تجرى النصارى على عوايدهم وما بايديهم من العهد فقدم حنظلة بن صفوان
اميرًا على مصر فى ولايته الثانية فتشدّد على النصارى وزاد فى الخروج واحصى الناس والبهايم
وجعل على كلّ نصرانى وسمًا صورة اسد وتتبّعهم فمن وجده بغير وسم قطع يده ۞

ثم اقام اليعاقبة بعد موت الاسكندروس بطركا اسمه قسما فاقام خمسة عشر شهرًا ومات فقدموا
بعده تادرس فى سنة تسع وماية ومات بعد احدى عشرة سنة وفى ايامه احدثت كنيسة بسو
منا بخط للحمرا ظاهر مدينة مصر فى سنة سبع عشرة وماية فقام جماعة من المسلمين على
الوليد بن رفاعة امير مصر بسببها، وفى سنة عشرين وماية قدم اليعاقبة ميخائيل بطركا فاقام
ثلاثًا وعشرين سنة ومات وفى ايامه انتقص قبط الصعيد وحاربوا العمال فى سنة احدى
وعشرين فحوربوا وقتل كثير منهم ثم خرج بجنس سمنود فحارب وقتل فى الحرب وقتل معه
قبط كثير فى سنة اثنتين وثلاثين ثم خالفت القبط برشيد فبعث اليهم مروان ابن محمد
لمّا قدم مصر وهزمهم وقبض عبد الملك بن موسى بن نصير امير مصر على البطرك ميخائيل
فاعتقله والزمه بمال فسار باساقفته فى اعمال مصر يسأل اهلها فوجدهم فى شدايد فعاد الى
الفسطاط ودفع الى عبد الملك ما حصل له فافرج عنه فنزل به بلاء كبير من مروان ويبطش به
وبالنصارى واحرق مصر وغلّاتها واسر عدّة من النساء المترقّبات ببعض الديارات وراود واحدة
منهن عن نفسها فاحتالت عليه ودفعته عنها بان رغبته فى دهن معها لو ادّهن به انسان لا
يعمل فيه السلاح فاوثقته من مكنته من التجربة فى نفسها فشت حيلتها عليه واخرجت
زيتًا ادّهنت به ثم مدّت عنقها فضربها بسيفه اطار رأسها فعلم انها اختارت الموت على الزناء،
وما زال البطرك والنصارى فى الحديد مع مروان الى ان قتل ببوصير فافرج عنهم ۞

واما الملكية فان ملك الروم لاون اقم قسمسا بطرك الملكية بالاسكندرية فى سنة سبع وماية فمضى
ومعه هدية الى هشام بن عبد الملك فكتب له برد كنايس الملكية اليهم فاخذ من اليعاقبة
كنيسة البشارة وكان الملكية اقاموا سبعًا وسبعين سنة بغير بطرك فى مصر من عهد عمر بن

للخطّاب رضى الله عنه الى خلافة هشـام بن عبد الملك فغلبت اليعـاقبة فى هذه المدّة على
جميع كنايس مصر واقاموا بها منهم اساقفة، وبعث اليهم اهل بلاد النوبة فى طلب اساقفة
فبعثوا اليهم من اساقفة اليعاقبة فصارت النوبة من ذلك العهد يعاقبة۞
ثمّ لمّا مات مخائيل قدم اليعاقبة فى سنة ستّ واربعين ومائة انبا مينا فاقام سبع سنين ومات،
وفى ايّامه خرج القبط من ناحية سخا واخرجوا العمّال فى سنة خمسين ومائة وصاروا فى جمع
فبعث اليهم يزيد بن حــاتم بن قبيصة امير مصر عسكرًا فاتاهم القبط ليلًا وقتلـوا عــدّة من
المسلمين وهزموا باقيهم فاشتدّ البلاء على النصارى واحتاجوا الى اكل الجيف وهدمت الكنـايس
المحدثة بمصر فهدمت كنيسة مريم المجاورة لابى شنودة بمصر وهدمت كنايس محرس قسطنطين
فبذل النصارى لسليمان بن على امير مصر فى تركها خمسين الف دينار فابى فلمّا ولّى بعده
موسى بن عيسى اذن لهم فى بنائها فبنيت كلّها بمشورة الليث بن سعد وعبد الله بن لهيعة
قاضى مصر فاحتجّا بان بنآءها من عمارة البلاد وبان الكنايس لله بمصر لم تبن الّا فى الاسلام فى
زمن الصحابة والتابعين۞
فلمّا مات انبا مينا قدم اليعاقبة بعده يوحنـا فاقام ثلاثًا وعشرين سنة ومات، وفى ايّامه خرج
القبط ببلهيب سنة ستّ وخمسين فبعث اليهم موسى بن على امير مصر وهزمهم، وقــدم
بعده اليعاقبة مرقس للجديد فاقام عشرين سنة وسبعين يومًا ومات وفى ايّامه كانت الفتنة بين
الامين والمامون فانتهبت النصارى بالاسكندرية واحترقت لهم مواضع عديدة وحرقت ديارات وادى
حبيب ونهبت فلم يبق بها من رهبانها الّا نفر قليل وفى ايّامه مضى بطرك الملكية الى بغداد
وعالج بعض حظايا اهل الخليفة فانه كان حاذقًا بالطبّ فلمّا عوفيت كتب له يردّ كنايس الملكية
التى تغلب عليها اليعاقبة بمصر فاستردّها منهم واقام فى بطركية الملكية اربعين سنة ومات۞
ثمّ قدم اليعاقبة بعد مرقس يعقوب فى سنة احدى عشرة ومايتين فاقام عشر سنين وثمانية
اشهر ومات وفى ايّامه عمرت الديارات وعاد الرهبان اليهـا وعمرت كنيسة بالقدس لمن يرد من
نصارى مصر وقدم عليه ديونيسيوس بطرك انطـاكية فاكرمه حتى عاد الى كرسيه وفى ايّامه
انتقض القبط فى سنة ستّ عشرة ومايتين فاوقع بهم الافشين حتى نزلوا على حكم امـير
المومنين عبد الله المامون فحكم فيهم بقتل الرجال وبيع النساء والذرّية فبيعوا وسبى اكثرهم ومن
حينئذ ذلّت القبط فى جميع ارض مصر ولم يقدر احد منهم بعد ذلك على الخـروج عـلى
السلطان وغلبهم المسلمون على عامّة القرى فرجعوا عن المحاربة الى المكايدة واستعمال المكـر
والحيلة ومكايدة المسلمين وعملوا كتاب الخراج فكانت لهم وللمسلمين اخبار كثيرة ياتى ذكرهـا
ان شاء الله تعالى، ثمّ قدم اليعاقبة سيماون بطركًا فى سنة اثنتين وعشرين ومايتين فاقام سنة
ومات وقيل بل اقام سبعة اشهر وستّة عشر يومًا مخلا كرسى البطاركة بعده سنة وسبعة وعشرين
يومًا وقدم اليعاقبة يوساب فى دير بو مقار بوادى حبيب فى سنة سبع وعشرين ومايتين فاقام

ثماني عشرة سنة ومات، وفي ايّامه قدم مصر يعقوب مطران للحبشة وقد نفته زوجة ملكهـم واقامت عوضه اسقفًا فبعث ملك الحبشة يطلب اعادته من البطرك فبعث به اليه وبعث ايضا عدة اساقفة الى الحريقية وفي ايامه مات بطرك انطاكية الوارد الى مصر في السنة الخامسة عشر من بطركيته ⁂

وفي ايّامه امر المتوكل على الله في سنة خمس وثلاثين ومايتين اهل الذمّة بلبس الطيالسـة العسلية وشدّ الزنانير وركوب السروج بالمركب للخشب وعمل كرتين في موخر السـرج وعـمل رقعتين على لباس رجالهم يخالفان لون الثوب قدر كلّ واحدة منهما اربع اصابع ولون كلّ واحدة منهما غير لون الاخرى ومن خرج من نسائهم تلبس ازارًا عسليّـا ومنعهم من لبـاس المناطق وامر بهدم بيعهم المحدثة وباخذ العشر من منـازلهم وان يجعل على ابواب دورهم صور شيـاطين من خشب ونهى ان يستعمان بهم في اعمال السلطـان ولا يعلمهم مسلم ونهى ان يظهـروا في شعـايرهم صليبًـا وان يشعلوا في الطريق نارًا وامر بتسوية قبورهم مع الارض وكتب بذلك الى الافاق ثم امر في سنة تسع وثلاثين اهل الذمّة بلبس دراعتين عسليتين عـلى الذراعين والاقبية وبالاقتصار في مراكبهم على ركوب البغال والحمير دون الخيل والبراذين ⁂

فلمّا مات يوساب في سنة اثنتين واربعين ومـايتين خلا الكرسي بعده ثلاثين يومـًا وقدم اليعاقبة قسّـا بدير يجنس اسمه ميكابيل في البطركية فاقام سنة وخمسة اشهر ومـات فدفن بدير بو مقار وهو اول بطرك دفن فيه مخلا الكرسي بعده احد وثمانين يومـًا ثم قدم اليعاقبة في سنة اربع واربعين ومايتين شمـاسًا بدير ابى مقار اسمه قسمـا فاقام بالبطركية سبع سنين وخمسة اشهر ومات مخلا الكرسي بعده احد وخمسين يومًا، وفي ايّامه امر توفيل بن ميخـائيل ملك الروم بمحو الصور من الكنـايس وان لا تبقى صورة في كنيسة وكان سبب ذلك انه بلغه عن قيّم كنيسة انه عمل في صورة مريم عليها السلام شبه ثدى يخرج منه لبن ينقط في يوم عيدهـا فكشف عن ذلك فاذا هو مصنوع ليـاخذ به المـال فضرب عنقه وابطل الصور من الكنايس فبعث اليه قسما بطرك اليعاقبة وناظره حتى سمع بطاعة الصور على ما كانت عليه ⁂

ثم قدم اليعاقبة ساتيم بطركًا فاقام تسع عشرة سنة ومات فاقيم بو سانتيوس في اول خلافة المعتزّ فاقام احدى عشرة سنة ومات وعمل في بطركيته مجـارى تحت الارض بالاسكندرية يجرى بها الماء من الخليج الى البيوت وفي ايّامه قدم احمد بن طولون مصر اميرًا عليهـا ثم قـدم اليعـاقبة ميخـائيل فاقام خمسـًا وعشرين سنة ومات بعد مـا الزمه احمد بن طولون بحمل عشرين الف دينار بلغ فيها ربع الكنايس الموقوفة عليها وارض الحبش ظاهر فسطـاط مصر وبلغ الكنيسة بجوار المعلّقة من قصر الشمع لليهود وقرّر الديارية على كل نصرانى قيراطًـا في السنة فقام بنصف المقرّر عليـه، وفي ايّامه قتل الامير ابو الجيش خمارويه بن احمد بن طولون، فلمّا مات شغر كرسى الاسكندرية بعده من البطـاركة اربع عشرة سنة وفى يوم الاثنين ثالث شوال

سنة ثلاثمائة احرقت الكنيسة الكبرى المعروفة بالقيسامل في الاسكندرية وفي تلك كانت هيكل زحل وكانت من بناه كلاوبطرة ۞

وفي سنة احدى وثلاثمائة قدم اليعاقبة غبريال بطركًا فاقام احدى عشرة سنة ومات واخذت في ايامه الديارية على الرجال والنساء وقدم بعده اليعاقبة في سنة احدى عشرة وثلاثمائة قسما فاقام ثنتى عشرة سنة ومات، وفي يوم السبت النصف من شهر رجب سنة ثنتى عشرة وثلاثمائة احرق المسلمون كنيسة مريم بدمشق ونهبوا ما فيها من الالات وللاولى وقيمتها كبيرة جدًا ونهبوا ديرًا للنساء بجوارها وشعثوا اليعقوبية والنسطورية، وفي سنة ثلاث عشرة وثلاثمائة قدم الوزير على بن عيسى بن الجراح الى مصر فكشف البلد والزم الاساقفة والرهبان وضعفاء النصارى باداه للجزينة فادوها ومضى طايفة منهم الى بغداد واستعانوا بالمقتدر بالله فكتب الى مصر بان لا يوخذ من الاساقفة والرهبان والضعفاء جزية وان يجروا على العهد الذى بايديهم، وفي سنة ثلاث وعشرين وثلاثمائة قدم اليعاقبة بطركًا اسمه قسما فاقام عشرين سنة ومات وفي ايامه ثار المسلمون بالقدس سنة خمس وعشرين وثلاثمائة وحرقوا كنيسة القيامة ونهبوها وخربوا منها ما قدروا عليه ۞

وفي الاثنين اخر شهر رجب سنة ثمان وعشرين وثلاثمائة مات سعيد بن بطريق بطرك الاسكندرية على الملكية بعد ما اقام في البطركية سبع سنين ونصف في شرور متصلة مع طايفته فبعث الامير ابو بكر محمد بن طغج الاخشيد ابا الحسين من قواده في طايفة من الجند الى مدينة تنيس حتى ختم على كنايس الملكية واحضر الانها الى الفسطاط وكانت كثيرة جدًا فافتكها الاسقف بخمسة الاف دينار باعوا فيها من وقف الكنايس ثم صالح طايفته وكان فاضلًا له تاريخ مفيد، وثار المسلمون ايضا بمدينة عسقلان وهدموا كنيسة مريم الخضراء ونهبوا ما فيها واطفهم اليهود حتى احرقوها ففرّ اسقف عسقلان الى الرملة واقام بها حتى مات ۞

وقدم اليعاقبة في سنة خمس واربعين وثلاثمائة ثاوفانيوس بطركًا فاقام اربع سنين وستة اشهر وقدم بعده مينا فاقام احدى عشرة سنة ومات فخلا الكرسى بعده سنة، ثم قدم اليعاقبة افراهام بن زرعة في سنة ست وستين وثلاثمائة فاقام ثلاث سنين وستة اشهر ومات مسموما من بعض الكتّاب النصارى وسببه انه منهم من التسرى فخلا الكرسى بعده ستة اشهر واقيم فيلاتيوس في سنة تسع وستين فاقام اربعًا وعشرين سنة ومات وكان مترفًا، وفي ايامه اخذت الملكية كنيسة السيدة المعروفة بكنيسة البطرك تسلمهما منهم بطرك الملكية ارسانيوس في الايام العزيز بالله نزار بن المعز ۞

وفي سنة ثلاث وتسعين وثلاثمائة قدم اليعاقبة زخيريس بطركًا فاقام ثمان وعشرين سنة منها في البلابة مع الحاكم لبى على منصور بن العزيز بالله تسع سنين اعتقله فيها ثلاثة اشهر وامر به فالقى للسباع هو وسوسنة النوبى فلم تضره فيما زعم النصارى ولما مات خلا الكرسى بعده اربعة

وسبعين يوما وفى بطركينة نزل بالنصارى شدايد لم يعهدوا مثلها وذلك ان كثيرًا منهم كان قد
تمكّن فى اعمال الدولة حتى صاروا بالوزراء وتعـاظموا لاتسـاع احوالهم وكثرة اموالهم فاشتدّ باسهم
وتزايد ضررهم ونكـايتهم للمسلمين فغضب الحـاكم بامر الله ذلك وكان لا يملك نفسه اذا غضب
فقبض على عيسى بن نسطورس النصرانى وهو اذ ذاك فى رتبة تتصاهى رتبة الوزراء وضرب عنقه
ثم قبض على فهد بن ابراهيم النصرانى كاتب الاستناف برجوان وضرب عنقه وتشـــدّد على
النصارى والزمهم بلبس الثياب الغيار وشدّ الزنار فى اوساطهم ومنعهم من عمل الشعـانيى وعيد
الصليب والتظاهر بما كانت عادتهم فعله فى اعيادهم من الاجتمـاع واللهو وقبض على جميع ما هو
حبس على الكنايس والديارات وادخله فى الديوان وكتب الى اعماله كلّها بذلك واحرق عدة
صلبان كثيرة ومنع النصارى من شربه العبيد والامه وهدم الكنـايس لك بغطة راشدنة ظـاهر
مدينة مصر واخرب كنايس الملقس خارج القاهرة واباح ما فيها للنـاس فانتهبوا منهـا ما يجلّ
وصفه وهدم دير القصير وانهب العامّة ما فيه ومنع النصارى من عمل الغطاس على شـاطى
النيل بمصر وابطل ما كان يعمل فيه من الاجتمـاع للهو والزم رجال النصـارى بتعليق الصليبـان
للحبش لك زنة كلّ صليب منها خمسة ارطال فى اعناقهم ومنعهم من ركوب الخيل وجعل لهم ان
يركبوا البغـال والحمير بسروج ولجم غير محلّاة بالذهب والفضة بل يكون من جلود سود وضرب
بالجوس فى القاهرة ومصر ان لا يركب احد من المكاربة نمّيّا ولا يجعل فوق مسلم احدًا من اهل
الذمة وان يكون ثياب النصارى وعسايبهم شديدة السواد وركب سروجهم من خشب للحمير
وان يعلق اليهود فى اعناقهم خشبًا مدوّرًا زنة للخشبة منهـا خمسة ارطـال وفى طـاهرة فوق
ثيابهم واخذ فى هدم الكنايس كلّها واباحهـا ما فيها وما هو محبس عليها للنـاس نهبًا واقطـاعًا
فهدمت باسرها وذهب جميع امتعتها واقتطعن احبـاسهـا وبنى فى مواضعها المسـاجد واذّن
للصلاة فى كنيسة شنودة بمصر واحيط بكنيسة المعلّقة فى قصر الشمع واكثر النـاس من رفـع
القصص بطلبه كنايس اعمال مصر وديـاراتها فلم ترد قصّة منهم الّا وقد وقع عليها باجابة رافعها
لما سال فاخذوا امتعنة الكنايس والديارات وبلعوا بلسوق مصر مـا يجدوا بهـا من اوانى الفضة
والذهب وغير ذلك وتصرّفوا فى احبـاسها ووجد بكنيسة شنودة مـال جليل ووجد فى المعلقة
من المصاغ وثياب الديبلج امر كثير جدًّا الى الغاية وكتب الى ولاة الاعمـال بتمكين المسلمين من
هدم الكنـايس والديارات فعمّ الهدم فيهـا من سنة ثلاث واربعـمـايـة حتى ذكر من يوثق به فى
ذلك ان الذى هدم الى اخر سنة خمس وأربعماية بمصر والشام واعمالهما من الهياكل لك بناها
الروم نيف وثلاثون الف بيعة ونهب ما فيها من الات الذهب والفضة وقبض على اوقفها وكانت
اوقافًا جليلة على مبان عجيبة والزم النصارى ان يكون الصلبـان فى اعناقهم اذا دخلوا الحمـام
والزم اليهود ان يكون فى اعناقهم الاجراس اذا دخلوا الحمام ثم الزم اليهود والنصارى بخروجهم
كلهم من ارض مصر الى بلاد الروم فاجتمعوا بلسرهم تحت القصر من القاهرة واستغاثوا ولاذوا بعفو

امير المؤمنين حتى اعفوا من النفى وفى هذه الحوادث اسلم كثير من النصارى ٭
وفى سنة سبع واربعمائة وثب بعض الكبر البلغر على ملكهم قطورس فقتله وملكه عوضه وكتب
الى باسيل ملك قسطنطينية بطاعته فاقرّه ثم قتل بعد سنة فسار الملك باسيل البهمر فى شوال
سنة ثمان واربعمائة واستولى على ملكة البلغر واقام فى قلاعها عدّة من الروم وعاد الى
قسطنطينية فاختلط الروم بالبلغر ونكحوا منها وصاروا يدًا واحدة بعد شدّة العداوة ٭
وقدم لليعاقبة عليهم سانوتيم بطركًا بالاسكندرية فى سنة احدى وعشرين واربعمائة فى يوم
الاحد ثلث عشرين برمهات فاقام خمس عشرة سنة ونصف ومات فى طوبة وكان محبوسًا للمسال
واخذ الشرطونية فخلا بعده الكرسى مخلا بعده سنة وخمسة اشهر ثم قدم اليعاقبة اخرسطودلس بطركًا
فى سنة تسع وثلاثين واربعمائة فاقام ثلاثين سنة ومات بالمعلّقة من مصر وهو الذى جعل كنيسة
بو مرقورة بمصر وكنيسة السيّدة بحسارة الروم من القاهرة بطركية فلم يقم بعده بطركه اثنين
وسبعين يومًا ٭ ثم اقام اليعاقبة كيرلص فاقام اربع عشرة سنة وثلاثة اشهر ونصف ومات بكنيسة
المختار من جويرة مصر المعروفة بالروضة فى سلخ ربيع الاخر سنة خمس وثمانين واربعمائة وعمل
بذلك للبطاركة من ديباج ازرق وبلادية ديباج احمر بتصاوير ذهب وقطع الشرطونية فلم يول
بعده بطرك مدة مائة واربعة وعشرين يومًا ثم اقيم ميخاييل الحبيس بسنخسار فى سنة اثنتين
وثمانين واربعمائة فاقام تسع سنين وثمانية اشهر ومات فى المعلّقة بمصر وكان المستنصر بالله لمّا
نقص نيل مصر بعثه الى بلاد الحبشة بهدية سنيّة فتلقاء ملكها وساله عن سبب قدومه فعرفه
نقص النيل وضرر اهل مصر بسبب ذلك فامر بفتح سدّ يجرى منه الماء الى ارض مصر وفتح وزاد
النيل فى ليلة واحدة ثلاثة اذرع واستمرّت الزيادة حتى رويت البلاد وزرعت ثم عاد البطرك
فخلع عليه المستنصر واحسن اليه ٭
وفى سنة اثنتين وتسعين واربعمائة قدم اليعاقبة مقارى بطركًا بدير بو مقار وكمل بالاسكندرية
وعاد الى مصر ثم مضى الى دير بو مقار فقدّس به ثم جاء الى مصر فقدّس بالمعلّقة فاقام ستّا
وعشرين سنة واحدًا واربعين يومًا ومات فخلت من بطرك مصر من بطرك اليعاقبة سنتين وشهرين ٭ وفى
ايامه حدثت زلزلة عظيمة بمصر هدم فيها كنيسة المختار بالروضة واتهم الافضل بن امير
الجيوش بهدمها فانها كانت فى بستانه ٭ وفى ايامه ابطل هوايد كثيرة للنصارى فبطلت بعده ٭
ثم قدم اليعاقبة غبريال المكنى بابى العلاء صاعد بن تريك الشمّاس بكنيسة مرقوريوس فى سنة
خمس وعشرين وخمسمائة بالمعلّقة وكمل بالاسكندرية وقدّس بالاديرة بوادى هبيب واقام اربع
عشرة سنة ومات فخلا بعده كرسى اليعاقبة ثلاثة اشهر ٭
ثم قدم اليعاقبة ميخاييل بن الفقهدوسى الراهب بقلاية دمشرى بطركًا بكنيسة المعلّقة بمصر
وكمل فى الاسكندرية فاقام تسعة اشهر ومات يوم الجمعة رابع شوال سنة احدى واربعين
وخمسمائة فلم يول بعده بطرك مدة سنة وسبعين يومًا ثم اقيم يونس ابو الفتوح بطركًا

بالمعلّقة وكمل بالاسكندرية فاقام تسع عشرة سنة ومات فى سابع عشرين جمادى الاخرة سنة
احدى وخمسين وخمسمائة فخلا الكرسى بعده ثلاثة واربعين يومًا وقدم مرقص بن زرعة
المكنى بابى الفرج بطرك اليعاقبة بمصر وكمل بالاسكندرية فاقام اثنتين وعشرين سنة وستة
اشهر وخمسة وعشرين يومًا ومات، وفى ايّامه انتقل مرقص ابن قنبر وجماعة من القنابرة
الى راى الملكية ثم عاد الى اليعاقبة فقبل ثم عاد الى الملكية ورجع فلم يقبل وكان هـذا
البطرك له هتّة ومروّة وفى ايّامه كان حريق شاور الوزير بمصر فى ثمن عشر هتور فاحترقت كنيسة
بو مرقورة وخلا بعده كرسى البطاركة سبعة وعشرين يومًا ۞

ثم قدم اليعاقبة يونس بن ابى غالب بطرًكا فى يوم الاحد عاشر ذى الحجّة سنة اربع وثمانين
وخمسمائة وكمل بالاسكندرية فاقام ستًا وعشرين سنة واحد عشر شهرًا وثلاثة عشر يومًا
ومات يوم الخميس رابع عشر شهر رمضان سنة ثنتى عشرة وستمائة بالمعلّقة بمصر ودفن
بالحبش وكان فى ابتداء امره تاجرًا يتردّد الى اليمن فى المتجر حتى كثر ماله وكان معه مال
لاولاد الحباب فاتّفق انه غرق فى بحر الملح وذهب ماله ونجا بنفسه الى القاهرة وقد ليس اولاد
الحباب من ماله فلمّا لقيهم اعلمهم ان مالهم قد سلم فانه كان قد عمله فى نقاير خشب
مسمرة فى المركب فصار لهم به عنايلاه فلمّا مات مرقص بن زرعة سمى يونس هذا للقسّ ابى
ياسر فقال له اولاد الحباب خذ انت البطركية ونحن نزكّيك فوافقهم واقيم بطرًكا فشــقّ
ذلك على ابى ياسر وهاجره بعد صحبة طويلة وكان معه لمّا استقرّ فى البطركية سبعة عشر
الف دينار مصرية انفقها على الفقراء وابطل الدياربة ومنع الشرطونية ولم ياكل لاحـد مـن
النصارى خبزًا ولا قبل لاحد هدية ۞

فلمّا مات قام ابو الفتوح نشود للخلافة بن الميقاط كاتب الجيوش مع السلطان الملك العادل ابى
بكر بن ايّوب فى ولاية القس داود بن يوحنا ابن لقلق الفيومى فانه كان خصيصًا به فاجابه
وكتب توقيعه من غير ان يعلم الملك الكامل محمد فشقّ ذلك على النصارى فقام منهم
الاسعد بن صدقة كاتب دار التفاح بمصر ومعه جماعة وتوجّهوا سحرًا ومعهم الشموع الى
تحت قلعة الجبل حيث كان سكن للملك الكامل واستغاثوا به ووقعوا فى القسّ وقالوا لا يصلح
وفى شريعتنا انه لا يقدم البطرك الّا باتّفاق للجمهور عليه فبعث الملك الكامل بطيب خواطرهم
وكان القسّ قد ركب بكرة ومعه الاساقفة وعلم كثير من النصارى ليقدّموه بالمعلّقة بمصر
وذلك يوم الاحد فركب الملك الكامل بسحر كبير من القلعة الى ابيه بدار الـوزارة بمصر
القاهرة حيث سكنه واوقف ولاية القسّ فبعث السلطان فى طلب الاساقفة ليتحقّق الامر منهم
فواظهمر الرسل مع القسّ فى الطريق فاخذوهم ودخل القسّ الى كنيسة بو جرج للّه بالحمراه
وبطلت بطركيته واقامت مصر بغير بطرك تسع عشرة سنة وماية وستين يومًا ثم قـدم هـذا
القسّ بطرّكا فى يوم الاحد تلسع عشرين شهر رمضان سنة ثلاث وثلاثين وستمائة فاقام سبع

سنين وتسعة اشهر وعشرة ايّام ومات يوم الثلاثاء سابع عشر شهر رمضان سنة اربعين وستمسماية
ودفن بدير الشمع بالجيزة وكان علمًا بدينه محبًّا للرياسة واخذ الشرطونية فى بطركيته وكانت
الدعارات بارض مصر قد خلت من الاساقفة فقدم جماعة اساقفة كثيرة بمال كثير اخذه منهم
وظلسا شدايد ورافعه الراهب عماد الموشار ووكل عليه وعلى اقاربه والزامه وساعده الراهب السنى
ابن الثعبلن واشلع مثـالبه وقل لا يصحّ له كهونية لانه يتقدم بالرشوة واخذ الشرطونية وجمع
عليه طايفة كثيرة وعقد مجلسًا عند الصاحب معين الدين حسن بن شيخ الشيوخ فى ايّام
الملك الصالح نجم الدين ايّوب واثبتت على البطرك قوانح فقام الكتّاب النصارى فى امره مع
الصاحب بمال بحمله الى السلطان حتى استمرّ على بطركيته وخلا كرسى البطاركة بعده سبع
سنين وستة اشهر وستة وعشرين يومًا، ثم قدم البعاقبة اثنـاسيوس بن القس ابى المكارم بن
كليل بللعلّقة فى يوم الاحد رابع شهر رجب سنة ثمان واربعين وستمابة واقام بالاسكندرية فاقام
احدى عشرة سنة وخمسة وخمسين يومًا ومات يوم الاحد ثالث المحرم سنة ستّين وستمسماية
فخلت مصر من البطركية خمسة وثمانين يومًا، وفى ايّامه اخذ الوزير الاسعد شرف الدين هبة
الله بن صاعد الفايزى لجوالى من النصارى مصاعفة وفى ايّامه ثارت عوام دمشق وخريت كنيسة
مريم بدمشق بعد احراقها ونهب ما فيها وقتل جماعة من النصارى بدمشق ونهب دورم
وخرابها فى سنة ثمان وخمسين بعد وقعة عين جالوت وهزيمة المغل، فلمّا دخل السلطان
الملك المظفر قطز الى دمشق قرّر على النصارى بها ماية الف وخمسين الف درم جمعوهــا من
بينهم وحملوها اليه بسفارة الامير فارس الدين اقطاى المستعرب اتابك العسكر ۞
وفى سنة اثنتين وثمانين وستماية كانت واقعة النصارى ومن خبرها ان الامير سنجر الشجاعى
كانت حرمته وافرة فى ايّام الملك المنصور قلاوون وكان النصارى يركبون لخمير بزنانير فى اوساطهم
ولا يجسر نصرانى ان يحدث مسلمًا وهو راكب واذا مشى فيبذله فيمشى ولا يقدر احد منهم يلبس
ثوبًا مصقولاً، فلمّا مات المنصور وتسلطن من بعده ابنه الملك الاشرف خليل خدم الكتّاب
النصارى عند الامراء لخاصكية وقوّوا انفسهم على المسلمين وترفعوا فى ملابسهم وهيـاتهم وكان
منهم كاتب عند خاصكى يعرف بعين الغزال فصدف يومًا فى طريق مصر سمسار شونة مخدومه
فنزل السمسار عن دابته وقبّل رجل الكاتب فاخذ النصرانى يسبّه وبتهدّده على مال قد تاخّر
عليه من ثمن غلّة الامير وهو يترقّق له ويعتذر فلا يزيد ذلك عليه الّا غلظه وامر غلامه فنزل
وكتف السمسار ومضى به والنـاس تجتمع عليه حتى صار الى صليبة جامع احمد بن طولون
ومعه عالر كثير وما منهم الّا من يساله ان يتخلى عن السمسار وهو يمتنع عليهم فتكاثروا عليه
والقوّ عن جمارة واطلقوا السمسار وكان قد قرب من بين استانه وبعث غلامه ليتجده بمن فيه
فاتاه بطايفة من غلمان الامير واوجاقبته مخلّصوه من الناس وشرعوا فى القبض عليهم ليفتنكوا
بهم فصاحوا ما بحلّ عليهم وهبّروا مسرعين حتى وقفوا تحت القلعة واستغـاثوا نصير الله

السلطان فسمعهم وارسل بكشف الخبر فعرّفوه ما كان من استطالة الكاتب النصرانى على
السمسار وما جرى لهم فطلب عين الغزال وصالح به كيف تسلّط غلمانك على المسلمين لاجل
نصرانى فاعتذر بانه واقف فى الخدمة ولا علم له بشىء من هذا فبعث السلطان يطلب جميع
من فى اصطبل عين الغزال ورسم للعامّة باحصار النصارى اليه وطلب الامير بدر الدين بيدر
النايب والامير سنجر الشجاعى وتقدّم اليهما باحصار جميع النصارى بين يديه ليقتلهم فما زالا
به حتى استقرّ الحال على ان ينادى فى القاهرة ومصر ان لا يخدم احد من النصارى واليهود
عند امير وامر الامراء باجمعهم ان يعرضوا على من عندهم من الكتّاب النصارى الاسلام فمن
امتنع من الاسلام ضربت عنقه ومن اسلم استخدموه عندهم ورسم للنايب بعرض جميع
مباشرو ديوان السلطان وان يفعل فيهم كذلك فنزل الطلب لهم وقد اختفوا فصارت العامّة
تسبق الى بيوتهم وتنهبها حتى عمّ النهب بيوت اليهود والنصارى باجمعهم واخرجوا نساءهم
مسبيات وقتلوا جماعة بايديهم فقام الامير بيدر النايب مع السلطان فى امر العامّة وتلطّف
به حتى ركب والى القاهرة ونادى من نهب من بيت نصرانى شنق وقبض على طايفة من
العامّة وشهرهم بعد ما ضربهم فانكفوا عن النهب بعد ما نهبوا كنيسة المعلّقة بمصر وقتلوا منها
جماعة ثمّ جمع النايب كثيرًا من النصارى كتّاب السلطان والامراء واوقفهم بين يدى
السلطان عن بعد منه فرسم للشجاعى وامير جندار ان يأخذا عدّة معهمـا وينزلوا الى سوق
الخيل تحت القلعة وجحفروا حفيرة كبيرة ويلقوا فيها الكتّاب الحاضرين ويضرموا عليهـا الحطب
نارًا فتقدّم الامير بيدر وشفع فيهم فابى ان يقبل شفاعته وقال ما اريد فى دولتى ديوانًا نصرانيًّا
فلم يزل به حتى سمح بان من اسلم يستقرّ فى خدمته ومن امتنع ضربت عنقه واخرجهم الى
دار النيابة وقال لهم يا جماعة ما وصلت قدرى مع السلطان فى مركم الّا على شرط وهو ان من
اختصار دينه قتل ومن اختصار الاسلام خلع عليه وباشر فابتدره المكين بن السعانى احد
المستوفيين وقال له با خوند وابينا قواد يختـار القتل على هذا الدين لهذا دين نقتل ونموت
عليه ونروح لا كتب الله له سلامه قولوا لنا الدين الذى تختاروه حتى نروح اليه فغلب بيدر
الضحك فقال له والك نحن نختار غير دين الاسلام فقال يا خوند ما نعرف قولوا ونحن نتبعكم
فحصروا العدول واستسلم وكتب بذلك شهادات عليهم ودخل بها على السلطان فلبسهم
بتشاريف وخرجوا الى مجلس الوزير الصاحب شمس الدين محمد بن السلعوس فبدا بعض
المحرا بالمكين بن السعانى وناوله ورقة ليكتب عليهـا وقال يا مولانا القاضى اكتب على هذه
الورقة فقال يسـا بى ما كان لنـا هذا القصـص فى خلد فلم يزالوا فى مجلس الوزير الى العصر
فجاءهم الحاجب واخذهم الى مجلس النايب وقد جمع به القصص فجدّدوا اسلامهم بحضرتهم
فصار الذليل منهم باظهار الاسلام عزيزًا ويبدى من الذلال المسلمين والتسلّط عليهم بالظلم مـا
كان يمنعه نصرانيّة من اظهاره وما هو الّا كما كتب به بعضهم الى الامير بيدر النايب فقال

اسلم الكافرون بالسيف قهرًا   واذا ما خلوا فهم مجرمونا
اسلموا من رواج مال وروح   فهم سالمون لا مسلمونا ·

وفى اخريات شهر رجب سنة سبعماية قدم وزير متملّك المغرب الى القاهرة حاجًا وصار يركب الى الموكب السلطانى وبيوت الامراء فبينما هو ذات يوم بسوق لخيل تحت القلعة اذا هو برجل راكب على فرس وعليه عمامة بيضاء وفرجية مصقولة وجماعة يمشون فى ركابه وهم يبسالونه ويتضرعون اليه ويقبّلوا رجليه وهو يعرض عنهم وبينهم ويصيح بغلمانه ان بطردوه عنه فقال بعضهم يا مولاى الشيخ بحياة ولدك النشو انظر فى حالنا فلم يزده ذلك الا عتوًا وتحلمقًا فرقّ المغربى لهم وهم بمخــاطبته فى امرهم فقيل له وانه مع ذلك نصرانى فغضب لذلك وكاد ان يبطش به ثم كف عنه وطلع الى القلعة وجلس مع الامير سلار نايب السلطان والامير بيبرس لجاشنكير واخذ يحادثهم بما راه وهو يبكى رحمة للمسلمين بما نالهم من قسوة النصرانى ثم وعظ الامراء وحذرهم نقمة الله وتسليط عدوهم عليهم بتمكين النصارى من ركوب لخيل وتسليطهم على المسلمين واذلالهم ايام وان الواجب الزامهم الصغار وحملهم على العهد الذى كتبه امير المومنين عمر بن لخطاب رضى الله عنه لهم فمالوا الى قوله وطلبوا بطركى النصارى وكبيرهم ودنيان اليهود فجمعت نصارى كنيسة المعلقة ونصارى دير البغل وغيرهم وحصر كبرا اليهود والنصارى وقد حضر القضاة الاربــع وناظروا النصارى واليهود فاذعنوا الى التزام العهد العمرى والزم بطركى النصارى طايفته النصارى بلبس العمايم الزرق وشدّ الزنار فى اوساطهم ومنعهم من ركوب لخيل والبغال والتزام الصغار وحرم عليهم مخــالفة ذلك او شيئسا منه وانه برى من النصرانية لن خالف ثم اتبعه ديّان اليهود بان اوقع الكلمة على من خــالف من اليهود ما شرط عليه من لبس العمايم الصفر والتزام العهد العمرى وكتب بذلك عقّة نسخ سيرت الى الاعمال فقام المغربى فى هدم الكنايس فلم يمكنه قاضى القضساة تقى الدين محمّد بن دقيق العيد من ذلك وكتب خطّه بانه لا يجوز ان يهدم من الكنايس الّا ما استجدّ بناؤه فغلقت عقّة كنايس بالقاهرة ومصر مقّة ايّام فسعى بعض اعيان النصارى فى فتح كنيسة حتى فتحها فثارت العسامّة ووقفوا للنايب والامراء واستغاثوا بان النصارى قد فتحوا الكنايس بغير اذن وفيهم جمساعة تكبّروا عن لبس العمايم الزرق واحتمى كثير منهم بالامراء فنودى فى القساهرة وسصر ان يلبس النصارى بلجمعهم العمايمر الزرق ويلبس اليهود باسرهم العمايم الصفر ومن لم يفعل ذلك نهب ماله.وحلّ دمه ومنعوا جميعًا من لخدمة فى ديوان السلطان ودواوين الامراه حتى يسلموا فتسلّطت الغوغاد عليهمر وتبعوهم فى راوه بغير الزى الذى رسم به ضربوه بالنــعــل وصفعوا عنقه حتى يكاد يهلك ومن مّر بهم وقد ركب ولا يثنى رجله الفوه عن دابته واوجعوه ضربا ، فاختفى كثير منهمر ولجهات الضرورة عدّة من اعيانهمر الى اظهار الاسلام انفة من لبس الازرق وركوب لحمير ، وقد اكثر شعراء العصر فى ذكر تغييبر زى اهل الذمّة فقــال علاء الدين

على بن المظفر الوداعى

شعر   لقد الزموا الكفّار شاشات فتنة   تزيدهم من لعنة الله تشويشا

        فقلت لهم ما البسوكم عمايما   ولكنّهم قد البسوكم براقيشا

وقال شمس الدين الطيبى

شعر   تعجبوا للنصارى واليهود معًا   والسامريين لمّا عمموا لخرقا

        كانّما بات بالاصباغ منسهلًا   نسر السماء فاضحى فوقهم ذرقا.

فبعث ملك برشلونة فى سنة ثلاث وسبعمائة هدية جليلة زايدة عن عادتهم عمّر بها جميع ارباب الدولة من الامراء مع ما خصّ به السلطان وكتب يسأل فى فتح الكنايس فاتفق الراى على فتح كنيسة حارة رويلة لليعاقبة وفتح كنيسة البندقانيين من القاهرة.

ثم لمّا كان يوم الجمعة تاسع شهر ربيع الاخر سنة احدى وعشرين وسبعمائة هدمت كنايس ارض مصر فى ساعة واحدة كما ذكر فى اخبار كنيسة الزهرى، وفى سنة خمس وخمسين وسبعمائة رسم بتحرير ما هو موقوف على الكنايس من اراضى مصر فالاف على خمسة وعشرين الف فدان وسيب الفحص عن ذلك تعاظم النصارى وتقديمهم فى الشرّ والاضرار بالمسلمين لتمكّنهم من امراء الدولة وتفاخرهم بالملابس الجليلة المغالاة فى اثمانها والتبسّط فى الماكل والمشارب وخروجهم عن الحدّ فى الجراة والسلاطة الى ان اتفق مرور بعض كتّاب النصارى على الجامع الازهر من القاهرة وهو راكب بحقّ ومهماز وبفساطر طرح سكندرى على راسه وقدّامه طرّادون يمنعون الناس من مزاحمته وخلفه عدّة عبيد بثياب شربة على الاكاديش فارهة فشقّ ذلك على طايفة من المسلمين وثاروا به وانزلوه عن فرسه وقصدوا قتله وقد اجتمع علم كثير ثم خلوا عند وتحدّثت جماعة مع الامير طاز فى امر النصارى وما هم عليه فوعدهم بالانصاف منهم فرفعوا قصّة على لسان المسلمين قريبن على السلطان الملك الصالح صالح بحضرة الامراء والقصاة وساير اهل الدولة تتضمّن الشكوى من النصارى وان يعقد لهم مجلس ليلتزموا بما عليهم من الشروط، فرسم بطلب بطرك النصارى ولعيان اهل ملّته وبطلب رئيس اليهود واعيانهم وحضر القصاة والامراء بين يدى السلطان وقرأ القصاضى علاء الدين على بن فضل الله كاتب السّر العهد الذى يكتب بين المسلمين وبين اهل الذمّة وقد احضروه معهم حتى فرغ منه فالتزم من حضر منهم بما فيه واقرّوا به فعدّدت لهم افعالهم التى جساءروا بها وهم عليها وانهم لا يرجعوا عنها غير قليل ثم يعودوا اليها كما فعلوه غير مرّة فيمسا سلف فاستقرّ الحسال على ان يمنعوا من المباشرة بشىء من ديوان السلطان ودواوين الامراء ولو اظهروا الاسلام وان لا يكره احد منهم على اظهار الاسلام ويكتب بذلك الى الاعمال، فتسلّطت العامّة عليهم وتتبّعوا اثارهم واخذوهم فى الطرقات وقطعوا ما عليهم من الثياب واوجعوهم ضربًا ولم يتركوهم حتى يسلموا وصاروا يضرموا لهم النار ليلقوهم فيها، فاختفوا فى بيوتهم ولم يتجاسروا على

المشى بين الناس فنودى بالمنع من التعرّض لاناهم فاخذت العامّة فى تتبّع عوراتهم وما علّوه من دورهم على بناه المسلمين فهدموه، واشتدّ الامر على النصارى باختفائهم حتى انهم فقدوا من الطرقات مدّة فلم ير منهم ولا من اليهود احد فرفع المسلمون قصّة قرئت فى دار العدل فى يوم الاثنين رابع عشر شهر رجب منها تتضمّن ان النصارى استجدّوا عمارات فى كنايسهم ووسعوها هذا وقد اجتمع بالقلعة علا عظيم واستغاثوا بالسلطان من النصارى فرسم بركوب والى القاهرة وكشفه عن ذلك فلم تتمهّل العامّة ومرّت بسرعة فخربت كنيسة بجوار قناطر السبـاع وكنيسة بطريق مصر الاسرى وكنيسة الغسادين بالجوانية من القاهرة ودير نهيـا من الجيزة وكنيسة بناحية بولاق التكرورى ونهبوا حواصل ما خربوه من ذلك وكانت كبيرة واخذوا اخشابهـا ورخامها وهجموا كنايس مصر والقاهرة ولم يبق الّا ان يخربوا كنيسة البندقانيين بالقاهرة فركب الوالى ومنعهم منها واشتدّت العامّة وعجز الحكّام عن كفّهم وكان قد كتب الى جميع مصر وبلاد الشام بان لا يستخدم يهودى ولا نصرانى ولو اسلم وانه من اسلم منهم لا يمكّـن من العبور الى بيته ولا من معاشرة اهله الّا ان يسلموا وان يلزم من اسلم منهم بملازمة المساجد والجوامع لشهود الصلوات الخمس والجمع وان من مات من اهل الذمّة يتولّى المسلمون قسمة تركته على ورثته ان كان له وارث والّا فهى لبيت المال وكان يلى ذلك البطرك وكتب بذلك مرسوم قرئ على الامراء ثم نزل به للحاجب فقرأه فى يوم الجمعة سادس عشرين جمـادى الاخرة بجوامع القاهرة ومصر فكان يوماً مشهوداً، ثم احضر فى اخريات شهر رجب من كنيسة شبرا بعـد ما هدمت اصبع الشهيد الذى كان يلقى فى النيل حتى يزيد بزعمهم وهو فى صندوق فاحضرى بين يدى السلطان بالميدان من قلعة الجبل ودرى رماده فى البحر خشية من اخذ النصارى له فقدمت الاخبـار بكثرة دخول النصارى من اهل الصعيد والوجه البحرى فى الاسلام وتعلّمهم القران وان اكثر كنايس الصعيد هدمت وبنيت مساجد وانه اسلم بمدينة قليوب فى يوم واحد اربعمائة وخمسون نصرانيّا وكذلك بعامّة الارياف مكرًا منهم وخديعة حتى يستخدموا فى المباشرات وينكحوا المسلمات فتمّ لهم مرادهم واختلطت بذلك الانساب حتى صار اكثر النـاس من اولادهم ولا يخفى امرهم على من نوّر الله قلبه فانه يظهر من اثارهم القبيحة اذا تمكّنوا فى الاسلام واهله ما يعرف به الفطن سوء اصلهم وقديم معاداة اسلافهم للدين وحملته ۞

فصل

النصارى فرق كثيرة الملكانية والنسطورية واليعقوبية والبردعانية والمرقولية وهم الرهاويون الذين كانوا بنواحى حرّان وغير هولاه فنهم من مذهبه مذهب الحرّانية ومنهم من يقول بالنور والظلمة والثنوية وكلّهم يقرّون بنبوّة المسيح عليه السلام ومنهم من يعتقد مذهب ارسطاطاليس، فالملكانية واليعقوبية والنسطورية متّفقون على ان معبودهم ثلاثة اقانيم وهذه الثلاثة الاقانيم شى

واحد وهو جوهر قديم ومعناه اب وابن وروح القدس الاه واحد وان الابن نزل من السماء فتدرّع
جسداً من مريم وظهر للناس يحيى ويبرى ثم قتل وصلب وخرج من القبر لثلاث وظهر لقوم
من اصحابه فعرفوه حقّ معرفته ثم صعد الى السماء فجلس عن يمين ابيه هذا الذى يجمعهم
اعتقاده ثم انهم يختلفون فى العبارة عنه، فنهم من يزعم أن القديم جوهر واحد يجمعه ثلاثة
اقانيم كل اقنوم منها جوهر خاص فاحد هذه الاقانيم اب واحد غير مولود والثالث روح فايضة
منبثقة بين الاب والابن وان الابن لم يزل مولوداً من الاب وان للاب لم يزل والداً للابن لا على
جهة النكاح والتناسل لكن على جهة تولّد ضياه الشمس من ذوات الشمس وتولّد حرّ النار من
ذوات النار ومنهم من يزعم أن معنى قولهم ان الاله ثلاثة اقانيم انها ذات لها حياة ونطق فالحياة
هى روح القدس والنطق هو العلم والحكمة والكلمة والنطق هى والعلم والحكمة والكلمة عبارة عن الابن
كما يقال الشمس وضياؤها وحرّها فهو عبارة عن ثلاثة اشياء ترجع الى اصل واحد، ومنهم من
يزعم انه لا يصحّ له تثبيت الاله فاعلاً حكيماً الّا ان تثبته حيّا ناطقاً ومعنى الناطق عندهم العالم
المميّز لا الذى يخرج الصوت بالحروف المركبة ومعنى الحى عندهم من له حياة بها يكون حيّا
ومعنى العالم من له علم به يكون عالماً قالوا فذاته وعلمه وحياته ثلاثة اشياء والاصل واحد
فالذات هى العلة للاثنين الذين هما العلم والحياة والاثنان هما المعلولان للعلة، ومنهم من يتنزّه
عن لفظ العلة والمعلول فى صفة القديم ويقول اب وابن ووالد وروح وحياة وحيـاة وعلم او حكمـة
ونطق قالوا والابن اتخذ انساناً مخلوقاً فصار هو وما اتخذ به مسيحـاً واحداً وان المسيح هو الاه
العباد وربهم ثم اختلفوا فى صفة الاتحاد فزعم بعضهم انه وقع بين جوهر لاهوتى وجوهر ناسوتى
اتحاداً فصار مسيحاً واحداً ولم يخرج الاتحاد كل واحد منهما عن جوهريته وعنصره وان المسيح
الاه معبود وانه ابن مريم الذى حملته وولدته وانه قتل وصلب، وزعم قوم ان المسيح بعد
الاتحاد جوهران احدهما لاهوتى والاخر ناسوتى وان القتل والصلب وقعا به من جهة ناسوته لا
من جهة لاهوته وان مريم حملت بالمسيح وولدته من جهة ناسوته وهذا قول النسطورية ثم
يقولون ان المسيح بكماله الاه معبود وانه ابن الله تعالى الله عن قولهم، وزعم قوم ان الاتحاد
وقع بين جوهرين لاهوتى وناسوتى فجوهر اللاهوتى بسيط غير منقسم ولا متجزى، وزعم قوم
ان الاتحاد على جهة حلول الابن فى الجسد ومخالطته اياه، ومنهم من زعم ان الاتحاد على
جهة الظهور كظهور كتابة لخاتم والنقش اذا وقع على طين او شمع وكظهور صورة الانسان فى
المراة الى غير ذلك من الاختلاف الذى لا يوجد مثله فى غيرهم حتى تكـاد تجد اثنين منهم
على قول واحد،

والملكـانية تنسب الى ملك الروم وهم يقولون الله اسمر لثلاثة معـان وهو واحد ثلاثة وثلاثة
واحد،

واليعقوبية تقول هو واحد قديم وانه كان لا جسم ولا انسان ثم تجسم وتأنس،

والقولية قالوا الله واحد وعلمه قديم معه والمسيح ابنه على جهة الرحمة كما يقال ابراهيم خليل الله،

والمرقولية تزعم ان المسيح هو الذى يطوف عليهم كل يوم وليلة،

والبردطانية تزعم ان المسيح هو الذى يحشر الموتى من قبورهم ويحاسبهم ٭

فصل

وعندهم لا بد من تنصير اولادهم ولذلك انهم يغمسون المولود فى ماء قد اغلى بالرياحين والسوسن والطيب فى اجانة جديدة ويقرون عليه من كتابهم فيزعمون انه حينئذ ينزل عليه روح القدس ويسمون هذا الفعل المعمودية وطهارتهم أنما هى غسل الوجه واليدين فقط ولا يختتن منهم الا اليعقوبية، ولهم سبع صلوات يستقبلون فيها الشرق ويحجون الى بيت المقدس ويكلفهم العشر من اموالهم، وصيامهم خمسون يوماً، فالثلاثى والاربعون منه عيد الشعانين وهو اليوم الذى نزل فيه المسيح من الجبل ودخل بيت المقدس وبعده باربعة ايام عيد الفصح وهو اليوم الذى خرج فيه موسى وقومه من مصر وبعده بثلاثة ايام عيد القيامة وهو اليوم الذى خرج فيه المسيح من القبر بزعمهم وبعده بثمانية ايام عيد الجديد وهو اليوم الذى ظهر فيه المسيح لتلامذته بعد خروجه من القبر وبعده بثمانية وثلاثين يوماً عيد السلاق وهو اليوم الذى صعد فيه المسيح الى السماء، ولهم عيد الصليب، وهو اليوم الذى وجدوا فيه خشبة الصليب وزعموا انها وضعت على ميت فعاش ولهم ايضا عيد الميلاد، وعيد الدنح،

ولهم قرابين وكهنة فالشماس فوقه القس وفوق القس الاسقف وفوق الاسقف المطران وفوق المطران البطريق، والسكر عندهم حرام ولا يحل لهم اكل اللحم ولا الجماع فى الصوم وكل ما يباع فى السوق ولم تعفه انفسهم يبلغ الكهنة، ولا يصح النكاح الا بحضور شماس وقس وعديل وهم يحرم من النساء ما يحرمه المسلمون، ولا يجعل الجمع بين امراتين ولا التسسرى بالاماه الا ان يعتقن ويتزوج بهن ولذا خدم العبد سبع سنين عتق ولا يجعل طلاق المراة الا ان تاتى بفاحشة مبينة فتطلق ولا تحل للزوج ابداً وحد المحصن اذا زنى الرجم فان زنى غير محصن وحملت منه المراة تزوج بها، ومن قتل عمداً قتل ومن قتل خطاه يهرب ولا يجعل طلبه واكثر احكامهم من .... التوراة وقد لعن منهم من لاط او شهد بالزور او قامر او زنى او سكر ٭

ذكر ديارات النصارى

قال ابن سيدة الدير خان النصارى والجمع اديار وصاحبه ديّار وديراى قلت الدير عند النصارى
مختص بالنُّسّاك المقيمين به والكنيسة مجتمع عامتهم للصلاة ۞

القلاية هى هذه القلاية بجانب المعلّقة بقصر الشمع فى مدينة مصر وهى مجتمع اكابر الرهبــان
وعلماه النصارى وحكمها عندهم حكم الاديرة ۞

دير طرا ويعرف بدير ابو جرج وهو على شـــاطى النيل وابو جرج هذا هو جرجس وهو قــــس
عذّبه الملك ديقلطيانوس ليرجع عن النصرانية ونوع له العقوبات من الضرب والتحريق بالنــار
فلم يرجع فضرب عنقه بالسيف فى ثلث تشرين وسابع بابه ۞

دير شهران هذا الدير فى حدود ناحية طرا وهو مبنى بالحجر واللبن وبه مخل وبه عدّة رهبـان
ويقال انما هو دير شهران بالهاء وان شهران كان من حكماه النصارى وقيل بل كان ملكـاً وكان
هذا الدير يعرف قديماً بمرقوريوس الذى يقــــال له مرقورة وابو مرقورة ثم لمّا سكنه برصوما بن
التبــان عرف بدير برصوما وله عيد يعمل فى الجمعة الخامسة من الصوم الكبير فيحضره البطرك
واكابر النصارى وينفقوا فيه مالاً كبيراً ومرقوريوس هذا كان مّن قتله ديقلطيانوس فى تاسع عشر
تموز وخامس عشرين ابيب وكان جنديّاً ۞

دير الرُّسل هذا الدير خارج ناحية الصف والودى وهو دير قديم لطيف ۞

دير بطرس وبولص هذا الدير خارج اطفيح من قبليها وهو دير لطيف وله عيد فى خامس
ابيب يعرف بدير القصرية وبطرس هذا هو اكبر الرسل للحواريين وكان تبّاهاً وكيل صيّاداً واقتله
الملك نيرون فى تاسع عشرين حزيران وخامس ابيب وبولص هذا كان يهوديّاً فتنصّر بعد رفع
المسيح عليه السلام ودعا الى دينه فاقتله الملك نيرون بعد قتله بطرس بسنة ۞

دير الجيزة ويعرف بدير لجود ويسمّى موضعه الجحارة جزائر الدير وهو قبسالة الميمون وهو غربة
لدير العربة بى على اسم انطونيوس ويقــــال انطونة وكان من اهل قن فلمّـا انتقصت ايّام
ديقلطيانوس وخاتمته الشهادة احبّ ان يتعوّض عنها بعبادة توصل ثوابها او قريبـاً من ذلك
فترقب وكان اوّل من احدث الرهبانية للنصارى عوضاً عن الشهادة وواصل اربعين يوماً ليلهــا
ونهارها طاوياً لا يتنــاول طعــاماً ولا شراباً مع قيــام الليل وكان هكذا يفعل فى الصيــام الكبير
كلّ سنة ۞

دير العربة هذا الدير يسار اليه فى الجبل الشرق ثلاثة ايّام بسير الابل وبينه وبين بحر القلــزم
مسافة يوم كامل وفيه غالب الفواكه من زرعة وبه ثلاثة اعين ماء تجرى وبناه انطونيوس المقدم

ذكره ورهبان هذا الدير لا يزالون دهرهم صائمين. لكن صومهم الى العصر فقط ويفطرون ما خلا الصوم الكبير والبرمولات فان صومهم في ذلك الى طلوع النجم والبرمولات في الصوم كذلك بلغتهم ۞

دير انبا بولا وكان يقال له دير اولاد بولص ويعرف بدير النمورة ايضا وهذا الدير في البرّ الغربي من الطور على هين ماه يردها المسافرون وعندهم ان هذه العين تطهّرت فيها مريم اخت موسى عليه السلام عند نزول موسى ببني اسرائيل في تربة القلزم ، وانبا بولا هذا كان من اهل الاسكندرية فلما مات ابوه ترك له ولاخيه مالًا جمًا لمخاصمه اخوه في ذلك وخرج مغاضبًا له فراى ميتًا يقبر فاعتبر به ومرّ على وجهه سائحًا حتى نزل على هذه العين فاقام هناك والله تعالى يرزقه فرّ به انطونيوس وصحبه حتى مات فبني هذا الدير على قبره وبين هذا الدير والبحر ثلاث سلمات وفيه بستان به نخل وعنب وبه عين ماه يجرى ايضًا ۞

دير القصير قال ابو الحسن على بن محمد الشابشتي في كتاب الديارات وهذا الدير في اعلا الجبل على سطح في قلّته وهو دير حسن البناه محكم الصنعة نزه البقعة وفيه رهبان يقيمون به وله بئر منقورة في الحجر يستقى له منها الماء وفي هيكله صورة مريم عليها السلام في لوح والناس يقصدون الموضع للنظر الى هذه الصورة وفي اعلاه غرفة بناها ابو الجيش خمارويه بن احمد بن طولون لها اربع طاقات الى اربع جهات وكان كثير الغشيان لهذا الدير معجبًا بالصورة التي فيه بستحسنها ويشرب على النظر اليها وفي الطريق الى هذا الدير من جهلا مصر صعوبة واما من قبليه فسهل الصعود والنزول والى جانبه صومعة لا تخلو من حبيس يكون فيها وهو يطلّ على القرية المعروفة بشهران وعلى الصحرا والبحر وفي قرية كبيرة عامرة على شاطى البحر ويذكرون ان موسى عليه السلام ولد فيها ومنها القته امّه الى البحر في التابوت وبه ايضا دير يعرف بدير شهران ، ودير القصير هذا احد الديارات المقصودة والمتنزهـات المطروقة لحسن موضعه واشرافه على مصر واعمالها ، وقال ابن عبد الحكم في كتاب فتوح مصر وقد اختلف في القصير عن ابن لهيعة قال ليس بقصر موسى الذي عليه السلام ولكنه موسى الساحر وعن المفضل بن فضالة عن ابيه قال دخلنا على كعب الاحبار فقال لنا ممّن انتم قلنا من اهل مصر قال ما تقولون في القصير قلنا قصر موسى فقال ليس بقصر موسى ولكنه قصر عزيز مصر كان اذا جرى النيل يترقّع فيه وعلى ذلك انه لمقدس من الجبل الى البحر قال وبقال بل كان يوقد فيه لفرعون اذا هو ركب من منف الى عين شمس وكان على المقطّم موقد بحر فاذا رأوا النار علموا بركوبه فاعدّوا له ما يريد وكذلك اذا ركب منصرفًا من عين شمس والله اعلم ، وقال علماء الاخبار من النصارى ان ارقاديوس ملك الروم طلب ارسانيوس ليعلّم ولده فظنّ انه يقتله ففرّ الى مصر وترقّب فبعثت اليه انسانًا واعلمه ان الطلب من اجل تعليم ولده فاستعفى وتحوّل الى الجبل المقطّم شرقي طرا وأقام في مغـارة ثلاث سنين ومات فبعث اليه ارقاديوس فاذا هو قد مات فأمر ان يبنى

على قبره كنيسة وهو المكـان المعروف بدير القصير ويعرف الان بدير البغل من اجل انه كان به بغل يسقى عليه الماء فاذا خرج من الدير اتى الموردة وهناك من يملا عليه فاذا فرغ من الماء تركه فعاد فى الدير، وفى رمضان سنة اربعمايـة امر لحاكم بامر الله بهدم دير القصير فاقام الهدم والنهب فيه مدّة ايّام ۞

دير مر حنا كلّ الشابشنى دير مر حنـا على شـاطى بركة لحبش وهو قريب من النيل والى جانبه بساتين انشأ بعضها الامير نميمر بن المعزّ ومجلس على عهد حسن البنـاه مليح الصنعة مصوّر انشأه الامير نميمر ايضا وبقرب الدير بئر تعرف ببئر عمـاق عليهـا جميزة كبيرة يجتمع الناس اليها ويشربون تحتها وهذا الموضع من معادن اللعب ومواطن القصف والطرب وهو نزه فى ايّام النيل وزيادة الجر وامتلا البركة حسن المنظر فى ايّام الزرع والنواوير لا يكـاد حينئـذ يخلو من المتنزّهين والمطربين وقد ذكرت الشعراء حسنه وطيبه وهذا الدير يعرف اليوم بدير الطين بالمون ۞

دير ابو النعنلع هذا الدير خارج انصنا وهو من جملة عماراتها القديمة وكنيسته فى قصره لا فى ارضه وهو على اسم ابو يحنس القصير وعيده فى العشرين من بابه وسياق ذكر ابى يحنس هذا ۞ دير مغارة شقلقيل وهو دير لطيف معلق فى لجبل وهو نقر فى الحجر على صخرة تحتها عقبة لا يتوقبل اليه من اعلاه ولا من اسفله ولا يُسلّم له وانمـا جعلت نقور فى لجبل فاذا اراد احد ان يصعد اليد ارخين له سلبة يمسكها بيديه وجعل رجليه فى تلك النقور وصعد، وبه طابحونة يديرها حمار واحد ويطلّ هذا الدير على النيل تجاه منفلوط وتجاه لم القصور وتجـاهه جزيرة يحيط بها الماء وفى تلك يقال لها شقلقيل وبهما قريتان وبهما فريتان احداهمـا شقلقيل والاخرى بنى شقير ولهذا الدير عيد يجتمع فيه النصارى وهو على اسم بو مينا وهو من الاجنـاد الـذين عذبهمر ديقلطيانوس ليرجع عن النصرانية ويسجد للاصنام فثبت على دينه فقتله فى عاشر حزيران وسادس عشر بابه ۞

دير بقطر بحـاجم ابنوب فى شرقى بنى مُرّ تحتمد للجبل على مايتى قصبة منه وهو دير كبير جدًّا وله عيد يجتمع فيه نصـارى البلاد شرقًا وغربًا ويحضره الاسقف، ويبقطر هذا ابن رومانوس كان ابوه من وزراء ديقلطيانوس وكان هو جميلاً شجاعاً له منزلة من الملك فطلبـا تنصّر وعده الملك ومناه ليرجع الى عبادة الاصنام فلم يفعل فقتله فى ثانى عشرين نبسان وسابع عشرين برموده ۞ دير بقطرشو فى بحرى ابنوب وهو دير لطيف يقصده خلال وانمـا ياتيه النصارى مرّة فى كلّ سنة مدّة ويبقطرشو عن عذيب ديقلطيانوس ليرجع عن النصرانية فلم يرجع فقتله فى العشرين من ةنسور وكان جنديًّا ۞

دير ابى البسرى بنى على ابسم بو جرج وهو خارج المعصرة بناحية شهق بنى مُرّ وتارةً يخلو من الرهبان وتارةً يعمر بهم وله وقت يعمل العيد فيد ۞

دير بو جرج خماس وخماس اسم بلد هو بحريها وله عيدان فى كلّ سنة وجموعات متعدّدة ۞

دير الطير هذا الدير قديم وهو مطلّ على النيل وله سلالم منحوتة فى الجبل وهو قبالة سملوط ، وقال الشابشتى وبنواحى اخميم دير كبير علم يقصد من كلّ موضع وهو بقرب الجبل المعروف بجبل الكهف وفى موضع من الجبل شقّ فاذا كان يوم عيد هذا الدير لم يبق فى البلد بوقبير حتى يجىء الى هذا الموضع فيكون امراً عظيماً بكثرتهم واجتماعهم وصياحهم عند الشقّ ولا يزال الواحد بعد الواحد يدخل راسه فى ذلك الشقّ ويصيح ويخرج ويجىء غيره الى ان تعلّق راس احدهم وينشب فى الموضع ويضطرب حتى يموت ويتفرّق حينئذ الباقية فلا يبقى منها طاير ، وقال القاضى ابو جعفر القضاعى ومن عجايبها يعنى مصر شعب البوقيرات بنساحيذ اشموم من ارض الصعيد وهو شعب فى جبل فيه صدع تاتيه البوقيرات فى يوم من السنة كن معروفاً فتنعرض انفسها على الصدع فكلّما ادخل بوقير منها منقساره فى الصدع مضى لطيّته فلا يزال يفعل ذلك حتى يلتفى الصدع على بوقير منها فيحبسه ويمضى كلّها ولا يزال ذلك الذى يحبسه معلّقاً حتى يتساقط ، قال مؤلّفه رحمه الله قد بطل هذا فى جملة ما بطل ۞

دير بو هرمينه بحرى قاو للخراب وحريبة بربا قاو وفى علوة كُنْبساً وحكمة وبين دير الطير وبين هذا الدير نحو يومين ونصف ، وابو هرمينه هذا من قدماه الرهبان المشهورين عند النصارى ۞

دير السبعة جبال باخميم هذا الدير داخل سبعة اودية وهو دير على بين جبال شامخة ولا تشرق عليه الشمس الّا بعد ساعتين من الشروق لعلو للجبل الذى هو فى لحفه واذا بقى للغروب نحو ساعتين خيل لمن فيه ان الشمس قد غابت واقبل الليل فيشعلوا حينئذ الضوء فيه وعلى هذا الدير من خارجه عين ماء تظلّلها صفصافة ويعرف هذا الموضع الذى فيه دير الصفصافة بوادى الملوك لانه فيه نبات يقال له الملوكة وهو شبه الفجل وماوه احمر قانى يدخل فى صناعة اهل الكيميساء ، ومن داخل هذا الدير دير القرقس وهو فى اعلا جبل وقد نقر فيه ولا يعلم له طريق بل يصعد اليه فى نقور فى الجبل ولا يتوصّل اليه الّا كذلك وبين دير عين الصفصافة ودير القرقس ثلاث ساعات ونحتن دير القرقس عين ماه عذب واشجار بان ۞

دير صبرة فى شرق اخميم عرف بعرب يقال لهم صبرة وهو على اسم ميخائيل الملك وليس به غير راهب واحد ۞

دير ابى ابشادة الاسقف قريب من ناحية اتفنة وهو بالحاجز وتجاهه فى الغرب منشاة اخميم ، وكان ابو ابشادة هذا من علماه النصارى ۞

دير بو هور الراهب ويعرف بدير سوادة وسوادة عرب تنزل هناك وهو قبالة منية بنى خصيب خربته العرب ، وهذه الاديرة كلها فى الشرق من النيل وجميعها لليعاقبة وليس فى الجانب الشرقى الان سواها وامّا للجانب الغربى من النيل فانه كثير الديارات لكثرة عمارته ۞

دير ذمُوه بالجيزة ويعرف بدموه ـ السبــاع وهو على اسم قزمان ودميــان وهو دير لطيف وتوعمر

النصارى ان بعض الحكماء كان يقال له سبع اقام بدموه وان كنيسة دموه لله بايدى اليهود الان كانت ديرًا من ديارات النصارى فابتاعه منهم اليهود فى صايقة نزلت بهم وقد تقدّم ذكر كنيسة دموه، وقزمان وذمبيان من حكماء النصارى ورهبانهم العباد ولهما اخبار عندهم ❊

دير نهيا قال الشابشتى ونهيا بالجيزة وديرها هذا من احسن ديارات مصر وانزهها واطيبها موضعًا واجلّها موقعًا عامر برهبانه وسكانه وله فى النيل منظر عجيب لان بحيط به من جميع جهاته فاذا انصرف الماء وزرع ارضه اظهرت غرايب النواوير واصناف الزهر وهو من المتنزّهات الموصوفة والبقاع المستحسنة وله خليج يجتمع فيه ساير الطير فهو ايضا متصيّد ممتع وقد وصفه الشعراء وذكرت حسنه وطيبه، قلت قد خرب هذا الدير ❊

دير طموبه قال ياقوت طموبه بفتح الطاء وسكون الميم وفتح الواو وباء ساكنة قريتان بمصر احداها فى كورة المرتاحية والاخرى بالجيزة، قال الشابشتى وطموبه بازاء حلوان والدير راكب البحر حوله الكروم والبساتين والنخل والشجر وهو نزه عامر اهل وله فى النيل منظر حسن وحين تخضر الارض فانه يكون فى بساطين فى البحر والزرع وهو احد متنزهات اهل مصر المذكورة ومواضع لهوها المشهورة ولابن، ابى طغم المصرى فيه من البسيط

واشرب بطموبه من صهباء صافية	بزرى بخمر قرى هيبت وهسانات
على رياض من السنوار زاهرة	تجرى الجداول فيها بين جنات
كان نبت الشقيق العصفرى بها	كلسات خمر بدت فى اثر كلسات
كان نرجسها من حسنه حدق	فى خفية يتناجى بالاشارات
كان ماء النيل فى مرّ النسيم به	مستلئمر فى دروع سابريات
منازل كنت مغتبطًا بها شغفًا	وكنّ قدما مواخيرى وخسانات
اذ لا ازال ملحسا بالصبوح على	ضرب التواقيس صبا بالسدبارات،

قلت هذا الدير عند النصارى على اسمر بو جرج ويجتمع فيه نصارى النواحى ❊

دير اقفاص وصوابها اقفهس وقد خرب ❊

دير خارج ناحية منهرى خامل الذكر لانهم لا يطعون منه احدًا ❊

دير لخسادم على جانب المنهى باعمال البهنسا على اسمر غبريال الملك به بساتين فيها نخل وزيتون ❊

دير اشنين عرف بناحية اشنين فانه فى بحريبها وهو لطيف على اسمر السيدة مريم وليس به سوى راهب ❊

دير ابسوس ومعنى ايسوس يسوع ويقال له دير ارجنوس وله عبد فى خامس عشرين بشنس فاذا كان ليلة هذا اليوم سدت بئر فيه تعرف ببئر ايسوس وقد اجتمع الناس الى الساعة السادسة من النهار ثم كشفوا الطابق عن البئر فاذا قد فاض ملوّسا ثم ينزل لمحيين وصل

الماء قلبوا منه الى موضع استقرّ فيه الماء فما بلغ كانت زيــادة النيل فى تلك السنة من الاذرع ❊

دير سمنود على جانب المنهى بالحــاجر بين الفيّوم والريف على اسم بو جرج وقد ضعفت احواله عمــا كان عليه وقلّ ساكنه ❊

دير النقلون ويقال له دير الخشبة ودير غبريال الملك وهو تحت مغارة فى الجبل الذى يقال له طارف الفيّوم وهذه المغارة تعرف عندهم بمظلّة يعقوب يزعمون ان يعقوب عليه السلام لمّا قدم مصر كان يستظلّ بها وهذا الجبل مطلّ على بلدين يقال لهما اطفيح شلا وشلا ويبلا الماء لهذا الدير من بحر المنهى وهو تحت دير سمنود ولهذا الدير عيد يجتمع فيه نصارى الفيّوم وغيرهم وهو على السكّة لك تنزل الى الفيّوم ولا يسلكها الّا القليل من المسافرين ❊

دير القلمون هذا الدير فى برية تحت عقبة القلمون يتوصّل المسافر منها الى الفيوم يقال لها عقبة الغرق ويبنى هذا الدير على اسم صمويل الراهب وكان فى زمن الفترة ما بين عيسى ومحمّد صلعم ومات فى ثامن كيهك وفى هذا الدير نخل كثير يعمل من ثمره العجوة وفيه ايضا شجر اللبخ ولا يوجد الّا فيه وثمره بقدر الليمون طعمه حلو فى مثل طعم الرانج ولنواه عدّة منافع، وقال ابو حنيفة فى كتاب النبات ولا ينبت اللبخ الّا بانصنا وهو عود ينشر منه الواح السفن وربما ارعف ناشره واذا ضمّ منه لوحان ضمّا شديدًا وجعلا فى الماء سنة التحما وصارا لوحًا واحدًا، وفى هذا الدير قصران مبنيان بالحجارة وها علمان كبيران لبياضهما اشراق وفيه ايضا عين ماء تجرى وفى خارجه عين اخرى وبهذا الوادى عدّة معابد قديمة منهـا واد يقال له الاميلج فيه عين تجرى ونخيل مثمرة تاخذ العرب ثمرهـا وخـارج هذا الدير ملاحة يبيع رهبان الدير ملحها فيعمر تلك الجهات ❊

دير السيدة مريم خارج طنبدى ليس فيه سوى راهب واحد وهو على غير الطريق المسلوك، وكان باعمال البهنسا عدّة ديارات خربت ❊

دير بو فانا بحرى بنى خالد وهو مبنى بالحجر وعمارته حسنة وهو من اعمال المنية وكان به فى القديم الف راهب وليس به الان سوى راهبين وهو فى الحاجر تحت الجبل ❊

دير بالوجه على جنب المنهى وهو لاهل دجنة وهو من الاديرة الكبار وقد خرب حتى لم يبق فيه سوى راهب او راهبين وهو بازاه دجنة بينه وبينها نحو ساعتين ❊

دير مرقورة ويقال ابو مرقورة هذا الدير تحت دجنة بخارجها من شرقيها وليس به احد ❊

دير صنبو فى خارجها من بحريها على اسم السيدة مريم وليس به احد ❊

دير تادرس قبلى صنبو وقد تلاشى امره لانقطاع حال النصارى ❊

دير الريرمون فى شرق ناحية الريرمون وفى شرق ملّوى وغرق انصنا وهو على اسم الملك غبريل ❊

دير الحمرى تزعم النصارى ان المسيح عليه السلام اقام فى موضعه ستة اشهر وايامًا وله عيـد عظيم يعرف بعيد الزيتونة وعيد العنصرة يجتمع فيه خلق كبير ❊

دير بنى كلب عرف بذلك لنزول بنى كلب حوله وهو على اسم غبريال وليس فيه احد من الرهبان وانما هو كنيسة لنصارى منفلوط وهو غربيها ۞

دير الجاولية هذا الدير خارج ناحية الجاولية من قبليها وهو على اسم الشهيد مرقورس الذى يقال له مرقورة وعليه رزق محبسة وتاتيه النذورات والعوايد وله عيدان فى كل سنة ۞

دير السبعة جبال هذا الدير على راس الجبل الذى غربى سيوط على شاطى النيل ويعرف بدير بجنس القصير وله عدة اعياد وخرب فى سنة احدى وعشرين وثمانماية من منسر طرقه ليلًا ۞

بجنس ويقال ابو بجنس القصير كان راهبًا قصا له اخبار كثيرة منها انه غرس خشبة يابسة فى الارض بامر شيخه له وسقاها الماء مدة فصارت شجرة مثمرة ياكل منها الرهبان وسميت شجرة الطاعة ودفن فى ديره ۞

دير المطل هذا الدير على اسم السيدة مريم وهو على طرف الجبل تحت دير السبعة جبال قبالة سيوط وله عبد يحضره اهل النواحى وليس به احد من الرهبان ۞

اديرة أدرنكه اعلم ان ناحية ادرنكه هى من قرى النصارى الصعايد ونصاراها اهل علم فى دينهم وتفاسيرهم فى اللسان القبطى ولهم اديرة كثيرة فى خارج البلد من قبليها مع الجبل وقد خرب اكثرها وبقى منها دير بو جرج وهو على اسم البناه وليس به رهبان ويعمل فيه عيد فى اوانه ۞

دير ارض الحاجز ودير ميكابيل ودير كرفونه على اسم السيدة مريم ويقال له دير ارفونه والفرفونا ومعناه النسلخ فان نسلاخ علوم النصارى كانت فى القديم تقيم به وهو على طرف الجبل وفيه مغاير كثيرة منها ما يسير الماشى فيها نحو يومين ۞

دير بو بغام تحت دير كرفونه بالحاجز وقد كان بو بغام جنديًا فى ايام ديقلطيسانوس فتنصر وعذب حتى يرجع عن دينه ثم قتل فى ثمن عشرين كانون الاول وثلى كيهك ۞

دير بو ساويرس بحاجز ادرنكه كان على اسم السيدة مريم وكان ساويرس من عظمه الرهبان فعمل بطركا وظهرت اية عند موته وذلك انه انذرهم لمّا سار الى الصعيد بانه اذا مات ينشق الجبل ويقع منه قطعة عظيمة على الكنيسة فلا تضرّها فلمّا كان فى بعض الايّام سقطت قطعة من الجبل كما قال لعلم رهبان الدير ان ساويرس قد مات فارخوا ذلك فوجدوه وقد موته فسمّوا الدير حينئذ باسمه ۞

دير تادرس تحت دير بو ساويرس وساويرس وتادرس اثنان كلا من اجناد ديقلطيانوس احدهما يقال له قاتل التنين والاخر الاسفهسلار وقتلا كما قتل غيرها ۞

دير منشاك ويقال منساك وبنى ساك وايساك ومعنى ذلك اسحاق وكن على اسم السيدة ماريهام يعنى مار مريم ثم عرف بمنساك وكان راهبًا قديمًا له عندهم شهرة وبهذا الدير بئر تحته فى الحاجز منها شرب الرهبان فاذا زاد النيل شربوا من مائه ۞

دير الرسل تحت دير منساك ويعرف بدير الاثل وهو لاعمال بوتيج ودير منساك لاهل ريفه هو

ودير ساويرس ودير كرفونه لاهل سيوط ودير بو جرج لاهل ادرنكه ودير الاثل كان فى خراب فعمر
بجانبه كفر لطيف عرف بمنشاة الشيخ لان الشيخ ابا بكر الشاذلى انشاه وانشا بستانًا كبيرا
وقد وجد موضعه بئرًا كبيرة وجد بها كنزًا اخبرق من شاهد من ذهبه دنانير مربعة باحد
وجهيها صليب وزن الدينار مثقال ونصف، واديرة ادرنكه المذكورة قريب بعضها من بعض
وبينها مغاير عديدة منقوش على الواح فيها نقوشات من كتابة القدماه كما على البرانى وفى
مزخرفة بعدّة اصباغ ملونة تشمل على علوم شتى، ودير السبعة جبال ودير المطل ودير النساخ
خارج سيوط فى المغاير ويقال انه كان فى الحاجزين ثلاثمايه وستون ديرًا وان المسافر كان لا يزال
من البدرشين الى اصفون فى ظلّ البساتين وقد خرب تلك وبلاد اهله ۞

دير موشه وموشه خارج سيوط من قبليها بنى على اسم توما الرسول الهندى وهو بين الغيطان
قريب من ريفه وفى ايّام النيل لا يوصل اليه الا فى مركب وله اعياد والاغلب على نصارى هذه
الاديرة معرفة القبطى الصعيدى فهو اصل اللغة القبطية ويعدها اللغة القبطية البحيرية ونساء
نصارى الصعيد واولادم لا يكادون يتكلمون الّا بالقبطية الصعيدية ولم ايضا معرفة تامّة باللغة
الرومية ۞

دير بو مقروفه وابو مقروفة اسم للبلدة للك بها هذا الدير وهو منقور فى كهف للجبل وفيه عدة
مغاير وهو على اسم السيدة مريم وبمقروفة نصارى كثير غنامة ورعة اكثرم هم وفيهم قليل من
يقرا ويكتب وهو دير معطش۞

دير بو بغام خارج طما واهلها نصارى وكانوا قديمًا اهل علم، ۞

دير بو شنودة ويعرف بالدير الابيض وهو غربى ناحية سوهاى وبنساوه بالحجر وقد خرب ولم يبق
منه الّا كنيسة ويقال انه مساحة اربعة فدادين ونصف وربع والباقى منه نحو فدان وهو
دير قديم، ۞

الدير الاحمر ويعرف بدير بو بشاى وهو بحرى الدير الابيض بينهما نحو ثلاث ساعات وهو دير
لطيف مبنى بالطوب الاحمر وابو بشاى هذا من الرهبان المعاصرين شنودة وهو تلميذه وصار من
تحت يده ثلاثة الاف راهب وله دير اخر فى برية شيهات۞

دير بو ميساس ويقال بو مسيس واسمه موسى وهذا الدير تحت البلينسا وهو دير كبير وابو
مسيس هذا كان راهبًا من اهل البلينسا وله عندهم شهرة وهم ينذرونه فيزعمون فيه مزاعم، ولم
يبق بعد هذا الّا اديرة بحاجر اسنا ونقادة قليلة العمارة وكان باصفون دير كبير وكانت اصفون
من احسن بلاد مصر واكثر نواحى الصعيد فواكه وكانت رهبان ديرها معروفين بالعلم والمهارة
فخربت اصفون وخرب ديرها، وهذا اخر اديرة الصعيد وفى كلّها متلاشية آيلة الى الدثور بعد
كثرة عمارتها ووفور اعداد رهبانها وسعة ارزاقهم وكثرة ما كان يحمل اليهم۞

واما الوجه البحرى فكان فيه اديرة كثيرة خربت وبقى فيه منها بقية فكسان بتلقس خارج

القاهرة من بحريها عدّة كنايس هدمها للحاكم بامر الله ابو على المنصور فى تاسع عشر ذى الحجّة سنة ٣٩٣ واباح ما كان فيها فنهب منها شىء كثير جدًّا بعد ما امر فى شهر ربيع الاول منها بهدم كنايس راشدة خارج مدينة مصر من شرقيها وجعل موضعها للجامع المعروف براشدة ثم هدم ايضا فى سنة اربع وتسعين كنيستين هناك والزم النصارى بلبس السواد وشدّ الزنار وقبض على الاملاك التى كانت محبسة على الكنايس والاديرة وجعلها فى ديوان السلطان واحرق عدّة كثيرة من الصلبان ومنع النصارى من اظهار زينة الكنايس فى عيد الشعانين وتشدّد عليهم وضرب جماعة منهم وكانت بالروضة كنيسة بجوار المقياس فهدمها الملك الصالح نجم الدين ايوب فى سنة ثمان وثلاثين وستمساية، وكان فى ناحية ابو النمرس من الجيزة كنيسة قام فى هدمها رجل من الزبالعة لانه سمع اصوات النواقيس يجهر بها فى ليلة الجمعة بهذه الكنيسة فلم يتمكّن من ذلك فى الايّام الاشرفية شعبان بن حسين لتمكين الاقباط فى الدولة فقام فى ذلك مع الامير الكبير برقوق وهو يومئذ القايم بتدبير الدولة حتى هدمها على يد القاضى جمال الدين محمد العجمى محتسب القاهرة فى ثامن شهر رمضان سنة ثمانين وسبعماية وعملت مسجدًا ۞

دير الخندق ظاهر القاهرة من بحريها عمره القايد جوهر عوضًا عن دير هدمه فى القاهرة كان بالقرب من جوامع الاقر حيث البئر التى تعرف الان ببئر العظمة وكانت انّ ذاك تعرف ببئر العظام من اجل انه نقل عظامًا كانت بالدير وجعلها بدير الخندق ثم هدم دير الخندق فى رابع عشرين شوّال سنة ثمان وسبعين وستمساية فى الايّام المنصورية قلاوون ثم جدّد هذا الدير الذى هناك بعد ذلك وعمل كنيستين باق ذكرها فى الكنايس ان شاء الله تعالى۞

دير سرياقوس هذا الدير كان يعرف باق هور وله عيد يجتمع فيه الناس وكان فيه الاعجوبة ذكرها الشابشتى وهو ان من كان به خنازير اخذه رئيس هذا الدير واضجعه وجاءه بخنزير فلحس موضع الوجع ثم اكل الخنازير التى فيه فلا يتعدّى ذلك الى الموضع الصحيح فاذا نظف الموضع ترّ عليه رئيس الدير من رماد خنزير فعل مثل هذا الفعل من قبل ودهنه بزيت قنـديـل البيعة فانه يبرا ثم يوخذ هذا للخنزير الذى اكل خنـازير العليل فيذبح ويحرق ويعدّ رماده لمثل هذه الحـالة فكـان لهذا الدير دخل عظيم ممّن يبرا من هذه العلّة وفيه خلق مـن النصارى ۞

دير اتريب ويعرف بمارت مريم وله عيد فى حادى عشرين بونه وذكر الشابشتى ان حمامة بيضاء تاتى فى ذلك العيد فتدخل المذبح لا يدرون من اين جاءت ولا يرونها الّا يوم مثله، قلت تلاشى امر هذا الدير حتى لم يبق به الّا ثلاثة من الرهبان لكنّهم يجتمعون فى عيده وهو على شاطى النيل قريب من بنّها العَسَل۞

دير المغطس عند الملاحات قريب من بحيرة البرلس وتحجّ اليه النصارى من قبلى ارض مصر

وبحريها مثل حجّتهم الى كنيسة القيسامة وذلك يوم عيده وهو فى بشنس ويسمونه عيد الظهور من اجل انهم يزعمون ان السيدة مريم تظهر لهم فيه ولهم فيه مزاعم كلها من تكاذيبهم المختلقة وليس بحذاه هذا الدير عمارة سوى منشاة صغيرة فى قبليه بشرق ويقربه الملاحة للّه يوخذ منها الملح الرشيدى وقد هدم هذا الدير فى شهر رمضان سنة احدى واربعين وثمانماية بقيام بعض الفقراء المعتقدين،

دير العسكر فى ارض السبساخ على يوم من دير المغطس على اسم الرسل ويقربه ملاحة الملح الرشيدى ولم يبق به سوى راهب واحد۞

دير جميانه على اسم بو جرج قريب من دير العسكر على ثلاث ساعات منه وعيده عقيب دير المغطس وليس به الآن احد۞

دير الميمة بالقرب من دير العسكر كانت له حسالات جليلة ولم يكن فى القديم دير بالوجه البحرى اكثر رهبانًا منه الّا انه تلاشى امره وخرب فنزله للجيش وعمروه وليس بالسبساخ سوى هذه الاربعة اديرة۞

واما وادى هبيب وهو واذى النطرون ويعرف ببرية شيهات وببرية الاسقط وميزان القلوب فانه كان بها فى القديم ماية دير ثم صارت سبعة معتنقة غربًا على جانب البرية القاطعة بين بلاد البحيرة والفيوم وهى فى رمال منقطعة وسباخ مالحة وبرارى معطشة وقفار مهلكة وشراب اهلها من حفاير وتحمل النصارى اليهم النذور والقرابين وقد تلاشت فى هذا الوقت بعد ما ذكر مورّخوا النصارى انه خرج الى عمرو بن العاصى من هذه الاديرة سبعون الف راهب بيد كلّ واحد عكّاز فسلموا عليه وانه كتب لهم كتابًا هو عندهم، ومنها

دير بو مقار الكبير وهو دير جليل عندهم وبخارجه اديرة كبيرة خربت وكان دير النساك فى القديم ولا يصحّ عندهم بطركية البطرك حتى يجلسوه فى هذا الدير بعد جلوسه بكرسى سكندرية ويذكر انه كان فيه من الرهبان الف وخمسماية لا تزال مقيمة به وليس به الآن الّا قليل منهم، والمقارات ثلاثة اكبرهم صاحب هذا الدير بو مقار الاسكندرانى ثم ابو مقار الاسقف وهذه الثلاثة قد علفت رمهم فى ثلاثة انابيب من خشب تزورها نصارى الدير وبه ايضا الكتاب الذى كتبه عمرو بن العاصى لرهبان وادى هبيب بخزانة نواحى الوجه البحرى على ما اخبرنى من اخبر برويته فيه، ابو مقار الاكبر هو مقاريوس اخذ الرهبانية من انطونيوس وهو اول من ليس عندهم القلنسوة والاشكيم وهو سير من جلد فيه صليب يتوشّح به الرهبان فقط ولقى انطونيوس بالجبل الشرقى من حيث دير العربة واقام عنده مدّة ثم البسه لباس الرهبانية وامره بالمسير الى وادى النطرون ليقيم هناك ففعل ذلك واجتمع عنده الرهبان الكثيرة العدد وله عندهم فضايل عديدة منها انه كان لا يصوم الاربعين الّا طاويًا فى جميعها لا يتناول غذًا ولا شرابًا البتّة مع قيام ليلها وكان يعمل لخوص ويتقوت منه ولا اكل خبزًا رطبًا قط بل ياخذ

البراقيس فيبيلها فى نقاعة للخوص ويتناول منها هو ورهبانه ما يمسكه الريق من غير زيادة هذا قوتهم مدّة حياتهم حتى مضوا لسبيلهم، واما ابو مقار الاسكندرانى فانه سامع من الاسكندرية الى مقاريوس المذكور وترقب على يديه ثم كان ابو مقار الثالث وصار اسقفاً ۞

دير بو يحنس القصير يقـال انه عمر فى آيام قسطنطين بن هيلانى ولانى يحنس هذا فصـايـل مذكورة وهو من اجلّ الرهبان وكان لهذا الدير حسـالات شهيرة وبه طوايف من الرهبـان ولم يبق به الآن آلا ثلاثة رهبان ۞

دير يحنس كما ودير اليـاس عليه السلام وهو دير للحبش وقد خرب دير يحنس كمـا ودير الياس اكلت الارضة اخشابهما فسقطا وصار للحبش الى دير سيدة بو يحنس القصير وهو دير لطيف بجوار بو يحنس القصير، وبالقرب من هذه الاديرة دير انبـا نوب وقد خرب هذا الدير ايضا، انبا نوب هذا من اهل سمنود قتل فى الاسلام وعمل جسده فى بيت بسمنود، دير الارمن قريب من هذه الاديرة وقد خرب، وبجوارها ايضا دير بو بشاى وهو دير عظيم عندهم من اجل ان بشاى هذا كان من الرهبان الذين فى طبقة مقاريوس ويحنس القصير وهو دير كبير جدّاء، دير بازاه دير بو بشاى كان بيد اليعاقبة ثم ملكته الرهبان السريان من نحو ثلاثمايه سنة وهو بايديهم الان ومواضع هذه الاديرة يقال لها بركة الاديرة ۞

دير سيدة برموس على اسم السيدة مريم فيه بعض رهبان وبازائه دير موسى ويقال ابو موسى الاسود ويقـال برموس وهذا الدير لسيدة برموس اسم الدير وله قصّة حـاصلهـا ان مكسيموس ودوماديوس كانا ولدى ملك الروم وكان لهما معلم يقال له ارسانيوس فصار المعلم من بلاد الروم الى ارض مصر وعبر برية شيهات هذه وترقب بها واقام بها حتى مات وكان فاضلا واتاه فى حياته ابنا الملك المذكوران وترقبا على يديه فلمّا ماتا بعث ابوها فبنا على اسمهمـا كنيسة برموس، وابو موسى الاسود كان لصـا فاتكـًا فتل مايه نفس ثم انه تنصّر وترقب وصنّف عدة كتب وكان ممّن يطوى الاربعين فى صومه وهو بربرى ۞

دير الزجّاج هذا الدير خارج مدينة الاسكندرية ويقـال له الهـابطون وهو على اسم بو جرج الكبير ومن شرط البطرك انه لا بدّ ان يتوجّه من المعلقة بمصر الى دير الزجـاج هذا ثم انهم فى هذا الزمان تركوا ذلك ۞

فهذه اديرة اليعاقبة وللنساء ديارات تختصّ بهن فنها دير الرهبانات بحارة زويلة من القاهرة وهو دير عامر بلابكار المترهبات وغيرهن من نساء النصارى، دير البنات بحارة الروم بالقاهرة عامر بالنساء المترهبات، دير المعلقة بمدينة مصر وهو اشهر ديارات النساء عامر بهن ۞

دير بربارة بمصر جوار كنيسة بربارة عامر بالبنـات المترهبـات، بربارة كانت قدّيسـة فى زمان ديقلطيانوس فعذبها لترجع عن ديانتها وتسجد للاصنام فثبتت على دينها وصبرت على عذاب شديد وهى بكر لم يمسها رجل فلما بيس منها ضرب عنقها وعنق عدة من النساء معها ۞

وللنصارى الملكية قلاية بطركهم بجوار كنيسة ميكايل بالقرب من جسر الافرم خارج مصر وفى مجمع الرهبان الواردين من بلاد الروم ﷽

دير بخنس القصير المعروف بالقصير وصوابه عندهم دير القصير على وزن شهيد وحرف فقيل دير القصير بضم القاف وفتح الصاد وتشديد الياء فسماء المسلمون دير القصير بضم القاف وفتح الصاد واسكان الياء اخر لخروف كانه تصغير قصر واصله كما عرفتك دير القصير الذى هو ضد الطويل وسمى ايضا دير هرقل ودير البغل وقد تقدم ذكره وكان من اعظم ديارات النصارى وليس به الان سوى واحد يحرسه وهو بيد الملكية ﷽

دير الطور قال ابن سيدة الطور لجبل وقد غلب على طور سينا جبل بالشام وهو بالسريانية طورى والنسب اليه طورى وطوراى ، وقال ياقوت طور سبعة مواضع الاول طور زيتا بلفظ الزيت من الادهان مقصور علم لجبل بقرب راس عين الثلث طور زيتا ايضا جبل بالبيت المقدس وهو شرق سلوان الثالث طور علم لجبل بعينه مطل على مدينة طبرية بلاردن الرابع الطور علم لجبل كورة تشتمل على عدة قرى بارض مصر من لجهة القبلية بين مصر وجبل فاران لخامس طور سينا اختلفوا فقيل هو جبل بقرب ايلة وقيل جبل بالشام وقيل سينا حجارته وقيل شجر فيه السادس طور عبدين بفتح العين وسكون البساء الموحدة وكسر الدال المهملة وياء اخر لخروف ونون اسم لبلدة من نواحى نصيبين فى بطن لجبل المشرف عليها المتصل بجبل جودى السابع طور هارون اخى موسى عليهما السلام ، وقال الواحدى فى تفسيره وقال الكلبى وغيره ولجبل فى قوله تعالى ولكن انظر الى الجبل اعظم جبل بمدين يقال له زبير وذكر الكلبى ان الطور سمى بيطرون بن اسماعيل قال السهيلى فلعله محذوف الياء ان كان صح ما قاله وقال عمر بن شيبة اخبرنى عبد العزيز عن ابى معشر عن سعيد بن ابى سعيد عن ابيه عن ابى هريرة رضه قال قال رسول الله صلعم اربعة انهار فى لجنة واربعة اجبل واربعة ملاحم فى لجنة فاما الانهار فسيحان وجيحان والنيل والفرات واما الاجبل فالطور ولبنان واحد وورقان وسكت عن الملاحم ، وعن كعب الاحبار معاقل المسلمين ثلاثة فمعقلهم من الروم دمشق ومعقلهم من الدجال الاردن ومعقلهم من ياجوج وماجوج الطور وقال شعبة عن ارطاة بن المنذر اذا خرج ياجوج وماجوج اوحى الله تعالى الى عيسى بن مريم عليه السلام انى قد اخرجت خلقا من خلقى لا يطيقهم احد غيرى فر بعن معك الى جبل الطور فيمر ومعه من الذرارى اثنا عشر الفا ، وقال طلق بن حبيب عن زرعة اردت لخروج الى الطور فاتيت عبد الله بن عمرو رضى الله عنهما فقلت له فقال انما تشد الرحال الى ثلاثة مساجد الى مسجد رسول الله صلعم والمسجد لحرام والمسجد الاقصى فدع عنك الطور فلا تاته ، وقال القاضى ابو عبد الله محمد بن سلامة القضاعى وقد ذكر كور ارض مصر ومن كور القبلية قرى الحجاز وفى كورة الطور وفاران وكورة راية والقلزم وكورة ايلة وحيزها ومدين وحيزها والعويد والحوراء وحيزها ثم كورة بدا وشغب ، قلت لا خلاف

بين علماء الاخبار من اهل الكتاب ان جبل الطور هذا هو الذى كلم الله تعالى عليه نبيّه موسى عليه السلام او عنده وبه الى الان دير بيد الملكية وهو عامر وفيه بستان كبير فيه نخل وعنب وغير ذلك من الفواكه وقال الشابشتى وطور سينا هو الجبل الذى تجلى فيه النور لموسى عليه السلام وفيه صعق والدير فى اعلا الجبل مبنى بحجر اسود عرض حصنه سبعة اذرع وله ثلاثة ابواب حديد وفى غربيه باب لطيف وقدامه حجر القيم اذا ارادوا رفعه رفعوه واذا قصدهم احد ارسلوه فانطبق على الموضع فلم يعرف مكان الباب وداخل الدير عين ماء وخارجه عين اخرى وزعم النصارى ان به ناراً من انواع النار كلّك كانت ببيت المقدس يقد وزن منها فى كل عشية وفى بيضاه لطيفة ضعيفة للحرّ لا تحرق ثم تقوى اذا اوقد منها السراج وهو عامر بالرهبان والناس يقصدونه وهو من الديارات الموصوفة قال ابن عامر فيه

يا راهب الدير ما ذا العمود والنور   فقد اضاء بما فى ديرك الطور

هل حلّت الشمس فيه دون ابرجها   او غيب البدر عنه وهو مستنور

فقــــال ما حلّـه شـــمـــس ولا قمـر   لكن يقرب فيه اليوم قسوريس،

قلت ذكر مؤرخوا النصارى ان هذا الدير امر بعمارته يوسطنيانوس ملك الروم بقسطنطينية فعمل فيه حصن فوقه عدة قلالى واقيم فيه للحرس لحفظ رهبانه من قوم يقال لهم بنو صالح من العرب وفى ايام هذا الملك كان الجمع الخامس من مجامع النصارى وبينه وبين القلزم وكانت مدينة طريقان احدها فى البرّ والاخر فى البحر وهما جميعـًا مؤديان الى المدينة فاران وهى من مدابين السالفة ثم منها الى الطور مسيرة يومين ومن مدينة مصر الى القلزم ثلاثة ايام ويصعد فى جبل الطور بستة الاف وستمائة وست وستين مرقاة وفى نصف الجبل كنيسة لايليا النبى وفى قلته كنيسة على اسم موسى عليه السلام بالسـاطين من رخـــام وابواب من صفر وهو الموضع الذى كلم الله تعــالى فيه موسى وقطع منه الالواح ولا يكون فيهـــا الّا راهب واحد للخدمـــة ويزعمون انه لا يقدر احد ان يبيت فيها بل يجىى له موضع من خــــارج يبيت فيه ولم يبق لهاتين الكنيستين وجود،

دير البنات بقصر الشمع بمصر وهو على اسم بو جرج وكان مقيــاس النيل قبل الاسلام وبه اثر للملك الى اليوم، فهذا ما للنصارى اليعاقبة والملكية رجالهم ونسائهم من الديارات بارض مصر قبليها وبحريها وعدّتنها ستة وثمانون ديرًا منها لليعاقبة اثنان وثمــانون ديرًا وللملكية اربـــع ديرات

ذكر كنايس النصارى

قال الازهرى كنيسة اليهود جمعها كنايس وهو معربة اصلها كنشت انتهى وقد نطقت العرب
بذكر الكنيسة قال العباس بن مرداس السلمى

يدورون فى فى ظل كل كنيسة   وما كان قومى يبيتون الكنايس

وقال ابن قيس الرقيّات   كانها دمية مصورة فى بيعة من كنايس ،

كنيستا الخندق ظاهر القاهرة احداهما على اسم غبريال الملك والاخرى على اسم مرقوريوس
وعرفت بروبيس وكان راهبًا مشهورًا بعد سنة ثمانماية وعند هاتين الكنيستين يقبر النصارى
موتاهم وتعرف بمقبرة الخندق وعمرت هاتان الكنيستان عوضًا عن كنايس المقس فى الايام
الاسلامية ۞

كنيسة حارة زويلة بالقاهرة كنيسة عظيمة عند النصارى اليعاقبة وهى على اسم السيدة مريم
وزعموا انها قديمة تعرف بالحكيم زابلون وكان قبل الملّة الاسلامية بنحو مايتين وسبعين سنة وانه
صاحب علوم شتى وان له كنزًا عظيمًا يتوصّل البد من بئر هناك ۞

كنيسة تعرف بالمغيثة بحارة الروم من القاهرة على اسم السيدة مريم وليس لليعاقبة بالقاهرة
سوى هاتين الكنيستين وكان بحارة الروم ايضا كنيسة اخرى يقال لها كنيسة بربارة فهدمت فى
سنة ٧١٨ وسبب ذلك ان النصارى رفعوا قصّة للملك الناصر محمد بن قلاوون يسالون الاذن فى
اعادة ما تهدم بها فاذن لهم فى ذلك فعمروها احسن ما كانت فغضب طايفة من المسلمين ورفعوا
قصّة للسلطان بان النصارى احدثوا بجانب هذه الكنيسة بناء لم يكن فيها فرسم للامير علم
الدين سنجر للخازن والى القاهرة بهدم ما جددوه فركب وقد اجتمع للخلايق فبسادروا وهدموا
الكنيسة كلها فى اسرع وقت واقاموا فى موضعها محرابًا واذنوا وصلّوا وقرووا القران كل ذلك بايديهم
فلم يكن معارضتهم خشية الفتنة فاشتدّ الامر على النصارى وشكوا امرهم للقاصى كريم الدين
ناظر الخاص فقام وقعد لدين اسلافه وما زال بالسلطان حتى رسم بهدم المحراب فهدم وصار
موضعه كوم تراب ومضى للحال على ذلك ۞

كنيسة بو منا هذه الكنيسة قريبًا من السدّ فيما بين الكيمان بطريق مصر وهى ثلاث كنايس
متجاورة احداها لليعاقبة والاخرى للسريان واخرى للارمن ولها عيد فى كل سنة يجتمع البهها
النصارى ۞

كنيسة المعلقة بمدينة مصر فى خط قصر الشمع على اسم السيدة وهى جليلة القدر عندهم وهى
غير القلاية اللق تقدم ذكرها ۞

ع

كنيسة شنودة بمصر نسبت لابى شنودة الراهب القديم وله اخبار منها انه كان ممن يطوى الاربعين اذا صام وكان تحت يده ستة الاف راهب يتقوت هو وايامم من عمل الخوص وله عـدة مصنفات ۞

كنيسة مريم بجوار كنيسة شنودة هدمها على بن سليمان بن على بن عبد الله بن عبّاس امير مصر لمّا ولّى من قبل امير المومنين الهادى موسى فى سنة ١٦٩ وهدم كنايس محرس قسطنطين ويذل له النصارى فى تركها خمسين الف دينار فامتنع فلمّا عزل موسى بن عيس بن موسى بن محمد بن على بن عبد الله بن عباس فى خلافة هرون الرشيد اذن موسى بن عيسى للنصارى فى بنيان الكنايس للك هدمها على بن سليمان فبنيت كلّها بمشورة الليث بن سعد وعبد الله ابن لهيعة وقالا هو من عمارة البلاد واحتجّـا بان الكنـايس بمصر لم تبن الا فى الاسلام فى زمن الصحابة والتابعين ۞

كنيسة بو جرج الثقة هذه الكنيسة بدرب بخطّ قصر الشمع بمصر يقال له درب الثقة وبجوارها كنيسة سيدة بو جرج ۞

كنيسة بربارة بمصر كبيرة جليلة عندهم وهى تنسب الى القديسة بربارة الراهبة وكان فى زمانـهـا راهبتان ابكار هما ايسى وتكلة ويعمل لهن عيد عظيم بهذه الكنيسة بحضرة البطريق ۞

كنيسة بو سرجة بالقرب من بربارة بجوار زاوية ابن النعمان فيها مغارة يقال ان المسيح وامّه مريم عليهما السلام جلسا فيها ۞

كنيسة بابليون فى قبلى قصر الشمع بطريق جسر الافرم هذه الكنيسة قديمة جدًّا وهى لطيفة يذكر ان تحتها كنز بابليون وقد خرب ما حولها ۞

كنيسة تاودورس الشهيد بجوار بابليون نسبت للشهيد تاودورس الاسفهسلار ۞

كنيسة بو منا بجوار بابليون ايضا وهاتان الكنيستان مغلوقتان لخراب ما حولهما ۞

كنيسة بو منا بالحمراه وتعرف للحمراه اليوم بخطّ قناطر السبـاع فيمـا بين القاهره ومصر واحدثت هذه الكنيسة فى سنة سبع عشرة وماية من سنى الهجرة باذن الوليد بن رفاعة امير مصر فغضب وهيب اليحصبى وخرج على السلطان وجـاء الى ابن رفاعة ليفتكه به فاخذ وقتل وكان وهيب مدربا من اليمن قدم الى مصر لخرج القرا على الوليد بن رفاعة غصبًا لوهيب وقاتلوه وصارت معونة امراة وهيب تطوف ليلا على منازل القرا تحرضهم على الطلب بدمه وقد حلقت راسها وكانت امراة جزلة فاخذ ابن رفاعة ابا عيسى مروان بن عبد الرحمن اليحصبى بالقرا فاعتذر وصلى ابن رفاعة عنهم فسكنت الفتنة بعد ما قتل جماعة، ولم تزل هذه الكنيسة بالحمراه الى ان كانت واقعة هدم الكنايس فى الايام الناصرية محمد بن قلاوون على ما يانى ذكر ذلك ان شاء الله تعالى ۞

ذكر كنيسة الزهرى

وللخبر عن هدم كنايس أرض مصر وديارات النصارى فى وقت واحد،
كنيسة الزهرى كانت فى الموضع الذى فيه اليوم البركة الناصرية بالقرب من قناطر السبع فى بر
الخليج الغربى غربى اللوق واتفق فى امرها عدّة حوادث وذلك ان الملك الناصر محمد بن
قلاوون لما انشا ميدان المهارى المجاور لقناطر السبع فى سنة ٧٢٠ قصد بناء زريبة على النيل
الاعظم بجوار الجامع الطيبرسى فامر بنقل كوم تراب كان هناك وحفر ما تحته من الطين لاجل
بناء الزريبة واجرى الماء الى مكان للحفر وصار يعرف الى اليوم بالبركة الناصرية وكان الشروع فى
حفر هذه البركة من اخر شهر ربيع الاول سنة ٧٢١ فلما انتهى الحفر الى جانب كنيسة الزهرى
وكان بها كثير من النصارى لا يزالون مقيمين فيها وبجوانبها ايضا عدة كنايس فى الموضع
الذى يعرف اليوم بحكر اقبغا ما بين السبع سقايات وقنطرة السد خارج مدينة مصر فاخذ
الفعلة فى الحفر حول كنيسة الزهرى حتى ثبتت قايمة فى وسط الموضع الذى عيّنه السلطان
ليحفر وهو اليوم البركة الناصرية وزاد الحفر حتى تعلقت الكنيسة وكان القصد فى ذلك ان
تسقط من غير قصد لخرابها وصارت العامة من غلمان الامراه العساكين فى الحفر وغيرهم كل وقت
يصرخون على الامراه فى طلب هدمها وهم يتغافلون عنهم الى ان كان يوم الجمعة التاسع من شهر
ربيع الاخر من هذه السنة وقت اشتغال الناس بصلاة الجمعة والعمل من الحفر بطمال تجمع عدة
من غوغساه العامة بغير مرسوم السلطان وقالوا بصوت عل مرتفع الله اكبر ووضعوا ايديهم
بالمساحى ونحوها فى كنيسة الزهرى وهدموها حتى بقيت كوما ونهبوا من كان فيها من
النصارى واخذوا جميع ما كان فيها، وهدموا كنيسة بومنا لك كانت بالحمراه وكانت معظمة
عند النصارى من قديم الزمان وبها عدة من النصارى قد انقطعوا فيها وتحمل اليهم نصارى
مصر ساير ما تحتاج البد وتبعث اليها بالنذور الجليلة والصدقات الكثيرة فوجد فيها مال كثير
ما بين نقد ومصاغ وغير ذلك وتسلّق العامة الى اعلاها وفتحوا ابوابها واخذوا منها مالا
وقماشا وجرار خمر فكان امرا مهولاً، ثم مضوا من كنيسة الحمراه بعد ما هدموها الى كنيستين
بجوار السبع سقايات تعرف احداها بكنيسة البنات كان يسكنها بنات النصارى وعدة من
الرهبان فكسروا ابواب الكنيستين وسبوا البنات وكن زيادة على ستين بنتًا واخذوا ما عليهن
من الثياب ونهبوا ساير ما ظفروا به وحرقوا وهدموا تلك الكنايس كلّها،
هذا والناس فى صلاة الجمعة فعند ما خرج الناس من الجوامع شاهدوا دخانًا كبيرًا من كثرة الغبار
ودخان الحريق ومرج الناس وشدّة حركاتهم ومعظم ما نهبوه مما شبه الحمال لهوله الا بيوم القيمة،
وانتشر الخبر وطار الى الرميلة تحت قلعة الجبل فسمع السلطان ضجة عظيمة ورجة منكرة
اوهمته فبعث لكشف الخبر فلما بلغه ما وقع انزعج انزعاجًا عظيمًا وغضب من تجرى العامة
واقدامهم على ذلك بغير امره، وامر الامير ايدغمش امير اخور ان يركب بجماعة الاوشاقية

ويتدارك هذا الخلل ويقبض على من فعله ، فاخذ ايدغمش يتهيا للركوب واذا بالخبر قد ورد من القاهرة ان العامة ثارت فى القاهرة وخربت كنيسة بحارة الروم وكنيسة بحارة زويلة وجاء الخبر من مدينة مصر ايضا بان العامة قامت بمصر فى جمع كثير جدًا وزحفت الى كنيسة المعلقة بقصر الشمع فاغلقها النصارى وهم محصورون بها وهى على ان توخذ فتزايد غضب السلطان وهمّ ان يركب بنفسه ويبطش بالعامة ثم تاخر لما راجعه الامير ايدغمش ونزل من القلعة فى اربعة من الامراء الى مصر وركب الامير بيبرس الحاجب والامير الماس الحاجب الى موضع الخفر وركب الامير طينال الى القاهرة وكلّ منهم فى عدة وافرة ، وقد امر السلطان بقتل من قدروا عليه من العامة بحيث لا يعفو عن احد فقامت القاهرة ومصر على ساق وفرّت النهابة فلم يظفر الامراء منهم الا بمن عجز عن الحركة بما غلبه من السكر بالخمر الذى نهب من الكنايس ولحق الامير ايدغمش بمصر وقد ركب الوالى الى المعلقة قبل وصوله لخرج من زقاق المعلقة من حصر للنهب فاخذه الرجم حتى فر منهم ولم يبق الا ان يحرق باب الكنيسة فجرّد الامير ايدغمش ومن معه السيوف يريدون الفتك بالعامة فوجد عالمًا لا يقع عليه حصر وخاف سوء العاقبة فامسك عن القتل وامر اصحابه بارجاف العامة من غير اهراق دم ونادى منادية من وقف حلّ دمه ففرّ ساير من اجتمع من العامة وتفرقوا وصار ايدغمش واقفًا الى اذان العصر خوفًا من عود العامة ثم مضى والزم والى مصر ان يبيت باعوانه هناك وترك معه خمسين من الاوشاقية ، واما الامير الماس فانه وصل الى كنايس الحمره وكنايس الزهرى ليتداركها فاذا بها قد بقيت كيمانًا ليس فيها جدار قايم فعاد وعاد الامراء فردوا الخبر على السلطان وهو لا يزداد الّا حنقًا بما زالوا به حتى سكن عنه &

وكان الامر فى هدم هذه الكنايس عجبًا من العجب وهو ان الناس لما كانوا فى صلاة الجمعة من هذا اليوم بجامع قلعة الجبل فعند ما فرغوا من الصلاة قام رجل مولّه وهو يصيح من وسط الجامع اهدموا الكنيسة لله فى القلعة اهدموها واكثر من الصياح المزعج حتى خرج من الحدّ ثم اصطرب فتعجّب السلطان والامراء من قوله ورسم لبقية الجيوش والحاجب بالفحص عن ذلك فمضى من الجامع الى خرايب النتر من القلعة فاذا فيها كنيسة قد بنيت فهدموها ولم يفرغوا من هدمها حتى وصل الخبر بواقعة كنايس الحمراء والقاهرة فكثر تعجّب السلطان من ذلك الفقير وطلب ولم يوقف له على خبر ، واتفق ايضا بالجامع الازهر ان الناس لما اجتمعوا فى هذا اليوم لصلاة الجمعة اخذ شخص من الفقراء مثل الرعدة ثم قام بعد ما اذن قبل ان يخرج الخطيب وقال اهدموا كنايس الطغيان والكفرة نعم الله اكبر فتح الله ونصر وصار يوجع نفسه ويصرخ الى الاساس الى الاساس فاحدى الناس النظر اليه ولم يدروا ما خبره وافترقوا فى امره فقابل هذا مجنون وقابل هذا اشارة بشىء ، فلما خرج الخطيب امسك عن الصياح وطلب بعد انقضاء الصلاة فلم يوجد وخرج الناس الى باب الجامع فراوا النهابة ومعهم اخشاب

الكنايس وثياب النصارى وغير ذلك من النهوب فسالوا عن الخبر فقيل قد نادى السلطان بخراب الكنايس فظنّ الناس الامر كما قيل حتى تبين بعد قليل ان الامر انما كان من غير امر السلطان وكان الذى هدم فى هذا اليوم من الكنايس كنيسة بحارة الروم وكنيسة بالبندقانيين وكنيستان بحارة زويلة۞

وفى يوم الاحد الثالث من يوم الجمعة الثانى فيه هدم كنايس القاهرة ومصر ورد الخبر من الامير بدر الدين بيليك المحسنى والى الاسكندرية بانه لما كان يوم الجمعة تاسع ربيع الاخر بعد صلاة الجمعة وقع فى الناس هرج وخرجوا من الجامع وقد وقع الصباح هدمت الكنايس فركب المملوك من فوره فوجد الكنايس قد صارت كوماً وعدّتها اربع كنايس وان بطاقة وقعت من والى البحيرة بان كنيستين فى مدينة دمنهور هدمتا والناس فى صلاة الجمعة من هذا اليوم فكثر التعجب من ذلك الى ان ورد فى يوم الجمعة السادس عشرة الخبر من مدينة قوص بان الناس عند ما فرغوا من صلاة الجمعة فى اليوم التاسع من شهر ربيع الاخر قام رجل من الفقراء وقال يا فقراء اخرجوا الى هدم الكنايس وخرج فى جمع من الناس فوجدوا الهدم قد وقع فى الكنايس فهدمت ست كنايس كانت بقوص وما حولها فى ساعة واحدة، وتواتر الخبر من الوجه القبلى والوجه البحرى بكثرة ما هدم فى هذا اليوم وقت صلاة الجمعة وما بعدها من الكنايس والاديرة فى جميع اقاليم مصر كلّه ما بين قوص واسكندرية ودمياط فاشتدّ حنق السلطان على العامة خوفاً من فساد الحال واخذ الامراء فى تسكين غضبه وقالوا هذا الامر ليس من قدرة البشرية فعله ولسو اراد السلطان وقوع ذلك على هذه الصورة لما قدر عليه وما هذا الّا امر الله سبحانه ومقدره لما علم من كثرة فساد النصارى وزيادة طغيانهم ليكون ما وقع نقمة وعذاباً لهم، هذا والعامة بالقاهرة ومصر قد اشتدّ خوفهم من السلطان لما كان يبلغهم عنه من التهديد لهم بالقتل فغرّ عدّة من الاوباش والغوغاء واخذ القاضى فخر الدين ناظر الجيوش فى توجيع السلطان عن الفتك بالعامة وسياسة الحال معه واخذ كريم الدين الكبير ناظر الخاص بغريه بهم الى ان اخرجه السلطان الى الاسكندرية بسبب تحصيل المال وكشف الكنايس التى خربت بها۞

فلم يمض سوى نحو شهر من يوم هدم الكنايس حتى وقع الحريق بالقاهرة ومصر فى عدة مواضع وحصل فيه من الشناعة اضعاف ما كان من هدم الكنايس فوقع الحريق فى ربع بخطّ الشوّابين من القاهرة فى يوم السبت عاشر جمادى الاولى وسرت النار الى ما حوله واستمرت الى اخر يوم الاحد فتلف فى هذا الحريق شىء كثير، وعند ما اطفى وقع الحريق بحارة الديلم فى زقاق العريشة بالقرب من دور كريم الدين ناظر الخاص فى خامس عشرين جمادى الاولى وكانت ليلة شديدة الريح فسرت النار من كل ناحية حتى وصلت الى بيت كريم الدين وبلغ ذلك السلطان فانزعج انزعاجا عظيماً لما كان هناك من الحواصل السلطانية وسيّر طايفة من الامراء لاطفائه فجمعوا الناس لاطفائه وتكاثروا عليه وقد عظم الخطب من ليلة الاثنين الى ليلة الثلاثا

فتزايد المحال فى اشعال النار وعجز الامراء والناس عن اطفائها لكثرة انتشارها فى الاماكن وقوّة الربيع لكن القت بلسقات النخل وغرقت المراكب فلم يشك الناس فى حريق القاهرة كلّها وصعدوا الموائن وبرز الفقراء واهل الخير وضجّوا بالتكبير والدعاء وحاروا وكثر صراخ النـاس وبكاؤهم وصعد السلطان الى اعلا القصر فلم يتمـالك الوقوف من شدّة الريح واستمر الحريق والاسحتثاث يرد على الامراء من السلطان فى اطفائه الى يوم الثلاثا فنزل نايب السلطان ومعه جميع الامراء وساير السقايين ونزل الامير بكتمر الساقى وكان يوماً عظيمـاً لم ير اعظم منه ولا اشد هولً ووكل بابواب القاهرة من يرد السقايين اذا خرجوا من القاهرة لاجل اطفاه النار فلم يبق احد من سقايين الامراء وسقايين البلد الّا وعمل وصاروا بنقلون الماء من المدارس والحمامات واخذ ساير النجارين وجميع البنايين لهدم الدور فهدم فى هذه النوبة ما شاء الله من الدور العظيمة والرباع الكبيرة وعمل فى هذا الحريق اربعة وعشرين اميرًا من الامراء المقدمين سوى من عداهم من الامراء الطبلخانات والعشراوات والمماليك وعمل الامراء بانفسهم فيه وصار المـاء من باب زويلة الى حارة الديلم فى الشارع بحرًا من كثرة الرجال والجمال لكن تحمل المـاء ووقف الامير بكتمر الساقى والامير ارغون النايب على نقل الحواصل السلطانية من بيت كريم الدين الى بيت ولده بدرب الرصاص وخربوا ستّة عشر دارًا من جوار الدار وقبالتهـا حتى تمكّنوا من نقل الحواصل، فما هو الا ان كمل طفى الحريق ونقل الحواصل واذا بـالحريق قد وقع فى ربع الظاهر خارج باب زويلة يشتمل على مايّة وعشرين بيتًا وتحته قيساربة تعرف بقيساربة الفقراء وهبّ مع الحريق ريح قوية فمركب الحاجب والوالى لاطفايه وهدموا عدّة دور من حوله حتى انطفـاء فوقع فى ثانى يوم حريق بدار الامير سلار فى خطّ بين القصرين ابتـدا مـن البادهنج وكان ارتفاعه عن الارض ماية ذراع بالعمل فوقع الاجتهاد فيه حتى اطفى ۞

فامر السلطان الامير علم الدين سجر للخازن والى القاهرة والامير ببيبرس الحاجب بـالاحتراز واليقظة ونودى بان يعمل عند كلّ حانوت دنّ فيه ماه او زير مملوة بماه وان يقام مثل ذلك فى جميع الحـارات والازقة والدروب فبلغ ثمن كلّ دنّ خمسة دراهم بعد درهم وثمن الزير ثمانية دراهم، ووقع حريق بحـارة الروم وفى عدّة مواضع حتى انه لم يخل يوم من وقوع الحريـق فى موضع فتنبه الناس لما نزل بهم وظنّوا انه من افعال النصارى وذلك ان النار كانت ترا فى منابر الجوامع وحيطـان المسـاجد والمدارس فاستعدوا لحريق وتتبعوا الاحوال حتى وجدوا هـذا الحريق من نفط قد الق عليه من خرق مبلولة بزيت وقطران ۞

فلمّا كان فى ليلة الجمعة النصف من جمادى قبض على راهبين عند مـا خرجـا من المدرسة الهكارية بعد عشاه الاخرة وقد اشتعلت النار فى المدرسة وراببجة الكبيرت فى ابديهمـا تحملا الى الامير علم الدين للخازن والى القاهرة فاعلم السلطان بذلك فامر بعقوبتهمـا، فما هو الا ان نزل من القلعة واذا بالعامة قد امسكوا قد امسكوا نصرانيًا وجد فى جامع الظاهر ومعه خروق على هيّئة

اللعكة فى داخلها قطران ونفط وقد القى منها واحدة بجانب المنبر وما زال واقفًا الى ان
خرج الدخان مشى يريد الخروج من الجامع وكان قد فطن به شخص وتأمله من حيث لم
يشعر به النصرانى فقبض عليه وتكاثر الناس فجرّوه الى بيت الوالى وهو بهيئة المسلمين
فعوقب عند الامير ركن الدين بيبرس الحاجب فاعترف ان جماعة من النصارى قد اجتمعوا
على عمل نفط وتفريقه مع جماعة من اتباعهم وانه ممن اعطى ذلك وامر بوضعه عند منبر
جامع الظاهر، ثم امر بالراهبين فعوقبا فاعترفا انهما من سكان البغل وانهما احرقا المواضع
التى تقدم ذكرها غيرة وحنقًا من المسلمين لما كان من هدمهم الكنايس وان طائفة النصارى
تجمعوا واخرجوا من بينهم مالاً جزيلاً لعمل هذا النفط، واتّفق وصول كريم الدين ناظر الخاص
من الاسكندرية فعرفه السلطان ما وقع من القبض على النصارى فقال النصارى لم بطرك
يرجعون اليه ويعرف احوالهم فرسم السلطان بطلب البطرك الى عند كريم الدين لينحتث
معه فى امر الحريق وما ذكره النصارى من قيامهم فى ذلك لمجاء فى حماية والى القاهرة فى الليل
خوفًا من العامّة فلمّا ان دخل بيت كريم الدين بحارة الديلم واحضر اليه الثلاثة النصارى
من عند الوالى فقالوا لكريم الدين بحضرة البطرك والوالى جميع ما اعترفوا به قبل ذلك
فبكا البطرك عند ما سمع كلامهم وقال هولاء سفهاء النصارى قصدوا مقابلة سفهاء المسلمين
على تخريبهم الكنايس وانصرف من عند كريم الدين مكرمًا مبجلًا فوجد كريم الدين قد
اقام له بغلة على بابه ليركبها فركب وسار فعظم ذلك على الناس وقاموا عليه يدًا واحدةً فلو
لا ان الوالى كان يسايره والا هلكك ٭

واصبح كريم الدين يريد الركوب الى القلعة على العادة فلمّا خرج على العادة صاحت به
العامّة بالشارع ما بجلّ لك يا قاضى تحامى للنصارى وقد احرقوا بيوت المسلمين وتركبهم بعد
هذا البغال فشقّ عليه ما سمع وعظمت نكايته واجتمع بالسلطان فاخذ يهون امر النصارى
الممسوكين ويذكر انهم سفهاء وجهال فرسم السلطان للوالى بتشديد عقوبتهم فنزل وعاقبهم
عقوبة مولّمة فاعترفوا بان اربعة عشر راهبًا بدير البغل قد تحالفوا على احراق ديار المسلمين
كلّها وفيهم راهب يصنع النفط وانهم اقتسموا القاهرة ومصر فجعل للقاهرة ثمانية ولمصر ستةً،
فكبس دير البغل وقبض على من فيه واحرق من جماعته اربع بشارع صليبة جامع ابن
طولون فى يوم الجمعة وقد اجتمع لمشاهدتهم علا عظيم فثرى من حينئذ جمهور الناس على
النصارى وفتكوا بهم وصاروا يسلبون ما عليهم من الثياب حتى لمحش الامم وتجاوزوا فيهم
المقدار فغضب السلطان من ذلك وهمّ ان يوقع بالعامة واتّفق انه ركب من القلعة يريد
الميدان الكبير فى يوم السبت فراى من الناس امرًا عظيمة قد ملات الطرقات وهم يصيحون
نصر الله الاسلام انصر دين محمد بن عبد الله لمخرج من ذلك وعند ما نزل الميدان احضر
اليه الخازن نصرانيين قد قبض عليهما وهما بحرقان الدور فام بتحريقهما فاخرجا فعمل لهما

حفرة واحرقا بمراى من الناس، وبينما هم فى احراق النصرانيين اذا حاجب ديوان الامير بكتمر
الساقى قد مرّ يريد بيت الامير بكتمر وكان نصرانيًّا فعند ما عاينته العامّة القوه عن دابته الى
الارض وجردوه من جميع ما عليه من الثياب وحلوه ليلقوه فى النار فصاح بالشهادتين واظهر
الاسلام فاطلق ۞

واتفق مع هذا مرور كريم الدين وقد لبس التشريف من الميدان فرجمه من هنالك رجمًا
متتابعًا وصاحوا به كمر نحامى للنصارى وتشدّ منهم وسبّوه ولعنوه فلم يجد بدًّا من العود
الى السلطان وهو بالميدان وقد اشتدّ صحجيج العامّة وصباحهم حتى سمعهم السلطان فلمّا
دخل عليه واعلمه الخبر امتلا غضبًا واستنشار الامراء وكان بحضرته منهم الامير جمال الدين
نايب الكرك والامير سيف الدين البوبكرى والحاجب فى عدة اخرى فقال البوبكرى العامّة ..
والمصلحة ان يخرج اليهم الحاجب ويسالهم عن اختيارهم قدم يعمل يعمل فكره هذا من قوله
السلطان واعرض عنه فقال نايب الكرك كلّ هذا لاجل الكتاب النصارى فان الناس يبغضوهم
والراى فى ان السلطان لا يعمل فى العامّة شيئًا وانّما يعزل النصارى من الديوان فلم يعجبه
هذا الراى ايضا وقال للامير الماس الحاجب امض ومعك اربعة من الامراء وضع السيف فى
العامّة من حين تخرج من باب الميدان الى ان تصل باب زويلة واضرب فيهم بالسيف من
باب زويلة الى باب النصر بحيث لا ترفع السيف عن احد البتة وقال لوالى القاهرة اركب الى
باب اللوق وناحية الجر ولا تدع احدًا حتى تقبض عليه وتطلع به الى القلعة ومتى لم تحضر
الذين رجموا وكيلى يعنى كريم الدين والا وحياة راسى شنقتنك عوضًا عنهم وعيّن معه عدّة
من المماليك السلطانية، لخرج الامراء بعد ما تلكّاوا فى المسير حتى اشتهر الخبر فلم يجدوا
احدًا من الناس حتى ولا غلمسان الامراء وحواشيهم ووقع القول بذلك فى القاهرة فغلقت
الاسواق جميعها وحلّ بالناس امر لم يسمع منه باشدّ منه وسار الامراء فلم يجدوا فى طول طريقهم
احدًا الى ان بلغوا باب النصر وقبض الوالى من باب اللوق وناحية بولاق وباب الجر كثيـرًا
من الكلابزية والنواتية وسقاط الناس فاشتدّ الخوف وعدى كثير من النـاس الى البرّ الغربى
بالجيزية وخرج السلطان من الميدان فلم يجد فى طريقه الى ان صعد قلعة لجبل احدًا من
العامّة وعند ما استقرّ بالقلعة سيّر الى الوالى يستعجل حضوره فما غربت الشمس حتى احضر
نحن امسك من العامّة نحو مايتى رجل فعزل منهم طايفة رسم بشنقهم وجماعة رسم بتوسيطهم
وجماعة رسم بقطع ايديهم فصاحوا باجمعهم يا خواند مـا بحلّ لك مـا نحن الذين
رجمنا فبكى الامير بكتمر الساقى ومن حضر من الامراء رحمة لهم وما زالوا بالسلطان الى ان
قال للوالى اعزل منهم جماعة وانصب الخشب من باب زويلة الى تحت القلعة بسوق الخيل
وعلق هولاء بايديهم فلمّا اصبح يوم الاحد علق للجميع من باب زويلة الى سوق الخيل وكان
فيهم من له بزة وهيئـة ومرّ الامراء بهم فتوجّعوا لهم وبكوا عليهم ولا يفع احد من ارباب

للحوانيت بالقاهرة ومصر فى هذا اليوم حانوتاً، وخرج كريم الدين من داره يريد القلعة على
العادة ولم يستطع المرور على المصلوبين وسار على غير طريق باب زويلة وجلس السلطان فى
الشباك وقد احضر بين يديه جماعة ممن قبض عليه الوالى فقطع ايدى وارجل ثلاثة منهم
والامراء لا يقدرون على الكلام معه فى امرهم لشدة حنقه فتقدم كريم الدين وكشف راسه وقبّل
الارض وهو يسـال العفو فقبل سواله وامر بهم ان يعملوا فى حفير الجيزة فاخرجوا وقد مات عمن
قطع اثنان وانزل بالمعلقين من الخشب ۞

وعند ما قام السلطان من الشباك وقع الصوت بالحريق فى جهة جامع ابن طولون وفى قلعة
الجبل وفى بيت الامير ركن الدين الاحمدى بجارة بهـاء الدين وبالفندق خارج باب البحر من
المقس وما فوقه من الربع وفى صبيحة يوم هذا الحريق قبض على ثلاثة من النصارى وجد معهم
قنابل النفط فاحضروا الى السلطان واعترفوا له بان الحريق كان منهم واستمر الحريق فى الاماكن الى
يوم السبت فلمّا ركب السلطان الى الميدان على عادته وجد نحو عشرين الف انسان من العامة
قد صبغوا خروقاً بلون ازرق وعملوا فيها صلباناً بيضاً وعند ما راوا السلطان صاحوا بصوت
عل واحد لا دين الا دين الاسلام نصر الله دين محمد بن عبد الله يا ملك الناصر يا سلطان
الاسلام انصرنا على اهل الكفر ولا تنصر النصارى فارتجت الدنيا من هول اصواتهم واوقع الله الرعب
فى قلب السلطان وقلوب الامراء وسار وهو فى فكر زايد حتى نزل بالميدان وصراخ العامة لا يبطل
فراى ان الراى فى استعمال المدارأة وامر الحجاب ان يخرج والمنادى بين يديه من وجد
نصرانيّا فله ماله ودمه فخرج ونادى بذلك فصاحت العامة وصرخت نصرك الله وضجّوا بالدعاء
وكان النصارى يلبسون العمايم البيض فنودى فى القاهرة ومصر من وجد نصرانيّا بعمامة بيضاء
حل دمه وماله ومن وجد نصرانيّا راكبًا حل ماله ودمه وخرج مرسوم بلبس النصارى العمامة
الزرقه وان لا يركب احد منهم فرسًا ولا بغلاً ومن ركب حمارًا فليركبه مقلوبًا ولا يدخل نصرانى
الحمام الا وفى عنقه جرس ولا يتزايا احد منهم بزى المسلمين ومنع الامراء من استخدام النصارى
واخرجوا من ديوان السلطان وكتب لساير الاعمال بصرف جميع المباشرين من النصارى وكثر
ايقاع المسلمين بالنصارى حتى تركوا السعى فى الطرقات واسلم منهم جماعة كثيرة ۞

وكان اليهود قد سكتت عنهم فى هذه المدّة فصار النصارى اذا اراد ان يخرج من منزله يستعير
عمامة صفراء من احد من اليهود ويلبسها حتى يسلم من العامة واتفق ان بعض دواوين
النصارى كان له عند يهودى مبلغ اربعة الاف درهم نقده وصار الى بيت اليهودى وهو متنكّر
فى الليل ليطالبه فامسكه اليهودى وقل انا بالله وبالمسلمين وصاح فاجتمع الناس لاخذ النصارى
ففرّ الى داخل بيت اليهودى واستجار بامراته واشهد عليه بابرا اليهودى حتى خلص ۞

وهجم على طايفة من النصارى بحير الخندق يعملون النفط لاحراق الاماكن فقبض عليهم وسمّروا
ونودى فى الناس بالامان وانهم يتفرّجوا على عادتهم عند ركوب السلطان الى الميدان وذلك انهم

كانوا قد تخوفوا على انفسهم لكثرة ما اوقعوا بالنصارى وزادوا فى الخروج عن الحد فاطمانسوا
وخرجوا على العادة الى جهة الميدان ودعوا السلطان وصاروا يقولون نصرك الله يا مالك الارض
اصطلحنا اصطلحنا فاجاب السلطان ذلك وتبسم من قولهم، وفى تلك الليلة وقع حريق فى
بيت الامير الماس الحاجب من القلعة وكان الريح شديداً فقويت النار وسرت الى بيت الامير
ايتمش فانزعج اهل القلعة واهل القاهرة وحسبوا ان القلعة جميعها احترقت ۞

ولم يسمع باشنع من هذه الكائنة فانه احترق على يد النصارى بالقاهرة ربع فى سوق الشوابين
وفى زقاق العريشة بحارة الديلم وستة عشر بيتاً بجوار بيت كريم الدين وعدّة اماكن بحارة
الروم ودار بهـــادر بجوار المشهد الحسينى واماكن باصطبل الطــارمة وبدرب العسل وقصر اميــر
سلاح وقصر سلار بخطّ بين القصرين وقصر بيشرى وخـــان الحجر والخلون وقيسارية الافرم ودار
بيبرس بحارة الصالحية ودار ابن المغربى بحارة زويلة وعدّة اماكن بخط بمّ الوطاويط وبالحكر
وفى قلعة الجبل وفى كثير من الجوامع والمسـاجد الى غير ذلك من الاماكن بمصر والقــاهرة يطول
عددها، وخرب من الكنايس كنيسة بحرايب التتر من قلعة الجبل وكنيسة الزهرى فى الموضع
الذى فيه الان البركة الناصرية وكنيسة الجراه وكنيسة بجوار السبع سقــايات تعرف بكنيسة
البغات وكنيسة اى الملنا وكنيسة الفهادين بالقـــاهرة وكنيسة بحارة الروم وكنيسة بالبندقانيين
وكنيستان بحارة زويلة وكنيسة بخزانة البنود وكنيسة بالخندق واربع كنايس بثغر الاسكندرية
وكنيستـــان بمدينة دمنهور الوحش واربع كنـــايس بالغربية وثلاث كنــايس بالشرقية وست
كنايس بالبهنساوية وبسبوط ومنفلوط ومنية ابن الخصيب ثمـــان كنايس وبقوص واسوان
احدى عشرة كنيسة وبالاطفيحية كنيسة وبسوق وردان من مدينة مصر وبالمصـــاصنة وقصر
الشمع من مصر ثمـــان كنـــايس وخرب من الديارات شىء كثير واقام دير البغل ودير شهران
مقفة ليس فيهما احد۞ وكانت هذه الخطوب الجليلة فى مدّة يسيرة قلّ ما يقع مثلها فى الازمان
المنطاولة هلك فيهـا من الانفس وتلف فيهـــا من الاموال وخرب من الاماكن ما لا يمكن وصفه
لكثرته ولله عاقبة الامور ۞

كنيسة ميكـــاييل مذه الكنيسة كانت عند خليج بنى وايل خـــارج مدينة مصر قبلى عقبة
يخضب وهى الان قريب من جسر الافرم احدثت فى الاسلام وهى مليحة البناه ۞

كنيسة مريم فى بسانين الوزير قبلى بركة الحبش خالية ليس بها احد ۞

كنيسة مريم بناحية العدوية من قبليها قديمة وقد تلاشت ۞

كنيسة انطونيوس بناحية بياص قبلى اطفيح وهى محدثة وكان بناحية شرنوب عدة كنـــايس
خربت ويبقى بناحية اهريمن الجبل قبلى بياص بيومين ۞

كنيسة السيدة بناحية اشكر وعلى بابها برج مبنى بلبن كبـــار يذكر انه موضع ولد موسى بن
عمران عليه السلام ۞

كنيسة مريم بناحية الخصوص وفي بيت فعلوه كنيسة لا يعبا بها ۞

كنيسة مريم وكنيسة بجنس القصير وكنيسة غبريال هذه الثلاثة كنايس بناحية ابنوب ۞

كنيسة اسوطير ومعناه المخلص هذه الكنيسة بمدينة اخميم وفي كنيسة معظمة عندهم وفي على اسم الشهداء وفيها بئر اذا عمل ماؤها في القنديل صار احمر قانيا كانه الدم ۞

كنيسة ميكابيل باخميم ايضا ومن عادة النصارى بهذه الكنيستين اذا عملوا عيد الزيتونة المعروف بعيد الشعانين ان تخرج القسوس والشمامسة بالمجامر والبخور والصلبان والاناجيل والشموع المشتعلة ويقفوا على باب القاضى ثم ابواب الاعيان من المسلمين فيحضروا ويقروا فصلًا من الانجيل ويطرحوا له طرحًا يعنى يمدحونه ۞

كنيسة بو بخوم بناحية اتفه وفي اخر كنايس للجانب الشرقي وبخوم بخوميوين كان راهبا في زمن بو شنودة ويقال له ابو الشركة من اجل انه كان يبرى الرهبان فيجعل لكل راهبين معلمًا وكان لا يمكن من دخول للخمر ولا اللحم الى ديره ويام بالصوم الى اخر التاسعة من النهار ويطعم رهبانه للحمص المسلوق ويقال له عندهم حمص القلة وقد خرب ديره وبقيت كنيسته هذه باتفا قبلى اخميم ۞

كنيسة مرقص الانجيلى بالجيرة خربت بعد سنة ثمانماية ثم عمرت ومرقص هذا احد للحواريين وهو صاحب كرسى مصر وللحبشة ۞

كنيسة بو جرج بناحية بو النمرس من للجيرة هدمت في سنة ثمانين وسبعماية كما تقدم ذكره ثم اعيدت بعد ذلك ۞

كنيسة بناحية بو فارا اخر اعمال للجيرة ۞ كنيسة شنودة بناحية هربشنت ۞

كنيسة بو جرج بناحية بنا وفي جليلة عندهم ياتوها بالنذور ويحلفون بها ويحكون لها فضايل متعددة ۞

كنيسة ماروطا القديس بناحية شمسطا وهم يبالغون في ماروطا هذا وكان من عظماء رهبانهم وجسده في انبوبة بدير بو بشاى من برية شيهات بزورونه الى الان ۞

كنيسة مريم بالبهنسا ويقال انه كان بالبهنسا ثلاثماية وستون كنيسة خربت كلها ولم يبق بها الا هذه الكنيسة لا غير ۞

كنيسة صمويل الراهب بناحية شنرا ۞ كنيسة مريم بناحية طنبدى وفي قديمة ۞ كنيسة ميخاييل بناحية طنبدى وفي كبيرة قديمة وكان هناك كنايس كثيرة خربت واكثر اهل طنبدى نصارى ارباب صنايع ۞

كنيسة الابعطول اعنى الرسل بناحية اشنين وفي كبيرة جدًا ۞ كنيسة مريم بناحية اشنين وفي قديمة ۞ كنيسة ميخاييل وكنيسة غبريال بناحية اشنين ايضا ۰ وكان بهذه الناحية ماية وستون كنيسة خربت كلها الا هذه الاربع كنايس واكثر اهل اشنين نصارى وعليهم الدرك في

للحفارة، ويظاهرها اثار كنايس يعملون فيها اعيادهم منها كنيسة بو جرج وكنيسة مريم وكنيسة ماروطا وكنيسة بربارة وكنيسة كغريل وهو جبريل عليهم السلام ۞

وفى منية ابن خصيب ست كنايس كنيسة المعلقة وهى كنيسة السيدة وكنيسة بطرس وبولس وكنيسة ميكـايل وكنيسة بو جرج وكنيسة انبـا بولا الطمويهى وكنيسة الثلاث فتيـة وهم حنانيا وعزاريا وميصايل وكانوا اجنادًا فى ايام بخت نصر فعبدوا الله تعـالى خفية فلمـا عثروا عليهم ارادهم بخت نصر ان يرجعوا الى عبادة الاصنام فامتنعوا من ذلك فسجنهم مدّة ليرجعوا فلم يرجعوا فاخرجهم والقاهم فى النار فلم يحرقهم والنصارى تعظمهم وكانوا قبل المسيح بدهر ۞

كنيسة بناحية طحا على اسم الحواريين الذين يقال لهم عندهم الرسل ۞

كنيسة مريم بناحية طحا ايضا ۞

كنيسة للحكيمين بناحية منهوى لها عيد عظيم فى بشنس بحضرة الاسقف وبقيام هناك سوق كبير فى العيد، وهذان الحكيمان هما قزمان ودميان الراهبين ۞

كنيسة السيدة بناحية بقرقاس قديمة كبيرة، وبناحية ملّوى كنيسة الرسل وكنيستان خراب احداهما على اسم ابى جرج والاخرى على اسم الملك ميخاييل، وبناحية دجة كنايس كثيرة لم يبق منها الّا ثلاث كنايس كنيسة السيدة وهى كبيرة وكنيسة شنودة وكنيسة مرقورة وقد تلاشت كلها، وبناحية صنبو كنيسة انبـا بولا وكنيسة بو جرج وصنبو كثيرة النصارى، وبناحية ببلاو وهى بحرى صنبو كنيسة قديمة بجانبها الغربى على اسم جرجس وبها نصارى كثيرة فلاحون ۞

وبناحية دروط كنيسة فى خارجها شبه الدير على اسم الراهب سارابابيون وكان فى زمان شنودة وعمل اسقفًا وله اخبـار كثيرة، وبناحية بوق بى زيد كنيسة كبيرة على اسم الرسل ولها عيد، وبالقوصية كنيسة مريم وكنيسة غبريل، وبناحية دمشيم كنيسة الشهيد مرقوربوس وهى قديمة وبها عدة نصارى، وبناحية أُم القصور كنيسة بو بجنس القصير وهى قديمة، وبناحية بلوط من ضواحى منفلوط كنيسة ميخاييل وهى صغيرة، وبناحية البلاغرة من ضواحى منفلوط كنيسة صغيرة يقيم بها القسيس بولاده، وبناحية شقلقيل ثلاث كنـايس كبار قديمة واحدة على اسم الرسل واخرى باسم ميخاييل واخرى باسم ابى منـا، وبناحية منشاة النصارى كنيسة ميخاييل، وبمدينة سيوط كنيسة بو سدرة وكنيسة الرسل وخارجها كنيسة بو منا ۞

وبنـاحية ادرنكة كنيسة قديمة جدًا على اسم الثلاثة فتية حنانيا وعزاريا وميصـاييل وفى موردة لفقراء النصارى وادرنكة اهلها من النصارى يعرفون اللغة القبطية فيتحدّث صغيرهم وكبيرهم بها ويفسرونها بالعربية، وبناحية ريفه الغربى كنيسة بو قلته الطبيب الراهب صاحب الاحوال العجيبة فى مداواة الرمدى من الناس وله عيد يعمل بهذه الكنيسة وبها كنيسة ميخاييل ايضا

وقد إلكت الارضة ربعه الغربى ، وبناحية موشه كنيسة مركبة على حيطام على اسم الشهيد بقطر وبنيت فى ايام قسطنطين بن هيلانى ولها رصيف عرضه عشرة اذرع ولهـا ثلاث قباب ارتفاع كلّ منها نحو الثمانين ذراعًا مبنية بالحجر الابيض كلّهـا وقد سقط نصفها الغربى ويقـال ان هذه الكنيسة على كنز تحتهـا ويذكر انه كان من سيوط الى موشه هذه عشـبـاق تحت الارض ۞

وبناحية بقور من ضواحى بوتيج كنيسة قديمة للشهيد اكلوديس وهو يعدل عندهم مرقوريوس وجسارجيوس وهو بو جرج والاصفهسلار تادروس وميناوس وكان اكلوديسوس ايسوه من قسواد ديقلطيانوس وعرف هو بالشجاعة فتنصّر فاخذه الملك وعذبه ليرجع الى عبادة الاصنام فثبت حتى قتل وله اخبار كثيرة ، وبناحية القطيعة كنيسة على اسم السيدة وكان بها اسقف يقال له البدوى ببنه وبينهم منافرة فدخلوه حيًا وهم من شرار النصارى معروفون بالشرّ وكان منهم نصرانى يقال له جرجس بن الراهنة تعدى طوره فضرب الامير جمال الدين يوسف الإستـادار رقبته بالقاهرة فى الايام الناصرية فرج بن برقوق ، وبناحية بوتيج كنـايس كثيرة قد خربت وصار النصارى يصلّون فى بيت لهم سرًا فاذا طلع النهـار خرجوا الى اثار كنيسة وعملوا لهـا سبلحًا من جريد شبه للقفص فاقاموا هناك عبادتهم ۞

وبناحية بو مقروفة كنيسة قديمة لمخليبيل ولها عبدان فى كل سنة واهل هذه الناحية نصارى اكثرهم رعاة الغنم وهم هيج رعع ، وبناحية دوينة كنيسة على اسم بو يجنس القصير وهى فيهم عظيمة وكان بهـا رجل يقـال له يونس عمل اسقف واشتهر بمعرفة علوم عديدة فتعصبوا عليه حسدًا منهم له على علمه ودفنوه حيًا وقد توقّل جسمه ، وبالمراغة الله بين طهطا وطمـا كنيسة وبناحية قلفاو كنيسة كبيرة وتعرف نصارى هذه البلدة بمعرفة السحر ونحوه وكان بها فى الايام الظاهرية برقوق شماس يقـال له ابصلطيس له فى ذلك يد طولى وحكى عنه ما لا احبّ حكايته لغرابته ۞

وبناحية فرشوط كنيسة مخسائيل وكنيسة السيدة مارت مريم ، وبمدينة هو كنيسة السيدة وكنيسة بو مناء، وبنـاحية بهاجوزة كنيسة الرسل وبلسنـا كنهسة مريم وكنيسة مخـاييل وكنيسة يوحنا المعمدانى هو يحيى بن زكريا عليهما السلام وبنقسـادة كنيسة السيدة وكنيسة يوحنا المعمدانى وكنيسة غبريل وكنيسة يوحنـا الرحوم وهو من اهل انطـاكيـة ذوى الاموال فزهد وفرق ماله كلّه للفقراه وسلح وهو على دين النصرانية فى البلاد فعل ابوه عزاه وظنّوا انه قد مات ثم قدم انطاكهة فى حالة لا يعرف فيهـا واقام فى كرح على مزبلة واقام رمقه بمـا يلقى على تلك المزبلة حتى مات فلمّـا عملت جنـازته كان ممن حضرهـا ابوه فعرف عنده غلاف انجيله ففحص عنه حتى عرف انه ابنه فدفنه وبنى عليه كنيسة انطـاكيـة وكنيسة السيـدة بمدينة قفط ۞

وكان باصفون عدة كنايس خربت بخرابها وبمحجنة قوص عدة اديرة وعدة كنسايس خربت
بخرابها وبقى بها كنيسة السيدة ولم يبق بالوجه القبلى من الكنايس سوى ما تقدم ذكرنا له
واما الوجه البحرى ففى مدينة صرد من ضواحى القاهرة كنيسة السيدة مريم وهى جليلة عندهم
وبناحية سندوة كنيسة محدثة على اسم بو جرج ومرصفها كنيسة مستجدة على اسم بو جرج
ايضا ويسمنود كنيسة على اسم الرسل عملت فى بيت، ويسنباط كنيسة جليلة عندهم على
اسم الرسل وبصندلا كنيسة معتبرة عندهم على اسم بو جرج وبالريدانية كنيسة السيدة ولها
قدر جليل عندهم، وفى دمياط اربع كنايس للسيدة ولمخسابيل وليوحنا المعمدان ولمارى
جرجس ولها مجد عندهم، وبناحية سبك العبيد كنيسة محدثة فى بيبن مخفى على اسم
السيدة وبالحرارينة كنيسة محدثة فى بيت مخفى وفى لقسانه كنيسة بو يجنس القسيس
ويلمنهور كنيسة محدثة فى بيت مخفى على اسم ميخاييل وبالاسكندرينة كنيسة المعلقة على
اسم السيدة وكنيسة بو جرج وكنيسة يوحنا المعمدان وكنيسة الرسل، فهذه كنايس اليعاقبة
بارض مصر ولهم بغزة كنيسة مريم ولهم بالقدس القمامة وكنيسة صهيون
واما الملكية فلهم بالقاهرة كنيسة مارى نقولا بالبندقانيين وبمصر كنيسة جبريل الملاك بخط قصر
الشمع وبها قلاية بطركهم وكنيسة السيدة بقصر الشمع ايضا وكنيسة الملاك ميخاييل بجوار
بربارة بمصر وكنيسة مار يوحنا بخط دير الطين

Anhang.

Seite ٣٧ Zeile 4 v. u. ist einzuschalten : وما احسن قول كشاجم

سلام على دير القصير وسفحه 	 بهنسات حلوان الى الفضلات
منازل كانت لى بهسن مأارب 	 وكن مواخيرى ومنتزهسات
اذا جيتها كن لهيساد مراكبى 	 ومنصرف فى السفن متخلوات
فاقبض بالاسمار وحشى عينها 	 واقتبض الانسى فى الظلمات
معى كل بمتسام اعز منهتحب 	 على كل ما يهوى النديم موات
ولحمان عنا امسكته كلابنما 	 علينا وقا صيد فى الشبكات
وكاس وابريسق ونى ومزقسر 	 وساق عوير فاتر اللحظات
كن قصيب البلى عند اهتزازه 	 تعلم فى اعطافه لحسركت
هنالك تصفوا لى مشارب لذنى 	 وتصحب ايام السرور حيساتى

Zu S. 11 Note, aus Macrizi's Abhandlung

كتاب البيان والاعراب عمّا بارض مصر من الاعراب

وقيل بربر بن قيس عيلان وقيل بربر بن معد بن عدنان وزعموا ان معد بن عسدنان تـزوج امراة من بنى اسرائيل فولدت له بربر بن معد ثم علا معد الى الحجاز وترك بربر عند امه فخرج عند ما كبر الى ابيه معد فتعلم العربية بالحجاز وكان يعرف العبرانية لقدامة فلما مات ابوه معد بن عدنان ترك بربر اخوته نزار بن معد وغيره ومضى نحو المغرب فتزوج هناك واعقب وهذا قول باطل وزعم بعضهم ان بربرا اما هو من ولد فبخذار بن اسماعيل وانه كان ارتكب ذنبا فطرده ابوه فبخذار وقال له العبر الذهب ما يرى بها انت بر فان فلسطين فتزوج امراة من العماليق فولدت له لواتنة ومزاتة وزنارة وهوارة وزويلة ومغيلة ولمطة وكتامة وصمارة ونفوسة فلما قتل جالوت على يد نبى الله داود عم دخلوا الى بلاد المغرب وهذا القول ايضا لا يصح وقيل بل البربر من ولد قبط بن بيصر بن حام وان افريقس بن قيس بن صيفى بن زرعة وهو حمير الاصغر بن سبا الاصغر افتتح افريقية فسمينت به وقيل ملكهسا جرجير فسميت حينيذ البرابر براير وذلك انه قال له ما اكثر بربرتكم والذى يشبه الصواب انهم من ولد كنعان بن حام بن نوح ثم من ولد بر ويقـال بر بن بدلان بن كنعان المذكور الخ

Zu Seite 27 Note, aus dem 2. Theile der Cosmographie Cazwini's 5. Clima, nach der Handschrift zu Berlin:

عجايب البلدان

افسوس مدينة مشهورة بارض الروم وهى مدينة دقيانوس الجبار الذى هرب منه اصحاب الكهف وبين الكهف والمدينة مقدار فرسخين والكهف مستقبل بنات النعش لا تدخل الشمس فيه وفيه رجـال موتى لم يتغيروا وعددهم سبعة منهم على ظهورهم وواحد منهم فى اخبر الكهف مضطجع على يمينه وظهره الى جدار الكهف وعند ارجلهم كلب مبين لم يسقط من عصبايبه شىء وهو باسط ذراعيه بالوصيد كافتراش السبع وعلى الكهف مسجد يستجاب فيه الدعاء يقصده الناس واهل المدينة يرون بالليل على الكهف نورا عظيمـا ويعرفون ان ذلك النور بين مكان اهل الكهف وكان من يدنو امرهم ما حكى وهب بن منبه ان سليمان بن داوود عم لما قبض ارتد الروم الى عبادة الاصنام ودقيانوس احد قواده ورجع ايضا معه ومن خالفه عذبه بالقتل والحرق والصلب واتفق ان بعض الفتيان من اولاد البطارقة خرجوا ذات يوم ينظروا الى المعذبين الموحدين فقدر الله هدايتهم وفتح ابصارهم وكانوا يرون الرجل الموحد اذا قتل هبطين اليد الملايكة من السماء وخرجوا بروحه فاميلوا ومكثوا على ذلك حتى ظهر امر اسلامهم فارسل الملك الى ابليهم وعتب عليهم بسبب اسلام اولادهم فقالوا ايها الملك نحن تبرانا منهم شانكا وشسانهم فاحضرهم الملك وقال لهم لكم المهل ثلاثة ايام وانى اخرج فى هذه الايام من البلد فان وجدتكم فى اليوم الرابع عند رجوعى مخالفين لم تطيعنى عذبتكم عذاب من خالفنى فلمـا

كان اليوم الثالث اجتمع الفتية وتكلموا أنّما يومنا هذا هو وليلته وعزموا على الهروب في تلك
الليلة فلمّا جاءهم الليل حمل كل واحد شيئًا من مال أبيه وخرجوا من المدينة يمشون فمرّوا براعي
غنم لبعض آبائهم فعرفهم فقال ما شأنكم يا سادتي فأظهروا أمرهم للراعي ودعوه الى التوحيد
فأجابهم فأخذوه معهم وتبع الراعي كلبه فساروا ليلتهم فأصبحوا على باب كهف فدخلوا
فيه وكان للراعي خُذ شيئًا من الورق وانطلق الى المدينة واشتر لنا طعامًا فإن القوم لا علم لهم
بخروجك منا فأخذ الدراهم ومضى نحو المدينة وتبعه كلبه وكان على باب المدينة صنم لا
يدخل احد الى المدينة الا بالسجود لذلك الصنم قبل دخوله فبقي الراعي متفكرًا في
السجود للصنم فألهم الله القلب ان هدى بين يديه حتى دخل المدينة وجعل الراعي يعدو
خلفه ويقول خذوه حتى جاوز الصنم ولم يسجد فلمّا انتهى الى السوق واشترى بعض
حوائجه سمع قابلًا يقول ان راعي فلان أيضا تبعهم فلمّا سمع ذلك فزع وترك استتمام ما أراد
شراءه وخرج من المدينة مبادرًا حتى وافى اصحابه بما كان من امره فأكلوا طعامهم
واتخذوا مضاجعهم فضرب الله على آذانهم ، فلمّا رجع الملك أخبروه بهربهم فخرج يطلبو
آثارهم حتى انتهى الى باب الكهف على امرهم فقال ، يكفيهم من العذاب ان ماتوا جميعًا ،
فأهلك الله دقيانوس وانزل على الكهف صخرة وبعث الى اهل ذلك العصر ثلاثة عشر نبيًا
فدعوا الناس الى التوحيد فأجابهم الى ذلك خلق كثير وكان الملك الذي احيا الله الفتية في
ايامه موحدًا فلمّا كانت السنة التي اراد الله فيها احياء الفتية انطلق رجل من اهل المدينة
وأقام بذلك المكان يرعى غنمه فاراد ان يأخذ لغنمه حظيرة فأمر اعوانه بتخطية الصخرة التي
كانت على باب الكهف فعقد ذلك قلم الفتية كمن يبيتن ليلة صافية الالوان نقية الثياب
وراوا كلبهم باسط ذراعيه بالوصيد وكان ذلك بعد ثلاثمائة سنة بحساب الروم وزيادة تسع
بحساب العرب لان حساب الروم شمسية وحساب العرب قزية يتفاوت في كل مائة سنة ثلاث
سنين ، وكان انتباههم اخر النهار ودخولهم اول النهار فقال بعضهم كم لبثتم قالوا لبثنا
يومًا وبعض يوم لانهم راوا الشمس غير غاربة فقالوا بعض يوم فلمّا نظروا الى طول شعورهم
واظافيرهم قالوا ربكم اعلم بما لبثتم فقالوا للراعي انحن أتيت البارحة بطعام قليل لم يكفنا
فخُذ شيئًا من هذه الورق وانطلق الى المدينة اشترى لنا طعامًا فانطلق خايفًا حتى اتى الى باب
المدينة وقد ازيل عنه الصنم ثم دخل المدينة وجعل يتقصع وجوه الناس فيما كان يعرف
احدًا فانتهى الى سوق صاحب الطعام ودفع اليه الورق فدفعه اليه وقال هذه عتيق لا يروج
اليوم فناوله ما كان معه وقال خذ حاجتك منها فلمّا رأى صاحب الطعام همس الى جسارة وقال
احتسب ان هذا قد وجد كنزًا فلمّا رأها بنهامضان ظن انهما عرفاه فترك الدراهم وولى هاربًا
فصاح به الناس ان خذوه فاته وجد كنزًا فأخذوه وانطلقوا به الى الملك فأخبر الملك بسامره
والدراهم فتركه الملك حتى سكنت روعته ثم قال ما شأنك يا فتى أخبرني بأمرك ولا بأس عليك

فقال ما اسم هذه المدينة قالوا افسوس قال وما فعل دقيانوس قالوا اهلكه الله منذ ثلاثمائة سنة
فاخبرهم بقصّته وقصّة اصحابه فقـال الملك ارى فى عقل هذا الرجل نقصانًا قال الراعى فان اردت
تحقيق ما اقول انطلق معى الى اصحابى لنراهم فى الكهف فركب الملك وعامة اهل المدينة فقـال
الراعى ان اصحابى اذا سمعوا غلبة الناس خافوا فانن الى ايها الملك حتى اتقدّم وابشرهم فاذن له
وتقدّم حتى انتهى الى باب الكهف فدخل عليهم واخبرهم بهلاك دقيانوس وظهور الاسلام وان
القوم فى ولاية ملك صالح وها هو قد اقبل اليكم ومعه اهل طاعة اهل المدينة فلمـا سمعوا ذلك
كبّروا وحمدوا الله ووافاهم الملك واهل المدينة والملك سلم عليهم وسـالهم عن حالهم وطائفة وعامة
الناس سلموا عليهم فبسادروا بذكر قصّتهم حتى اذا فرغوا من ذلك خرّوا موتى فبنوا على الكهف
مسجدًا واتخذوا ذلك اليوم عيدًا وانهم على حالهم الى زماننا هذا والله الموفق ۞

Ebendaselbst aus dem 1. Theile der Cosmographie Cazwini's عجايب
المخلوقات in dem Capitel „von den Bergen", nach den Handschriften zu Ber-
lin, Dresden, Gotha und Hamburg:

جبل الرقيم هو المذكور فى القران ام حسبت ان اصحاب الكهف والرقيم كانوا من اياتنا عجبًا
قيل الرقيم اسم للجبل الذى فيه الكهف وقيل اسم القرية لذلك كان اصحاب الكهف منها وللجبل
بالروم بين عمورية ونيقية روى عن عبـادة بن الصـامت رضه قال بعثنى ابو بكر الصديق رضه
رسولًا الى ملك الروم ادعوه الى الاسلام فسرت حتى دخلت بلاد الروم فلاح لنا جبل احمر قالوا انه
جبل اصحاب الكهف فوصلنا الى دير فيه اهله منهم فاوقفونا على سرب فى الجبل فقلنا لهم
نحن نريد ان ننظر اليهم ووهبنا لهم شيبا فدخلوا ودخلنا معهم فى ذلك السرب وكان عليه
باب حديد فغتحوه فانتهينا الى بيت عظيم محفور فى الجبل فيه ثلاثة عشر رجلا مصطجعين على
ظهورهم كانهم رقود على كل واحد منهم جبة غبراء وكساء اغبر قد غطوا بها روسهم الى ارجلهم
فلم ندر ما ثيابهم امن صوف او وبر الا انهـا كانت اصلب من الديبـاج واذا هى تتقعقع من
الصفاقة وحلى اكثرهم جفاف الى انصاف سوقهم منتعلون بنعال مخصوفة ولنعـالهم وخفـافهم من
جودة للخرز ولين للجلود ماهر بر مثله فكيشفنـا عن وجوههم رجلا بعد رجل فاذا هم من وضاءة
الوجوه وصفا الالوان كلاحياء واذا الشيب قد وخط بعضهم وبعضهم شبـاب وبعضهم موفورة
شعورهم وبعضهم مصمومة وهم على زى المسلمين فانتهينا الى اخرهم فاذا هو مضروب السوجه
بالسيف كانه ضرب فى يومه فسالنـاهم عن حالهم فذكروا انهم يدخلون عليهم فى كل علم يوما
يجتمع اهل تلك النواحى عند باب هذا الكهف فيدخل عليهم من ينفض التراب عـن
وجوههم وجباههم واكسيتهم ويقلم اظافيرهم ويقص شواربهم ويتركهم على الهيئة لذلك ترونها فقلنا
لهم هل تعرفون من هم وكم مدة مالهم عاهنا فذكروا انهم يجدون فى كتبهم انهم كانوا انبيـاء
بعثوا فى زمان واحد وكانوا قبل المسيج باربعمائة سنة وعن ابن عباس رضه ان اصحاب الكهف

سبعة وهمر مكسلمينا يملدخسا مرطونس بينوفس سرابيون دوانوانس كهشيطظبيونس واسمر
كلبهمر قطلمير،

حسن الحاضرة Zu Seite 50 Note, aus Sojuti's Geschichte von Ägypten
nach der Gothaer und Hammer-Purgstall's Handschrift zu Göttingen:

ذكر دخول عمرو بن العاصى مصر فى الجاهلية، اخرج ابن عبد الحكم عن خالد بن يزيد انه
بلغه ان عمراً لمّا قدم الى بيت المقدس لتجارة فى نفر من قريش فاذا هم بشماس من شمامسة
الروم من اهل الاسكندرية قدم للصلاة فى بيت المقدس فخرج فى بعض جبالها يسبح وكان عمرو
يرعى ابله واصحابه وكانت رعية الابل توبأ بينهم فبينما عمرو يرعى ابله اذ مرّ به ذلك
الشماس وقد اصابه عطش شديد فى يوم شديد الحرّ فوقف على عمرو فاستسقاه فسقاه عمرو من
قربة له فشرب حتى روى ونام الشماس مكسانه وكانت الى جنب الشمس حيث ثأم حفرة
فخرجت منها حية عظيمة فبصر بها عمرو فنزع بسهم فقتلها فلمّا استيقظ الشماس نظر الى
حية عظيمة قد انجاه الله منها فقال لعمرو ما هذه فاخبره عمرو انه رماها فقتلها فاقبل الى عمرو
فقبل راسه وقال قد احيانى الله بك مرّتين مرّة من شدّة العطش ومرّة من هذه الحية يا اقدمكم
هذه البلاد قال قدمت مع اصحاب لى نطلب الفضل من تجارتنا فقال له الشماس فكم ترجوا
ان تصيب فى تجارتك فقال رجاى ان اصيب ما اشترى به بعيراً فاى لا املك الّا بعيرين
فاعلى ان اصيب بعيراً اخر فنكون لى ثلاثة ابعرة فقال له الشماس ارايت دية احدكم كم فى
قال ماية من الابل فقال له الشماس لسنا اصحاب ابل اِّما نحن اصحاب دنانير فقال تكون الف
دينار فقال له الشماس انى رجل غريب فى هذه البلاد واِّما قدمت اصلى فى كنيسة ببيت
المقدس واسبح فى هذه الجبال شهراً جعلتُ ذلك نذراً على نفسى وقد قضيت ذلك وانا اريد
ان ارجع الى بلادى فهل لك ان تتبعنى الى بلادى ولك عهد الله وميثاقه ان اعطيسك
ديتين لئن الله احيانى بك مرّتين فقال له عمرو واين بلادك قال فى مصر فى مدينة يقال لهـا
الاسكندرية فقال له عمرو لا اعرفها ولم ادخلها قط فقال له الشماس لو دخلتها لعلمت انك لم
تدخل مثلها قط فقال له عمرو وتفى لى بما تقول وعليك بذلك العهد والميثاق فقال الشماس
نعم لك الله على العهد والميثاق اوفى لك وان اردّك الى اصحابك فقال له عمرو وكم يكون مكثى
فى ذلك قال تنطلق شهراً تنطلق معى ذاهباً عشراً وتقيم عشراً عندنا وترجع فى عشر ولك على
ان احفظك ذاهباً وان ابعث معك من يحفظك راجعاً فقال له انطرنى حتى اشاور اصحابى فى
ذلك فانطلق عمرو الى اصحابه فاخبرهم بما عهده عليه الشماس وقال لهم تقيموا الى حتى
ارجع اليكم ولكم علىّ العهد ان اعطيكم شطر ذلك على ان يصحبنى رجل منكم الانس به
فقالوا نعم وبعثوا معه رجلاً منهم، فانطلق عمرو وصاحبه مع الشماس الى مصر وحتى انتهى
الى الاسكندرية فراى عمرو من عمارتها وكثرة اهلها وما بها من الاموال والخير فاعجبه ذلك وقال

ما رايت مثل مصر قط وكثرة ما فيها من الاموال ونظر الى الاسكندرية وتحايبها وجودة بنائها
وكثرة اهلها وما بها من الاموال فازداد تعجباً وووافق دخول عمرو الاسكندرية عيداً فيها عظيماً
يجتمع فيه ملوكهم واشرافهم ولهم اكرة من ذهب يترامى بها ملوكهم وهم يتلقونها باكمامهم وفيما
اختبروا من تلك الاكرة على ما وضعها من مضى منهم انها من وقعت الاكرة فى كمه واستقرت
فيه لم يمت حتى يملكهم، فلمّا قدم عمرو الاسكندرية اكرمه الشماس الاكرام كله وكساه ثوب
ديباج والبسه اياه وجلس عمرو والشماس مع الناس فى ذلك المجلس حيث يترامون بالاكرة وهم
يتلقونها باكمامهم فرمى بها رجل منهم فاقبلت تهوى حتى وقعت فى كم عمرو فتعجبوا من ذلك
وقالوا ما كذبتنا هذه الاكرة قط الّا هذه المرّة اترى هذا الاعرابى يملكنا هذا مما لا يكون ابداً،
وان ذلك الشماس مشى فى اهل الاسكندرية واعلمهم ان عمراً احيساه مرتين وانه قد ضمن له
الفى دينار وسالهم ان يجمعوا ذلك له فيما بينهم ففعلوا ودفعوها الى عمرو بن العاصى فانطلق
عمرو وصاحبه وبعث معهما الشماس دليلاً رسولاً وزودها واكرمهما حتى رجع هو وصاحبه الى
اصحابهما فبذلك عرف عمرو مدخل مصر ومخرجها وراى منها ما علم انها افضل البلاد واكثرها
مالاً فلمّا رجع عمرو الى اصحابه دفع اليهم الف دينار فيما بينهم وامسك الفاً لنفسه قال عمرو فكان
اول ما تاثلته ❋

ولم يكن قيس بالجوف الشرق قديماً وانّما انزلهم به ابن الحجاب وذلك انه وفد الى هشام بن
عبد الملك فامر له بفريضة خمسة الاف رجل فجعل ابن الحجاب الفريضة فى قيس وقدم بهم
فانزلهم بمصر الجوف الشرق فانظر اعزك الله ما كان عليه الصحابة وتابعوهم عند فتح مصر من قلّة
السكنى بالريف ومع ذلك فكانت القرى كلّها فى جميع الاقاليم اعلاه واسفله علوة بالقبط والروم
ولم ينتشر الاسلام فى قرى مصر الّا بعد المسابنة عند ما انزل عبيد الله بن
الحجاب مولى سلول قيساً بالجوف الشرق فلمّا كان فى الماية الثانية من سنى الهجرة كثر انتشار
المسلمين بقرى مصر ونواحيها وما برحت القبط تنتقص وتحارب المسلمين الّا بعد المايتين من
سنى الهجرة، قال ابو عمرو محمد بن يوسف الكندى فى كتاب امراء مصر فى امرة البحر بن
يوسف امير مصر كتب عبيد الله بن الحجاب صاحب خراج مصر الى هشام بن عبد الملك
بان ارض مصر تحتمل الزيادة فزاد على كلّ دينار قيراطاً فانتقصت كورة تو ومى وفربيط وطرابية
وعامة الجوف الشرق فبعث اليهم البحر باهل الديوان فحاربوهم فقتل منهم خلق كثير وذلك اول
انتقاص القبط بمصر كان انتقاضهم فى سنة سبع وماية ورابط البحر بن يوسف بدمياط ثلاثة
اشهر ثم انتقص اهل الصعيد وحارب القبط عمالهم فى سنة احدى وعشرين وماية فبعث
اليهم حنظلة بن صفوان امير مصر اهل الديوان فقتلوا من القبط ناساً كثيراً وظفر بهم وخرج
جنس رجل من القبط من سمنود فبعث اليه عبد الملك بن مروان بن موسى بن نصير امير

مصر فقتل بجنس فى كثير من اصحابه وذلك فى سنة اثنتين وثلاثين ومايةء وخالفت القبط
ايضا برشيد فبعث اليهم مروان بن محمد للجار لما دخل مصر فارا من بنى العباس النعمان بن
نسعة فهربهم وخرج القبط على يزيد بن حسافر بن قبيصنة بن المهلب بن ابى صفرة امير مصر
بناحية سخا ونابذوا العمال واخرجوهم فى سنة خمسين وماية وصاروا الى شبرا سنباط والنصم
اليهم اهل البشرود والاسية والجوم فاق للخبر يزيد بن حسافر فعقد لنصر بن حبيب المهلبى
على اهل الديوان ووجوه اهل مصر فخرج اليهم فبيتهم القبط وقتلوا من المسلمين فالتقى
المسلمون فى عسكر القبط النار فانصرف العسكر الى مصر منهزماء وفى ولاية موسى بن على بن
رباح على مصر خرج القبط بتلهيب فى سنة ست وخمسين وماية فخرج اليهم عسكر فهزمهم ثم
انتقض القبط فى جمادى الاولى سنة ست عشرة ومايتين مع من انتقص من اهل اسفل الارض
من العرب واخرجوا العمال وخلعوا الطاعة لسوا سيرة العمال فيهم فكان بينهم وبين الجيوش
امتداد الى ان قدم للخليفة عبد الله امير المومنين المامون الى مصر لعشر خلون من الحرم
سنة سبع عشرة ومايتين فعقد على جيش بعث به الى الصعيد وارتحل هو الى سخا واوقع
الافشين بالقبط فى ناحية البشرود حتى نزلوا على حكم امير المومنين فحكم بقتل الرجال
وبيع النساء والاطفال فبيعوا وسبى اكثرهم وتتبع كل من نوى اليهم بخلاف فقتل ناسا كثيرا
ورجع الى الفسطاط فى صفر ومضى الى حلوان وعاد لثمان عشرة خلت من صفر فكان مقامه
بالفسطاط وسخا وحلوان تسعة واربعين يوما ۞

Zu S. 64 Note, aus Macrizi:

جامع راشدة هذا الجامع عرف بجامع راشدة لانه فى خطة راشدة قال القضاعى خطة راشدة بن
اوب بن جزيلة بن لحمر هى متساخمة لله قبلها الى الدير المعروف بابى تلموس ثم هدم وهو
للجامع الكبير الذى براشدة وقد دثرت هذه للخطة وفيها المقبرة المعروفة بمقبرة راشدة وللجنسا
المعروف بلهمس بن معير ثم عرف بالماردانى وهو اليوم يعرف بلامير ميم وقال المسبحى فى حوادث
سنة ثلاث وتسعين وثلاثماية وابتدا بناء جامع راشدة فى سابع عشر ربيع الاخر وكان مكانه
كنيسة حولها مقابر لليهود والنصارى فبنى بالطوب ثم هدم وزيد فيه وبنى بالحجر واقيمت به
الجمعة الحرم ۞

Zu S. 70 Note, aus Sojuti's حسن المحاضرة :

واقام السخساوى فى الوزارة الى ان ولى قلاوون فى رجب سنة ٧٨ فعزله واستولى فخر الدين بن
لقمان كاتب السر فقام الى جمسادى الاخرة سنة ٧٩ فاعيد السخساوى الى الوزارة ورجع ابن
لقمان الى كتابة الانشاه فقام الى ربيع الاول سنة ثمانين فعزل وولى نجم الدين حمزة بن
محمد بن هبة الله الاصفونى ووزر الامير علم الدين سنجر الشاجى وهو اول من ولى الوزارة
من الامراه واول وزير ضربت على بابه الطبلخانات على قاعدة وزراه الخلافة بالعراق ثم عزل وولى

الامير بدر الدين بيدر ثم صرف واعيد الشجاعى ثم صرف ووزر شمس الدين محمد بن عثمان المعروف بابن السلعوس فقام الى ان قتل الاشرف فاخذ وضرب الى ان مات نحت الضرب وكان الذى تسبب فى اهلاكه الشجاعى وولى الشجاعى الوزارة مكانه فاقام بها اكثر من شهر وحدثته نفسه السلطنة فقتل وولى الوزارة بعده تاج الدين بن فخر الدين بن الصاحب بهاء الدين بن حنا الخ،

Zu Cap. 7. Nr. 9, aus Macrizi:

وكان فى الجبل المقطم والصحرا لله تعرف اليوم بالقرافة عدة مساجد وعدة مقابر وينقطع العباد بها من ذلك ما دثر ومنه شىء قد بقى التنور هذا المسجد فى اعلا جبل المقطم من وراء قلعة الجبل فى شرقيها ادركته عامرا وفيه من يقيم به قل القصاعى المسجد المعروف بالتنور بالجبل هو موضع تنور فرعون كان يوقد له عليه فاذا راوا النار علموا بركوبه فاتخذوا له ما يريد وكذلك اذا ركب منصرفا من عين شمس ثم بناه احمد بن طولون مسجدا فى صفر سنة تسع وخمسين ومايتين، ووجدت فى كتاب قديم ان يهودا بن يعقوب اخا يوسف عم لما دخل مصر مع اخوته اقام فى ذروة جبل المقطم فى هذا المكان وكان مقابلا لتنور فرعون الذى كان يوقد له فيه النار ثم خلا ذلك الموضع الى زمن احمد بن طولون واخبر بفضل الموضع ومقام يهودا فيه فابتنى فيه هذا المسجد والمنارة لله فيه وجعل فيه صهريجا يجرى فيه الماء وجعل الانفاق عليه مما وقفه على المارستان بمصر والعين لله بللغفار وغير ذلك ويقال ان تنور فرعون لم يزل فى هذا الموضع بحاله الى ان خرج اليه قايد من قواد احمد بن طولون يقال له وصيف ناظر مصر فهدمه وحفر تحته وقدر ان تحته مالا فلم يجد فيه شيئا وزال رسم التنور وذهب 🙰

Zu Cap. 7. Nr. 17, aus Sojuti:

جبل الطير بصعيد مصر الادنى مطل على النيل مقابل منية بنى خصيب قل فى السكردان فيه الاجوبة لم يرى مثلها فى ساير الاقاليم وهى باقية الى يومنا هذا وذلك انه اذا كان اخر فصل الربيع قدم اليه فى يوم معلوم طيور كثيرة بُلق سود الاعناق مطوقات للحواصل سود اطراف الاجنحة فى صياحها بحاحة يقال لها طير البح لها صياح عظيم تسد الافق فتنقصد مكانا فى ذلك الجبل فينفرد منها طاير واحد فيضرب بمنقاره فى مكان مخصوص فى شعب للجبل علٍ لا يمكن الوصول اليه فان علق تفرقت الطيور عنه وان لم يعلق تقدم غيره وضرب بمنقاره فى ذلك الموضع وهكذا واحد بعد واحد الى ان يعلق واحد بمنقاره فتنتفرق عنه الطيور حينئذ وتذهب الى حيث جاءت ولا يزال معلقا الى ان يموت ويضمحل فى العام القابل ويسقط فتنتاب الطيور على عادتها فى السنة القابلة فتفعل العل المذكور، قال صاحب السكردان وقد اخبرنى بهذا غير واحد من المصريين عن شاهد ذلك وهو مشهور معروف الى يومنا هذا، قال ابو بكر الموصلى

سمعت من اعيان الصعيد انه اذا كان العلام مخصبا قبض على طايرين وان كان متوسطا قبض على طاير وان كان مجدبا لم يقبض على شىء. قال فى السكردان وحكى بعضهم انه راى فى بعض السنين طايرا معلقسا بمنقاره وتفرّقت عنه الطيور ثم انه اضطرب اضطرابا شديدا واطلق نفسه والتحق بالطيور فدارت عليه وجعلت تنقره بمناقيرها الى ان عاد وتعلق بمنقاره فى ذلك الموضع ۞

Die wichtigsten Varianten.

a bezeichnet den Gothaer, *b* den Wiener Codex, *c* den Wetzer'schen Text.

Seite 2	Zeile 5	من البشر *a* للبشر	S. 42	Z. 18	ابو انعام *a* بو بغام
- 3	- 2	الغرايب *a* العجايب	- —	- 27	منسى اك *a* منشاك
- —	- 7 lies	بوقبر وقبط ابا القبط قبط مصر	- 43	- 17	بو مقام *a* بو بغام
- —	- 9	نبطى bei Sojuti لبطى	- 45	- 2	المختلفة *a* المختلفة
- —	- 22	المختصر *b* المختنص	- —	- 16	مغاير *a* حفاير
- —	- 24	وتستشهد بهم fehlt in *b*	- 46	- 1	الرمق *b* الريق
- —	- 28	يفوا *a* دفعوا	- 47	- 21	ورقان *b* وورقان
- 5	- 10	وناصره *b* وناصرى	- 48	- 11	فيه *b* عند
- —	- 14	فكانك *b* فانك	- —	- 14	عليه *a* فيه
- 11	- 26	واجزيتهم *c* واجزى لهم	- 50	- 14	بحضرة *a* بحضره
- 37	- 29	امانا *a* انسانا	- 51	- 28	كثيرة *c* منكرة
- 39	- 1	بصلاه *b* متعددة	- 52	- 9	للحر له بما *c* للحركة بما غلبه عليد
- —	- 19	الشجرة الملوكية *b* للملوكة	- 53	- 1	وبنات *a* وثياب
- 40	- 22	اقفهص *a* اقفهس	- —	- 16	ليس قدرة البشر *c*
- 41	- 28	الريرمون *a* الريرمون	- 56	- 20	أس قر ه امرلر
- 42	- 8	ثمرة *a* شجرة	- 64	- 2	الليلة lies اللتلة